"숀 코비의 《성공하는 10대들의 7가지 습관》은 '아이들의 영혼'을
위한 진정한 선물이다. 하루하루 어떤 문제를 겪으며 살아가든지,
이 책은 어려움을 극복할 힘과 희망과 비전을 주고 있다."
잭 캔필드(Jack Canfield)와 킴벌리 커버거(Kimberly Kirberger),
《아이들의 영혼을 위한 닭고기 수프(Chicken Soup for the Teenage Soul)》 공동 저자

"숀 코비는 아이들에게 재미있으면서도 많은 생각을 해보게 하는
이야기를 들려주고 있다. 그의 메시지는 성공적인 미래로 안내해 주는
확고한 지도와 같다. 이 책을 강력하게 추천한다."
존 그레이(John Gray), 《화성에서 온 남자, 금성에서 온 여자(Men Are from Mars, Women Are from Venus)》 저자

"《성공하는 10대들의 7가지 습관》은 성공하는 것의 의미에 대해 새로운
시각을 갖게 해준다. 자신의 꿈을 성취하기 위해 목표를 설정하고 그것을
위해 매진하는 것이 얼마나 중요한지 가르쳐주는 것이다."
피카보 스트리트(Picabo Street), 미국 스키 국가대표, 올림픽 금메달리스트

"숀은 삶의 가치와 원칙을 적절하게 설명해 준다. 아이들은 이 책을 읽고
더 일찍, 그리고 더 오랫동안 자신의 삶을 풍요롭게 할 수 있을 것이다.
정말 끝내주는 책이다."
믹 섀넌(Mick Shannon), 아이들의 기적 네트워크(Children's Miracle Network) 회장 겸 대표이사

"무언가를 이루어내는 삶을 사는 최선의 길은 10대 시절에 옳은 선택을
하는 데 있다. 《성공하는 10대들의 7가지 습관》은 자신의 배경이나 현재
상황이 어떠한 것이든, 인생을 이끌어가는 주된 힘은 자신에게서
나온다는 사실을 인식하게 해준다."
스테드먼 그레이엄(Stedman Graham), 《당신이 그 일을 할 수 있습니다(You can make it happen)》 저자, '마약에 반대하는 운동
선수들의 모임(Athletes Against Drugs)' 설립자

"자기 연민 속에 침몰할 것인가, 아니면 지식의 바다에서 헤엄쳐 다니며
성공할 것인가? 우리 스스로가 내려야 할 선택이다. 아이들을 위한,
아이들에 의한, 삶을 의미 있게 만들어줄 훌륭한 가이드북이
바로 여기 있다."
아룬 간디(Arun Gandhi), 마하트마 간디(Mahatma Gandhi)의 손자, 간디학회 설립자

"아들이 21살이었을 때 《성공하는 사람들의 7가지 습관》을 접하게 되었다. 우리는 그 책을 통해 새로운 가족관계를 만들어낼 수 있었고, 7년이 지난 지금까지 그 관계가 이어지고 있다. 아이가 15살이었을 때로 시계를 되돌릴 수만 있다면, 우리 가족들의 오해와 불만을 해결하는 데 든 6년이라는 시간을 아낄 수 있었을 것이다. 세상의 아버지들이여! 이 책은 아이들뿐만 아니라, 바로 우리 아버지들을 위한 책이다."
클라이드 페슬러(Clyde Fessler), 할리 데이빗슨 모터(Harley-Davidson Motor Company) 비즈니스 개발부 부사장

"우리가 어떤 삶을 사느냐 하는 문제는 우리가 믿고 있는 가치관에 기초하고 있다. 이 책은 모든 아이들에게, 매우 실제적인 방식으로, 중요하게 여기는 가치관 위에 삶의 기초를 세울 수 있도록 해준다."
도널드 소더퀴스트(Donald G. Soderquist), 월마트(Wal-Mart) 부회장

"오늘날 아이들은 부모님이나 할아버지, 할머니 세대가 상상할 수 없었던 사회적 병폐에 직면해 있다. 아이들은 해답을 찾아 헤매고 있으며 《성공하는 10대들의 7가지 습관》은 그러한 해답을 자신의 내면에서 찾을 수 있는 방법을 가르쳐준다. 사랑하는 부모님과 선생님, 친구들의 도움을 통해 우리의 아이들은 행복하고 건강하고 사회에 이바지하는 어른으로 자라날 수 있을 것이다."
로버트 슐러(Robert Schuller) 박사, 개혁교회 목사, 《꿈꾼다면 할 수 있다(If You Can Dream It, You Can Do It)》, 《힘의 시간(Hour of Power)》 저자

"숀 코비는 아버지가 걸었던 길을 풍부한 상상력으로 따라가고 있다. 코비 스타일로 10대였을 때의 경험을 이야기하는 것이 바로 《성공하는 10대들의 7가지 습관》이다. 경험을 통해 습득한 교훈, 이 책이 옳은 길을 찾는 젊은 세대들을 위한 독특한 가이드북이라고 말할 수 있는 이유가 여기에 있다."
프란시스 헤셀베인(Frances Hesselbein), 드루커 재단(Drucker Foundation) 회장 겸 대표이사, 전(前) 전미 걸스카우트 회장

"나와 같은 아이들이 실제 생활에서 겪은 문제점들에 대한 이야기는 인생에 있어서 중요한 결정을 내리는 데 큰 도움이 되었다. 이 세상의 모든 10대들에게 이 책을 읽어보라고 말해 주고 싶다."
제레미 소머(Jeremy Sommer), 19세

성공하는 10대들의
7가지 습관

THE 7 HABITS OF
HIGHLY EFFECTIVE TEENS

BY SEAN COVEY

Copyright © 1998 by FranklinCovey Co.
Translation copyright © 1999 by Gimm-Young Publishers, Inc.
All right reserved.

This Korean language edition is published by arrangement with
FranklinCovey Company.

성공하는 10대들의 7가지 습관

숀 코비 지음 | 김경섭 · 유광태 옮김

김영사

성공하는 10대들의 7가지 습관

저자_숀 코비
역자_김경섭 · 유광태

1판 1쇄 발행_ 1999. 6. 3.
1판 166쇄 발행_ 2023. 1. 26.

발행처_김영사
발행인_고세규

등록번호_제406-2003-036호
등록일자_1979. 5. 17.

경기도 파주시 문발로 197(문발동) 우편번호 10881
마케팅부 031)955-3100, 편집부 031)955-3200, 팩스 031)955-3111

이 책의 저작권은 FranklinCovey Co.와의
독점저작권 계약에 의해 김영사에 있습니다.
한국 내에서 보호를 받는 저작물이므로 무단전재와 무단복제를 금합니다.

값은 뒤표지에 있습니다.
ISBN 978-89-349-1802-8 03320

홈페이지_www.gimmyoung.com   블로그_blog.naver.com/gybook
인스타그램_instagram.com/gimmyoung   이메일_bestbook@gimmyoung.com

좋은 독자가 좋은 책을 만듭니다.
김영사는 독자 여러분의 의견에 항상 귀 기울이고 있습니다.

어머니에게

그 모든 자장가와 늦은 밤의 이야기들에 감사하며…

어떤 이야기가 있을까?

추천의 글 • 10대와 기성세대의 아름다운 제휴 ················ 10

1부 기초 다지기

습관을 들여라 ·· 18
    습관은 우리의 운명을 좌우한다

패러다임과 원칙 ·· 30
    우리는 보는 시각과 인식대로 행동한다

2부 개인의 승리

개인감정은행계좌 ·· 58
    거울 속의 사람과 시작하기

습관 1 자신의 삶을 주도하라 ································ 81
    내가 바로 내 인생의 주인이다

습관 2 끝을 생각하며 시작하라 ···························· 115
    자신의 운명을 스스로 컨트롤하지 못하면
    다른 사람이 컨트롤할 것이다

습관 3 소중한 것을 먼저 하라 ······························ 153
    할 일과 안 할 일 구별하기

어떤 이야기가 있을까?

3부 대인관계의 승리

관계감정은행계좌 ·············· 188
　삶을 구성하는 요소

습관 4 승-승을 생각하라 ·············· 205
　삶이란 모두가 배불리 먹을 수 있는 뷔페와 같다

습관 5 먼저 이해하고 다음에 이해시켜라 ·············· 229
　우리는 귀가 둘이고, 입이 하나다

습관 6 시너지를 내라 ·············· 255
　'더 좋은' 방법

4부 자기 쇄신

습관 7 끊임없이 쇄신하라 ·············· 287
　나를 위한 시간

희망이 살아 숨쉬게 하라! ·············· 334
　얘야, 너는 산을 옮길 수 있단다

도움을 받을 수 있는 곳 ·············· 338
프랭클린코비사에 대해 ·············· 344
한국리더십센터에 대해 ·············· 346
옮기고 나서 · 꿈을 이루는 10대들을 위한 나침반 ·············· 348

> 추천의 글

10대와 기성세대의 아름다운 제휴

　스티븐과 숀 코비 부자父子는 '성공을 위한 7가지 습관'이란 주제를 가지고 세 권의 책을 써서 세계적인 베스트셀러를 만들었다. 하나는 어른과 직장인을 위한 것이었고, 두 번째는 가정과 가족을 위한 것이었으며, 세 번째는 《성공하는 10대들의 7가지 습관》으로 아들인 숀 코비가 쓴 책이다.
　성공하는 10대를 위한 이 책에는 숀 코비가 크게 외치고 확실하게 보여주는 것이 있다. 기성세대는 10대들에게 보여줄 가치로운 것을 가지고 있으며, 그럴 책임을 가져야 하고, 아울러 10대는 기성세대로부터 배울 만한 게 있으며, 배운 만큼 성공할 수 있다는 것이다. 10대와 기성세대 사이는 기피가 아니라 제휴를 통해서 아름다운 관계로 격상될 수 있음을 그는 이 책을 통해서 몸소 실천해 보였다.
　그래서 숀 코비는 10대와 기성세대 사이를 가로막는 두터운 벽을 안타까워했고, 이 책에서 서로의 벽을 허무는 선구자적 면모를 보여주고 있다. 코비만큼 확실하게 기성세대가 10대에게 어떤 방식으로 어떤 내용으로 접근하여 도움을 줄 수 있을지를 보여준 사람이 있을까? 그런 점에서 그는 10대를 일깨워 통찰을 얻게 하는 탁월한 능력을 발휘한 10대를 위한 교육방법의 한 선구자라 할 만하다.
　10대들은 어느 나라에서건 골칫거리다. 동서고금을 막론하고 그들은 언제나 가장 불안하고 반항적인 세대로 묘사되어 왔다. 그들은 부모에게, 교사에게, 그리고 이 사회 전반에 대해서 부정적이고 저항적이다.

그들은 이해하기 힘든 사고와 행동과 말을 한다고 기성세대로부터 기피당해 왔다. 겁 없고, 책임감 없고, 놀기만 좋아하고, 진지하지 않으며, 엉뚱한 일을 자주 저지르고, 기성의 권위와 관습을 우습게 여기는 정말로 '못 말리는 세대'라고 손가락질 받아왔다.

실상 10대는 부모들을 가장 고민하게 만드는 세대이며, 교사를 가장 당황시키고 어렵게 만드는 세대이며, 여러 가지 미성년 문제를 일으켜서 사회를 복잡하고 위태롭게 만드는 세대인 게 틀림없다. 부모와의 불화를 이유로 가출하는 10대가 있는가 하면, 친구로부터 따돌림당한다고, 또 성적이 낮다고 옥상에서 떨어져 죽는 10대가 있고, 전쟁 때나 쓰는 중화기를 휘둘러 친구와 교사를 죽음에 이르게 한 컴바인 고등학교의 10대도 있다.

이런 10대들에 대해 그간 많은 기성세대들은 속수무책이었다. 우리 기성세대가 과연 무엇을 할 수 있을까? 숀 코비가 용감하게 나섰다. 기성세대가 정신차리고 10대를 잘 가르치고 지도해야 한다는 기존의 패러다임을 박차버리고, 그는 10대들을 향하여 메가톤급 포문을 면전에 직접 쏘아댄다. 브루투스가 로마시민을 향하여 웅변을 쏘아내듯이 코비는 세계의 10대를 향하여 겁 없이 7가지 주문을 해댄다. 10대들이면 누구든지 7가지 사고와 행동의 규칙과 원리를 습관화시켜 생활하기만 한다면, 성공적인 삶이 보장된다는 것이다.

10대 독자들을 집요하게 설득해 나가는 숀 코비의 논리는 교육심리학자인 나를 경탄케 하며, 부모이자 교사인 나로 하여금 '기성세대는 10대에게 가르칠 게 있다'는 자부심을 갖게 한다. 그는 이 책을 통해서 벌써 10대를 바라다보는 나의 패러다임을 바꾸어놓는 데 성공하고 있는 것이다.

  이 책은 10대가 갈 길을 밝혀주는 든든한 지도와 같다. 내가 10대 시절에 읽었더라면 지금의 내 모습은 아주 많이 달라졌으리라는 아쉬움이 강하게 남는 책이다. 10대들이 이 책을 많이 읽어서 용기와 희망과 지혜를 얻기 바란다. 부모로서 자녀에게, 스승으로서 제자에게, 어른으로서 이웃의 10대에게 희망과 용기를 주고 싶으나 방법을 몰라 안타까울 때, 이 한 권의 책 선물이 그런 당신의 소망을 최선으로 실현시켜 주리라 믿는다.

문용린 (서울대 교육학과 교수)

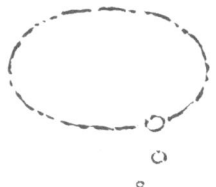

나는 누구일까요?

나는 항상 당신과 함께합니다.
나는 당신을 가장 잘 도와주기도 하고 가장 무거운 짐이 되기도 합니다.
나는 당신을 성공으로 밀어주기도 하고 실패로 끄집어 내리기도
합니다. 나는 전적으로 당신의 명령을 따릅니다.
내가 하는 일의 절반쯤을 당신이 나에게 떠넘긴다면
나는 그 일들을 더 빠르고 정확하게
처리할 수도 있습니다.

나는 쉽게 관리할 수 있습니다. 그저 나에게
엄격하게 대하기만 하면 되지요. 당신이 어떻게 하고 싶은지만
알려주세요. 몇 번 연습하고 나면 그 일을
자동적으로 할 수 있을 겁니다.
나는 모든 위대한 사람들의 하인이고(이럴 수가!)
또한 모든 실패한 사람들의 하인입니다.
위대한 사람들은 사실 내가 위대하게 만들어준 것이지요.
실패한 사람들도 사실 내가 실패하게 만들어버렸고요.

나는 기계가 아닙니다. 기계처럼 정확하고
인간의 지성으로 일을 하긴 하지만.
당신은 나를 이용해 이익을 얻을 수도 있고
망해버릴 수도 있습니다. 당신이 어떻게 하든 나한테는
별로 상관이 없는 일이죠.

나를 택해주세요, 나를 길들여주세요, 엄격하게 대해주세요.
그러면 세계를 제패하게 해주겠습니다.
나를 너무 쉽게 대하면, 당신을 파괴할지도 모릅니다.

나는 누구일까요?

나는
'습관'
입니다.

1부

기초 다지기

습관을 들여라
습관은 우리의 운명을 좌우한다

패러다임과 원칙
우리는 보는 시각과 인식대로 행동한다

습관을 들여라
습관은 우리의 운명을 좌우한다

반갑습니다! 나는 숀이에요. 이 책을 썼지요. 이 책을 어떻게 갖게 되었어요? 훌륭한 사람이 되라고 어머니가 사 주셨을 수도 있고, 제목이 눈에 띄어 호기심에 샀을 수도 있겠지요. 어떻게 손에 넣게 되었든지, 책을 통해 만나게 되어 매우 반갑습니다. 그럼, 이제 우리의 이야기를 시작해 볼까요?

10대들 중에는 책 읽기를 좋아하는 사람들이 많지만, 나는 별로 좋아하지 않았다(시험이나 과제용으로 정리해 놓은 유명한 작품들의 요약본은 많이 읽었다). 나 같은 사람이 있다면 이 책을 한번 제대로 읽어보는 게 좋을 것 같다. 멋진 세계를 탐험하는 기분이 들 거라 장담한다. 사실, 재미있는 책이었으면 좋겠다는 생각에, 10대들을 위한 만화와 재치 있는 아이디어와 유명한 격언과 정말로 멋진 온 세상의 이야기들로 이 책을 가득 채웠다. 그 밖에도 몇 가지 놀라운 것들이 더 있기도 하지만…. 그럼 한번 읽어볼까? 그래, 좋아!

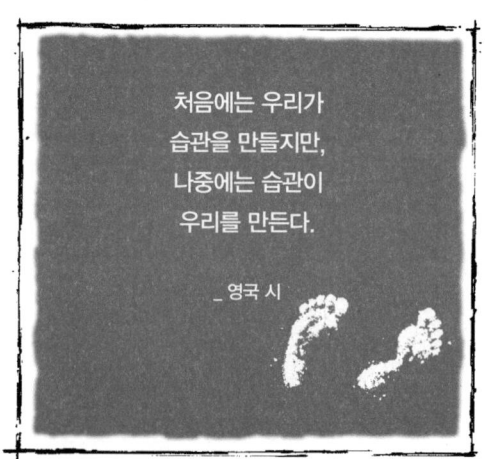

처음에는 우리가 습관을 만들지만, 나중에는 습관이 우리를 만든다.

_영국 시

◀ 60년대 아이

◀ 요즘 아이

먼저 책 이야기를 하자. 이 책은 아버지 스티븐 코비Stephen R. Covey가 몇 년 전에 《성공하는 사람들의 7가지 습관 The 7 Habits of Highly Effective People》이라는 제목으로 낸 책을 토대로 하고 있다. 놀랍게도 그 책은 역사상 가장 많이 팔린 책 가운데 하나가 되었다. 그 책이 성공할 수 있었던 것은 사실 우리 형, 누나, 동생들 덕분이다. 읽어본 사람은 알겠지만, 우리는 아버지의 기니피그Guinea Pigs(새로운 상품이 얼마나 효과적이고 안전한지 시험해 보는 대상 : 옮긴이)였던 것이다. 아버지는 자신의 모든 심리학 실험들을 우리에게 해대기 바빴고, 그것은 바로 우리 남매들이 가진 커다란 정서장애의 원인이었다(믿는 건 아니겠지? 농담입니다. 농담). 다행스럽게도, 우리는 아무런 상처 없이 잘 성장할 수 있었다.

　그러면 나는 왜 이 책을 쓰게 되었을까? 지금 우리에게 10대란 더 이상 운동장이 아니고, 정글에서 노는 것과 같다. 이 책에서 내가 제대로 역할을 해낸다면, 이 책은 정글 속을 헤쳐 나올 수 있게 도와주는 나침반이 될 것이다. 한 가지만 더. 아버지의 책과는 달리(그 책은 어른용이다. 그래서 그런지 가끔 지루하기 짝이 없는 부분이 있다), 이 책은 특별히 10대들을 위해 썼으며, 그래서 그런지 아주 재미있다.

　나는 비록 10대를 졸업하긴 했어도 10대 시절이 어떠했는지는 잘 기억하고 있다. 그때 나의 감정은 롤러코스터(놀이터의 오락용 활주차 : 옮긴이)처럼 불안하고 기복이 심했다. 되돌아보면, 그 시절을 견뎌냈다는 것이 믿어지지 않을 정도다. 가까스로 살아남은 셈이다. 니콜Nicole이라는 여자아이를 좋아하게 되었던 중학교 1학년 때 기억은 절대 잊을 수 없다. 처음에는 친구 클라Clar에게 부탁해 좋아한다는 말을 전해달라고 했다(여자아이들에게 직접 말하는 것이 너무나도 두려웠기 때문에 사랑의 메신저를 이용했던 것이다). 클라는 임무를 마치고 돌아와 나에게 보고했다.

"야, 숀. 니콜에게 네가 좋아한다고 말했어."

"뭐라고 말하던?"

"니콜이 말이야, '흐윽, 숀? 걔는 너무 뚱뚱해' 그러던데?"

클라는 재미있다는 듯 한바탕 웃어 젖혔다. 참담했다. 쥐구멍에라도 들어가 다시는 나오고 싶지 않았다. 그때 나는 평생 동안 여자아이 같은 건 좋아하지 않기로 결심했다. 물론 다행스럽게도 남성호르몬 덕분에 여자아이들을 다시 좋아하기 시작했다.

다른 10대들이 겪었던 심각한 문제들 중에는 우리 모두에게도 낯익은 것들이 많다.

"할 일은 많고 시간은 없다. 학교도 가야 하고, 숙제도 해야 하고, 심부름에, 친구에, 모임에, 무엇보다도 가족들! 아, 정말 돌아버릴 것 같아. 좀 도와줘!"

"난 아무리 봐도 별로인데 어떻게 나 자신을 좋게 생각할 수 있단 말이야? 어디를 봐도 나보다 똑똑하고 예쁘고 인기 있는 애들뿐이라고. 저 아이의 머릿결, 저 아이의 옷, 저 아이의 성격, 저 아이의 남자친구가 모두 내 거라면 얼마나 행복할까?"

"내 삶은 통제불능인 것 같아."

"우리 가족은 정말 엉망진창이야. 부모님만 없었어도 나만의 인생을 살 수 있을 텐데. …매일 잔소리나 해대고. 내가 어떻게 부모님 맘에 쏙 들 수 있겠어?"

"내가 바람직한 삶을 살고 있지 않다는 건 잘 알아. 난 정말 안 하는 짓이 없어. 본드 흡입에다, 술에다, 담배에다. 말만 해보라고. 하지만 여러 아이들이랑 있을 때는 보통 아이들처럼 행동하지."

"또 다이어트를 시작했어. 올해만 해도 벌써 다섯 번째야. 난 정말 살을 빼고 싶지만 계획을 지키지 못해. 다이어트를 새로 시작할 때마다 희망에 부풀지만 그러면 뭐 해? 얼마 되지도 않아 물거품이 되는걸. 정말 기분 더러워지지."

"나는 지금 공부를 너무 못하고 있어. 점수를 올리지 않으면 대학에 들어가지 못할 거야."

"나는 기분이 안 좋고 우울해질 때가 가끔 있어. 그럴 땐 정말 어떻게 해야 할지 모르겠어."

이런 문제들은 실제로 있는 것들이고, 형광등 끄듯이 일순간에 없애버릴 수 있는 것이 아니기 때문에 나도 어떻게 할 수가 없다. 대신, 그런 문제들을 잘 해결해 나갈 수 있는 방법을 알려주려 한다. 그게 뭐냐고? '성공하는 10대들의 7가지 습관'이지. 아니면 좀 길게 말해서, '행복하고 성공하는 전 세계 아이들이 공통적으로 가지고 있는 7가지 특성'이라고나 할까? 지금까지 '그런 습관들이 도대체 무엇일까'하고 궁금해하고 있었을지도 모르니까, 질질 끄는 일은 그만하고, 간단한 설명과 함께 7가지 습관을 직접 한 번 확인해 보자.

습관 1   자신의 삶을 주도하라 Be Proactive
         자신의 삶에 책임을 져라

습관 2   끝을 생각하며 시작하라 Begin with the End in Mind
         삶의 목표와 사명을 정하라

습관 3   소중한 것을 먼저 하라 Put First Things First

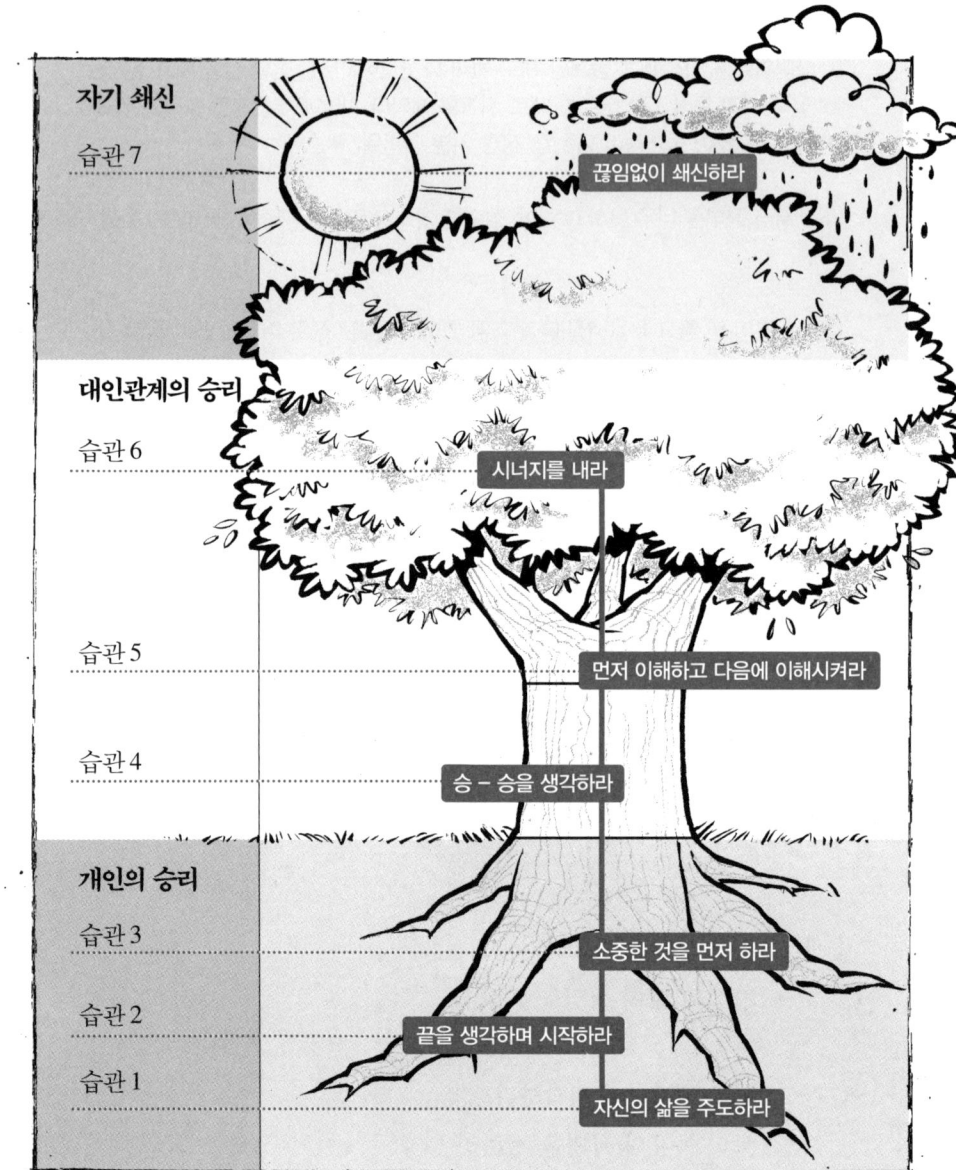

우선순위를 정하고, 가장 중요한 것부터 먼저 하라

습관 4   **승-승을 생각하라**Think Win-Win
모두가 이길 수 있다는 태도를 가져라

습관 5   **먼저 이해하고 다음에 이해시켜라**Seek First to Understand,
Then to Be Understood

사람들의 말을 진지하게 경청하라

습관 6   **시너지를 내라** Synergize
더 많은 성과를 거두려면 협력하라

습관 7   **끊임없이 쇄신하라**Sharpen the Saw
규칙적으로 자신을 새롭게 하라

   그림이 보여주는 것처럼 습관들은 차례로 연결되어 있다. 습관 1, 2, 3은 자기 자신을 잘 컨트롤하는 방법에 관한 것이다. 우리는 그것을 "개인의 승리"라고 말한다. 습관 4, 5, 6은 인간관계와 팀워크에 관한 것이다. 우리는 그것을 "대인관계의 승리"라고 말한다. 훌륭한 팀 플레이어가 되기 위해서는 각자가 개인의 행동들을 올바르게 해야 한다. 그래서 개인의 승리가 있고 난 다음, 대인관계의 승리가 가능하다. 습관 7은 자기 쇄신의 습관이다. 그것은 다른 6가지 습관들을 잘 실행할 수 있게 해 주는 보조 습관이다.

   간단해 보이지? 좀더 기다려보렴! 간단한 습관의 엄청난 위력을 보게 될 테니까.

   7가지 습관을 이해하는 한 가지 좋은 방법은, 어떤 습관이 7가지 습관이 아닌지를 알아보는 것이다. 다음과 같은 정반대되는 습관들을 살펴보자.

실패하는 10대들의 7가지 습관

습관 1 반사적이 되라

자신의 문제를 부모님 탓, 선생님 탓, 못돼먹은 이웃 탓, 남자친구나 여자친구 탓, 정부 탓, 기타 여러 가지 탓으로 돌려라. 소극적이 되고 그냥 희생자가 되어라. 자기 삶에 대해 책임지지 말아라. 동물처럼 행동하라. 배고프면 먹고, 다른 사람이 자신에게 소리지르면 더 큰 소리로 대꾸하라. 잘못된 행동이라도 하고 싶으면 무조건 하고 보자.

습관 2 끝을 생각하지 말고 시작하라(목표 없이 시작하라)

계획을 세우지 말아라. 어떤 일이 있어도 목표는 갖지 마라. 내일은 생각하지 말아라. 행동의 결과까지 생각할 필요가 있겠는가? 순간을 위한 삶을 살아라. 졸리면 자고, 있을 때 쓰고, 놀러 다니고. 왜냐고? 내일이면 죽을지도 모르니까.

습관 3 소중한 것을 나중에 하라

인생에 있어서 가장 중요한 것이 무엇이든 간에, 먼저 텔레비전부터 실컷 보고 재방송도 보고, 밤새도록 전화도 하고, PC통신도 실컷 하고, 빈둥거리기도 한 다음에 하라. 숙제는 항상 내일로 미루어 버릇하라. 중요하지 않은 일을 중요한 일보다 먼저 하라.

습관 4 승-패를 생각하라

인생은 사악한 경쟁이라고 생각하라. 반 친구는 우리를 이기려고 안달이니까, 우리가 먼저 이겨야 한다. 무슨 일이 있어도 다른 사람이 성공하지 못하도록 하라. 항상 기억하라, 다른 사람의 승리는 나의 패배로 이어진다. 혹시라도 질 것 같으면, 끈질기게 물고 늘어져 같이 망하도록 하라.

습관 5 먼저 이야기하고 그 다음에 듣는 척하라

태어날 때부터 입을 달고 태어나지 않았던가? 써먹어야 한다. 말은 되도록 많이 하라. 항상 자신의 입장을 먼저 이야기하라. 모든 사람들이 우리 입장을 이해하게 되면, 그때 가서 상대방에게 말하도록 하라. 고개도 끄덕거리고 "그래"라고 하며 듣는 척하라. 특히 다른 사람의 의견이 진짜 필요할 경우에는 반드시 그렇게 하라.

습관 6 협력하지 말고 혼자 하라

생각해 보자. 다른 사람들의 사고방식은 정말 이상해. 우리랑 생각이 크게 달라. 사정이 그런데 그들과 잘 지낼 필요가 있을까? 팀워크는 강아지한테나 어울리는 말이야. 항상 내게 가장 좋은 생각이 있으니까 모든 일은 혼자서 하는 게 제일이지. 천상천하 유아독존! 뭐니 뭐니 해도 나뿐이야.

습관 7 심신을 피곤하게 하라

자기 심신을 쇄신하고 향상시킬 시간이 없을 만큼 바쁘게 살아라. 공부도 하지 말고. 새로운 것은 절대 배우지 말도록. 병에라도 걸린 것처럼 운동은 피하라. 그리고 주의사항! 좋은 책이니, 자연이니 하는 나에게 감동을 준다고 하는 것들에 가까이 가지 말 것.

누구라도 위의 리스트는 파멸로 가는 지름길임을 알 수 있다. 하지만, 우리 중에는 그런 행동에 푹 빠져 있는 사람들이 있다(물론 나를 포함해서). 그럴 경우 삶이란 때때로 고생길이 될 수밖에 없다는 사실은 의심할 바가 없다.

■ **습관이란 도대체 무엇인가?**

습관이란 우리가 반복적으로 하는 행동이다. 하지만 보통은 우리에게 그런 습관이 있다는 것조차 알아차리지 못한다. 완전히 '자동으로 작용' 되는 것이다.

습관에는 좋은 것들도 있다. 이를테면,
- 규칙적으로 운동하기
- 미리 계획을 세우기
- 다른 사람을 공손히 대하기

나쁜 것들도 있다. 이를테면,
- 부정적으로 생각하기
- 열등감 가지고 살기
- 다른 사람을 욕하기

이러나 저러나 상관없는 습관으로는,
- 밤에만 샤워하기
- 비빔밥 포크로 먹기
- 잡지책 뒤에서부터 보기

어떤 습관을 가지고 있느냐에 따라 우리는 제대로 만들어질 수도 있고 망

가질 수도 있다. 우리가 규칙적으로 하는 것이 바로 우리 자신인 것이다. 새 뮤얼 스마일즈Samuel Smiles는 다음과 같은 글을 남겼다.

생각의 씨를 뿌리면 행동을 거둬들일 것이요
행동의 씨를 뿌리면 습관을 거둬들일 것이요
습관의 씨를 뿌리면 성품을 거둬들일 것이요
성품의 씨를 뿌리면 운명을 거둬들일 것이다.

다행히도 우리는 습관보다 강하다. 따라서, 우리는 습관을 바꿀 수 있다. 팔짱을 껴보자. 이번에는 팔의 방향을 반대로 해서 껴보자. 어떤가? 상당히 이상하지 않은가? 하지만 그런 식으로 30일 동안 연속으로 팔짱을 끼면 이상한 느낌이 들지 않을 것이다. 팔의 위치를 그렇게 해야겠다고 생각하지도 않을 것이다. 습관이 된 것이다.

언제든 거울을 보고 이렇게 말할 수 있다. "이봐. 넌 그 습관이 마음에 들지 않는단 말이야." 그러면 나쁜 습관도 좋은 습관으로 바꿀 수 있다. 언제나 쉬운 일은 아니지만, 언제든 가능한 일이다.

이 책에 나오는 모든 생각들이 우리에게 잘 들어맞지 않을 수도 있다. 하지만 언제나 완벽한 결과를 기대할 필요는 없다. 어떤 습관은 그냥 내버려두기도 해야, 불가능할 것 같았던 변화를 경험할 수도 있는 것 아닐까?

7가지 습관이 도움을 줄 수 있는 것들
- 삶을 컨트롤할 수 있다.
- 친구들과의 관계가 개선된다.
- 현명한 결정을 내린다.
- 부모님과 사이가 좋아진다.

- 중독증을 극복할 수 있다.
- 자신에게 가치 있는 일이 무엇인지, 가장 중요한 것이 무엇인지 결정할 수 있다.
- 짧은 시간에 많은 일을 할 수 있다.
- 자신감을 기를 수 있다.
- 행복해진다.
- 학교, 아르바이트, 친구와의 시간 등 여러 가지 일을 균형있게 할 수 있다.

마지막 한 가지. 이건 이제 내 책이다. 그러니까 마음대로 사용하자. 연필이나 볼펜, 형광펜을 꺼내 줄을 긋자. 맘에 드는 부분에 밑줄을 긋거나 색칠을 하거나 낙서하는 것을 두려워하지 말자. 빈칸에 생각나는 말을 적어두자. 아무렇게나 휘갈겨 쓰면 또 어떤가? 마음을 움직이게 했던 이야기는 다시 한 번 읽어보자. 희망을 주는 격언을 암송해 보자. 각 장의 끝 부분에 있는 '걸음마'를 실천해 보자. 습관 들이는 일을 즉시 시작할 수 있도록 마련해 놓은 부분이다. 이 책에서 얼마나 많은 것들을 얻어낼 수 있느냐 하는 것은 하기 나름이다.

혹시 만화만 읽거나 재미있는 이야기만 골라 띄엄띄엄 읽는 사람이 있을지 모르는데, 그래도 별 상관없다. 하지만 언젠가는 처음부터 끝까지 읽어야 할 때가 있을 것이다. 왜냐하면 7가지 습관은 하나하나의 이야기가 이어져 커다란 전체 이야기를 만들고 있기 때문이다. 하나하나의 습관이 꼬리를 이어가며 이 책을 이루고 있으며, 습관 1이 습관 2보다 먼저 나오는 이유도 여기에 있는 것이다.

자, 맘껏 즐기면서 책을 읽어보자.

다음 개봉작
다음으로는, 역사상 가장 바보 같은 발언 10가지를 보여드리겠습니다.
놓치면 후회할 겁니다. 자, 쭉쭉 읽어 나가십시오.

패러다임과 원칙
우리는 보는 시각과 인식대로 행동한다

다음은 자기 분야에서 최고의 전문가들이 했던 말들이다. 그 말을 했을 당시에는 상당히 지혜롭게 들렸다. 하지만 시간이 지나고 보니, 이렇게 바보 같은 소리가 따로 없다.

역사상 가장 바보 같은 발언 10가지

⑩ "집에 개인 컴퓨터를 가지고 있을 이유가 없다."
- 케네스 올센(Kenneth Olsen), 디지털 이퀴프먼트사 설립자 겸 회장, 1977년

⑨ "비행기는 재미있는 장난감일 뿐, 군사적인 가치는 전혀 없다."
- 페르디낭 포슈(Ferdinand Foch) 장군, 프랑스 군사전문가, 제1차 세계대전 시 사령관, 1911년

> 자기 자신을 맑고 밝게 해야 한다.
> 우리는 온세상을
> 그 너머로 보는 창문이다.
> _ 조지 버나드 쇼(George Bernard Shaw), 영국 극작가

⑧ "(인간은 달에 발을 올려놓을 수 없다.) 미래에 아무리 과학이 발달해도."

―리 드 포레스트(Lee De Forest) 박사, 3극진공관 발명자, 라디오의 아버지, 1967년 2월 25일

7 "(텔레비전은) 판매가 시작된 후 6개월이 지나면 시장에서 외면받을 것이다. 사람들은 매일 밤 합판으로 만든 상자를 보는 데 지겨움을 느낄 것이다."
―대릴 자눅(Darryl F. Zanuck), 20세기폭스사 사장, 1946년

6 "우린 그들의 음악을 좋아하지 않는다. 기타 몇 대를 치며 공연하는 시대는 지났다."
―데카 레코드사, 비틀즈를 거부하며, 1962년

5 "대다수의 사람들에게 담배는 유익한 효능을 가지고 있다."
―이안 맥도널드(Ian G. Macdonald) 박사, LA 내과의사, 〈뉴스위크〉지에서 인용, 1969년 11월 18일

4 "전화는 통신수단으로 생각하기에는 너무 결점이 많다. 이 기계는 우리에게 아무런 가치가 없다."
―웨스턴 유니언 내부 문서, 1876년

3 "지구는 우주의 중심이다."
―프톨레미(Ptolemy), 이집트의 대 천문학자, 2세기

2 "오늘은 어떤 중대한 일도 일어나지 않았다."
―영국 조지 3세의 글 중에서, 1776년 7월 4일(미국이 영국으로부터 독립을 선언한 날)

1 "발명할 수 있는 것은 모두 발명되었다."
―찰스 듀엘(Charles H. Duell), 미국 특허청장, 1899년

이제는 우리와 똑같은 진짜 10대들이 했던 이야기를 읽어보자. 이 말들은 다른 곳에서 들었던 적도 있을 테지만, 우습기는 위의 것들과 우열을 가리기 힘들다.

"우리 식구 중에는 대학에 다닌 사람이 아무도 없어. 물론 나도 갈 수 없는 것이 정상이지…."

"소용없어. 새아빠하고 나는 친해질 수 없을 거야. 우리는 너무 달라."

"똑똑한 사람은 따로 있어."

"선생님은 꼭 나만 가지고 뭐라고 그래."

"걔는 엄청나게 예쁘니까 분명 머리는 텅 비어 있을 거야."

"잘 이끌어주는 사람을 만나지 못하면 성공할 수 없어."

"나 말이야? 날씬하다고? 그럴 리가 없는데, 지금 장난하니? 우리 집은 모두 다 뚱뚱하단 말이야."

"이 동네에서는 좋은 일자리를 구할 수 없어. 아무도 10대는 써주려 하지 않는단 말이야."

그럼 패러다임이란 뭘까? 앞의 2가지 그룹들의 공통점은 뭘까? 우선, 둘 다 세상사에 대한 '시각'이라는 점. 둘째, 둘 다 옳지 않다는 점. 그런 말을 한 당사자들은 자기가 옳다고 확신했을 테지만.

보는 시각을 다른 말로 하면 곧 '패러다임paradigm'이다. 패러다임은 사물을 보는 방식, 관점, 인식의 틀, 신념을 말한다. 이미 알아차렸겠지만, 패러다임이란 것은 정확하지 못할 때도 있어서, 오히려 문제를 만들어내기도 한다. 예를 들자면, 대학에 가기에 어떤 점이 모자란지 나름대로의 생각이 있을 수 있는데, 이러한 생각도 패러다임이라고 할 수 있다. 하지만… 프톨레미는 지구가 우주의 중심이라고 믿었었다!

새아빠와 도저히 친하게 지낼 수 없다고 생각하는 아이가 있다고 해보자. 그 생각이 그 아이의 패러다임이라면, 과연 그 아이는 새아빠와 친하게 지낼 수 있을까? 친하게 지내지 못할 가능성이 많다. 그 아이가 가지고 있는 믿음이 그 아이를 그렇게 만드는 것이다.

패러다임은 안경과도 같다. 삶이나 자기 자신에 대해 불완전한 패러다임을 가지고 있는 것은 자신에게 맞지 않는 안경을 쓰고 있는 것과 같다. 자기 눈에 맞지 않는 안경이 모든 것을 보고 인식하는 데 영향을 미치게 되는 것이다. 결국 우리가 보는 방식에 따른 결과를 얻게 된다. 자기가 바보라고 믿는다면 그 믿음이 곧 자신을 바보로 만들 것이다. 우리가 여동생을 바보라고 생각한다면, 우리는 그 생각을 정당화해 줄 증거만 찾게 될 것이며, 그런 증거가 찾아지면, 우리 눈에는 여동생이 계속 바보로 보일 것이다. 반면에, 우리 자신이 똑똑하다고 믿는다면, 그 믿음은 우리가 하는 모든 일을 장밋빛으로 물들일 것이다.

크리스티Kristi라는 아이가 산의 아름다움에 대하여 나에게 이야기해 준 적이 있다. 어느 날 크리스티가 안과에 가게 되었는데, 생각했던 것보다 시력이 훨씬 나쁜 상태였다. 새로 렌즈를 맞추고 나니 모든 것들이 너무나도 잘 보여서 놀랄 지경이었다.

"산이며 나무며 심지어는 도로표지판의 조그만 글씨까지 이렇게 잘 보일 줄은 정말 몰랐어. 정말 이상해. 그런 것들이 얼마나 보기 좋은지 알게 되니까, 내 눈이 얼마나 나빴었는지 알겠더라고."

그렇다. 우리는 옳지 않은 패러다임을 가지고 있다는 이유로 얼마나 많은 것을 놓치며 살고 있는지 모를 때가 있는 것이다.

우리는 우리 자신, 다른 사람, 그리고 삶에 대한 패러다임을 갖고 있다. 각각에 대해 하나하나씩 살펴보자.

■ 자신에 대한 패러다임

다음 질문에 대해 곰곰이 생각해 보자. '우리가 가진 자신에 대한 패러다

임은 우리에게 도움이 되는가, 아니면 방해가 되는가?'

아내 레베카Rebecca가 아이다호에 있는 메디슨 고등학교에 다니던 시절, 미스 메디슨 선발대회의 참가자 신청 용지가 여학생들에게 배부된 적이 있었다. 레베카는 다른 친구들과 함께 참가 신청을 했는데, 옆자리에 앉은 린다Linda라는 아이는 신청 용지를 받지 않았다.

"린다, 신청해." 레베카가 말했다.

"됐어. 난 안 나가!"

"해봐. 재미있을 거야."

"아니야. 난 나갈 자신이 없어."

"왜 아니야? 넌 잘할 수 있을 거야." 레베카가 설득하였다.

레베카와 다른 친구들은 그녀가 신청을 할 때까지 린다에게 용기를 불어넣어 주었다.

레베카는 그때 당시 상황을 잊고 있었는데 7년이 지난 어느 날 린다에게서 편지 한 통이 도착했다. 그날 자신이 겪었던 내적 갈등과 자신의 삶을 변화시키는 도화선이 되어주었던 레베카에게 감사한다는 내용이었다. 린다는 자신을 과소평가하고 있었는데, 레베카가 그 행사의 참가자가 될 수 있다고 생각해 주었던 것이 놀랍기 그지없었던 것이다. 사실 린다는 레베카와 친구들의 성화에 못 이겨 어쩔 수 없이 참가를 신청한 것이었다.

린다는 행사에 참가한다는 사실이 너무나도 괴로워 다음날로 행사 감독을 찾아갔다고 했다. 그녀는 자신의 이름을 참가 신청서에서 빼달라고 부탁했다. 하지만 감독 선생님도 레베카와 마찬가지로 린다에게 참가해야 한다는 말만 되풀이했다. 망설이던 린다는 결국 그러겠다고 말했다.

그것이 계기가 되었다. 자신의 가장 자신 있는 분야를 뽐내야 했던 그 행사에 용감하게 참가함으로써 린다는 자신을 새롭게 보기 시작했다. 편지에서 그녀는 레베카에게 마음속 깊이 고마움을 전하고 있었다. 말하자면, 자신의 시각을 제한하고 있던 안경을 벗겨 바닥에 내팽개치며 새 안경을 써보라고 말해 주었던 사람이 바로 레베카였던 것이다.

비록 상을 받지는 못했지만 린다는 더 큰 소득을 얻었다고 말했다. 자기 자신에 대한 과소평가를 극복했던 것이다. 그녀의 그런 모습을 보고서 두 동생들도 그 행사에 참가했다고 했다. 그 행사는 그녀 가족의 인기 행사가 되었던 것이다.

다음 해에 린다는 학생회 간부가 되었고, 레베카가 말해 주었던 대로 발랄하고 자신 있는 성격을 갖게 되었다.

린다는 '패러다임 전환'을 경험했던 것이다. 패러다임 전환이란, '사물을 전혀 다른 방식으로 본다'는 말이다. 마치 새로운 안경을 맞춘 것처럼. 자신에 대한 부정적인 패러다임이 우리 자신을 제한시킬 수 있는 반면에, 긍정적인 패러다임은 우리가 가진 재능을 최대한 발휘할 수 있게 하는 역할을 한다. 프랑스 루이 16세(프랑스 대혁명 때 단두대에서 부인 마리 앙투아네트와 함께 처형당했던 프랑스 국왕 : 옮긴이) 아들의 이야기를 한번 들어보자.

> 루이 16세는 왕위에서 쫓겨나 감옥에 갇혔고 그의 아들은 왕을 내몰았던 사람들에게 붙잡히게 되었다. 사람들은 왕의 아들은 왕위를 물려받을 후계자가 될 생각을 할 것이니 그를 도덕적으로 파멸시키면 그에게 주어진 위엄있고 고귀한 운명을 인식하지 못하게 될 것이라고 생각했다.
> 사람들은 그 청년을 먼 곳으로 보내 추잡하고 사악하기 이를 데 없는 환경에서 자라도록 했다. 맛있는 음식을 끝도 없이 마련해 식욕의 노예가 되도록 만들었고, 그의 앞에서는 상스러운 말만 하도록 했으며, 음탕하고 육감적인 여자들이 항상 곁에 있도록 했다. 그가 불명예와 불신의 늪에 빠져 헤어나올 수 없도록 환경을 만들었다. 그는 한 인간의 영혼을 앗아 가는 상황에서 하루 24시간을 생활했다.
> 거기는 한 인간이 어디까지 몰락할 수 있는가를 보여줄 수 있는 곳이었다. 6개월이

넘는 기간 동안 그는 이런 생활을 계속했다. 그러나… 이 젊은 청년은 이러한 압력에 한 번도 굴복하지 않았다. 유혹의 집중 포화를 받고 난 후, 사람들이 그에게 물었다. 왜 이러한 유혹에 굴복하지 않느냐고. 무엇이 이런 생활을 즐기지 못하게 한 것이냐고. 끊임없이 쾌락을 즐길 수 있고, 자신의 욕망을 채울 수 있고, 누구나 바라는 생활이었는데…. 그가 말했다.
"난 여러분이 요구하는 것을 할 수 없습니다. 난 이 나라의 왕으로 태어났기 때문입니다."

루이 왕자는 어떤 것도 그의 마음을 흔들 수 없을 만큼 확고한 패러다임을 가지고 있었다. 루이 왕자의 경우와 마찬가지로, 우리 또한 '난 할 수 있어' '난 특별한 사람이야'라는 안경을 쓰고 생활한다면 그 믿음이 모든 것을 긍정적으로 생각하게 해줄 것이다.

'내가 가진 자신에 대한 패러다임이 왜곡되어 있다면, 그것을 바로잡기 위해서 난 어떻게 해야 하지?'라는 의문이 들 수 있다. 우리를 믿고 우리를 추슬러줄 사람을 만나 함께 시간을 보내는 것이 1가지 방법이 될 수 있다. 나에게는 어머니가 그런 사람이었다. 특히 나 자신에 대한 회의에 빠져 있을 때에도 어머니는 항상 나를 믿어주었다. "숀, 당연히 반장 선거에 나가 봐야지"라거나 "한 번 말을 해보렴. 그 아이도 너랑 데이트하고 싶어할 거야"라는 말을 항상 해주었다. 격려의 말이 필요할 때면 나는 언제나 어머니를 찾았고, 그럴 때면 어머니는 나의 안경을 닦아주었다.

성공한 사람 누구를 붙잡고 물어보아도, 그들 곁에는 자신을 믿어주는 사람이 있었다고 말할 것이다. 선생님, 친구, 부모님, 여동생, 할머니…. 그런 사람은 한 명으로도 충분하며, 그 사람이 어떤 사람인지는 조금도 중요하지 않다. 주저 말고 그런 사람에게 의지하고 도움을 받아보자. 충고가 필요할 때는 언제든 찾아가자. 그 사람이 우리를 보는 대로 우리 자신을 보려고 노력하자. 그렇게 얻은 새 안경으로 보는 세상은 완전히 달라 보이지 않겠는가! 누군가 이런 말을 남겼다. "신이 의도한 자신의 모습을 상상해 본다면, 다른 누구도 아닌, 바로 자기 자신의 모습이 떠오를 것이다."

때로는 누군가에게 의지하지 못하고 홀로 문제를 해결해야 하는 상황이 있을 수도 있다. 그런 상황에 처한 사람이 있다면, 다음 장을 잘 읽어보라. 자아상을 확립하는 데 도움을 받을 수 있는 유용한 방법을 찾을 수 있을 것이다.

■ 다른 사람에 대한 패러다임

우리는 자신에 대한 패러다임뿐 아니라 다른 사람에 대한 패러다임도 가지고 있다. 그 패러다임 또한 상당히 틀릴 수 있다. 그런 경우에 지금까지와는 다른 관점으로 다른 사람들의 행동 방식을 보는 것이 그들을 이해하는 데 도움이 될 수 있을 것이다.

베키Becky는 자신의 패러다임의 전환에 대해 다음과 같은 이야기를 들려주었다.

고등학교 1학년 때 킴(Kim)이라는 친구를 사귀게 됐어요. 그런데 그 아이는 정말 괜찮은 아이였지만, 시간이 갈수록 그 아이와 친하게 지내기가 힘겹게 느껴졌습니다. 그 아이는 쉽게 마음에 상처를 받았고, 소외당하고 있다고 느끼고 있었어요. 그 아이는 감정의 기복이 심했고, 옆에 있기가 쉽지 않았습니다. 나와 친구들은 그 애와 함께 있는 횟수가 점점 줄어들었고 결국 그애를 불러내는 일이 없어졌지요.
그해가 가고 맞은 첫 여름 방학에 나는 먼 곳으로 여행을 다녀왔습니다. 돌아와서는 친구 한 명을 불러내 그간 무슨 일이 있었는지 이야기를 들었어요. 친구는 누가 누구랑 사귄다느니 하는 온갖 잡다한 이야기를 늘어놓았습니다. 그러다가 갑자기 생각이 났다는 듯, 이런 이야기를 들려주더군요. "아! 내가 킴 얘기해 줬던가? 요즘 걔 힘든데. 부모님이 이혼소송을 하고 있대. 정말 힘들어한다던데…."
그 말을 듣는 순간 그녀에 대한 나의 관점이 변하게 되었습니다. 킴의 행동에 화가 나기보다는 미안한 생각이 든 것입니다. 어렵고 힘들 때 그 아이를 버렸다는 생각이 들었기 때문입니다. 그저 한마디 말을 들었을 뿐인데, 알게 된 단 1가지 사실 때문에 그 아이에 대한 나의 모든 태도가 변하게 되었습니다. 정말 세상을 다시 보게 되었어요.

베키의 패러다임에 변화를 가져온 것은 아주 작은 정보 하나였다. 우리에겐 모든 사실을 알지 못한 채 사람들을 판단하는 경우가 허다하다.

모니카Monica도 비슷한 경험을 이야기해 주었다.

나는 캘리포니아에서 학교를 다니고 있었는데, 거기서 많은 친구들과 친하게 지내고 있었습니다. 새로 전학 온 학생들과 친하게 지내는 데는 무신경했지요. 좋은 친구들이 이미 많이 있었기 때문입니다. 새로 알게 된 사람들이 알아서 나를 사귀어야 한다고 생각했던 것 같아요. 그러다가 이사를 가게 되었고, 이번에는 내가 전학 온 학생의 처지에 놓이게 되었습니다. 나는 누군가 나를 친구로 대해주고 그룹에 끼여주었으면 했어요. 이제는 다른 관점을 가지게 되었습니다. 친구가 없다는 것이 어떤 기분인지 이해하고 있기 때문입니다.

이제부터 모니카는 새로 이사 온 아이들을 다르게 대할 것이라는 생각이 들지 않는가? 다른 관점을 갖는다는 것은 이렇게 다른 사람들을 대하는 태도까지 변화시킨다.

댄 그레일링Dan P. Greyling이 기고한 〈리더스 다이제스트Reader's Digest〉에서 인용한 다음 일화는 패러다임 전환의 고전이다.

오랫동안 유럽에서 생활하던 친구 하나가 남아프리카로 돌아오는 길에 런던의 히드로 공항에서 다음 비행기를 기다리게 되었다. 커피 한 잔 사 들고, 쿠키 한 봉지를 손에 든 그녀는 무거운 짐을 끌고 빈 테이블을 향해 휘적휘적 걸음을 옮겼다.
자리에 앉아 신문을 보고 있던 그녀는 바스락거리는 소리를 들었다. 신문 너머로 보니 말끔하게 차려입은 한 남자가 테이블 건너편에 앉아 그녀의 쿠키를 자기 것인 양 먹고 있었다. 아연실색한 그녀, 그와 얼굴을 맞대기 싫어 팔만 쭉 뻗어 쿠키를 하나 집어먹었다. 1분이나 지났을까? 다시 부스럭거리는 소리. 그가 또다시 쿠키를 먹고 있었다.
쿠키가 마지막 하나 남았다. 그녀는 화가 났지만 말을 하고 싶지는 않았다. 그러자 그 남자, 쿠키를 반으로 쪼개, 반쪽은 그녀 쪽으로 밀어놓고, 나머지 반쪽은 자기 입으로 가져간 후, 일어서더니 떠나가는 것이었다.
시간이 지나 비행기를 타기 직전까지도 그녀는 화가 나서 씩씩거리고 있었다.
비행기표를 꺼내려 핸드백을 연 그녀, 핸드백 안에는 쿠키 한 봉지가 들어 있었다!
(얼마나 당황했을까?) 그녀는 그 남자의 쿠키를 먹고 있었던 것이다.

이 아가씨가 사실을 알게 되기까지 말쑥한 젊은 남자에 대해 어떤 느낌을 가지고 있었을지 생각해 보자. "이런 후안무치厚顔無恥한 사람 같으니!"

사실을 알게 된 후의 느낌은? "이런 난감할 데가! 마지막 쿠키까지 나누어주었으니 얼마나 좋은 사람일까?"

요점은 간단하다. 패러다임은 불완전하기도 하고, 부정확하기도 하고, 심할 때는 완전히 틀리기도 하다는 것. 따라서, 다른 사람이나 우리 자신에 대해서, 너무 성급하게 판단을 내리고, 꼬리표를 붙이고, 경직된 선입견을 갖지 말라는 이야기이다. 우리의 제한된 관점으로는 전체 사실을 알 수도, 전체 그림을 파악할 수도 없기 때문이다.

또한 새로운 정보, 새로운 아이디어, 새로운 관점에 마음을 열어야 한다. 패러다임이 잘못되었다는 것이 분명해지면, 패러다임을 기꺼이 바꾸는 자세도 필요하다.

무엇보다 중요한 것은, 삶에 커다란 변화를 일으키고자 한다면 패러다임을 바꾸어야 한다는 것, 즉 세상을 보는 안경을 바꾸어야 한다는 것이다. 렌즈를 바꾸면 다른 모든 것들이 바뀔 것이다.

자세히 살펴보면 우리가 가진 문제들 대부분은(친구관계나 자아상, 태도 등의 문제) 잘못된 패러다임 때문이라는 것을 알 수 있다. 가령, 아버지와 사이가 좋지 않다고 해보자. 아버지나 우리나, 서로에 대해 왜곡된 패러다임을 가지고 있을 것이다. 우리는 아버지를 구식이라고 생각할 것이고 아버지는 우리를 버릇없고 배은망덕한 나쁜 아이라고 생각할 것이다. 사실은 두 사람의 패러다임이 불완전하기 때문이고 그것이 진정한 대화를 가로막는데도 말이다.

이 책을 읽으면서 알게 되겠지만 이 책은 우리가 갖고 있는 패러다임에 계속해서 딴죽을 걸어올 것이다. 바라건대, 좀더 정확하고 완전한 패러다임으로 바꿀 수 있었으면 좋겠다. 자, 준비됐지요?

■ 삶에 대한 패러다임

자신이나 다른 사람들에 대한 패러다임 이외에도 우리는 세상 전체에 대한 패러다임을 가지고 있다. 자신이 어떠한 패러다임을 가지고 있는지 알려면, 스스로에게 이렇게 물어보면 된다.

"내 삶을 이끄는 힘은 무얼까?" "나는 무엇을 생각하며 시간을 보내는가?" "누가, 혹은 무엇이 내 마음을 사로잡고 있지?"

우리에게 가장 중요한 것이 무엇이든 간에 그것은 우리의 패러다임과 안경이 된다. 난 그것을 삶의 중심이라 부르고 싶다. 10대들에게 인기 있는 삶의 중심으로는 친구, 소유물, 이성친구, 학교, 부모, 스포츠나 취미, 영웅, 적敵, 자기 자신, 공부 등이 있다. 나름대로 좋은 점들이 있는 것들이지만 어떤 면에서는 불완전한 것들이다. 그런 것들을 삶의 중심으로 삼았을 때 어떤 심각한 문제가 발생할 수 있는지를 이제 이야기하려 한다. 다행히도, 우리가 언제든 의지할 수 있는 삶의 중심은 있다.

친구 중심

좋은 친구들 그룹에 속해 있는 것처럼 좋은 것은 없으며, 친구들에게 소외당하고 있는 것보다 더 나쁜 것은 없다. 그러나 친구는 물론 중요하지만 절대 삶의 중심이 되어서는 안 된다. 왜냐고? 친구들은 때로 변덕스럽기 때문이다. 가끔씩은 우리를 속이기도 하고, 등 뒤에서 우리를 욕하기도 하고, 새 친구를 사귀고는 우리를 잊어버리기도 한다. 친구들은 기분이 오락가락한다. 친구들은 이리저리 옮겨 다닌다.

자신의 정체성을 친구를 사귀고, 친구들과 같은 편이 되고, 친구들 사이에 인기 있는 모습에서 찾는다면 우리는 우리 자신의 가치기준을 친구들에게 맞추게 되고 친구들에게 잘 보이기 위해서 이전의 가치기준을 매주 바꾸게 될 것이다.

그렇지만 친구가 삶에서 가장 중요한 것은 아니라는 사실을 깨닫는 날이 올 것이다. 믿거나 말거나, 고등학교에 다닐 때에는 나도 신화적인 패거리에 속해 있었다. 우리는 모든 일을 함께 했다. 강을 헤엄쳐 건너기도 하고(물론 불법이었다), 뷔페에 가서 배가 터지도록 음식을 먹고 오기도 하고, 깜깜한 밤중에 수상스키를 타기도 하고, 서로 여자친구를 바꾸어 데이트하기도 하고…. 안 해본 게 없다. 난 친구들을 좋아했고, 영원히 친구로 지내게 될 것이라고 생각했다.

고등학교를 졸업하고, 뿔뿔이 흩어지게 되자 우리는 만나는 일이 거의 없게 되었다. 놀라운 일이었다. 우리는 서로 떨어져 살았고 그들과 지냈던 시간들은 새로운 친구, 직장, 가족과 함께 보내는 시간으로 채워졌다. 10대 시절에는 이런 일이 일어날 것이라는 걸 상상할 수조차 없었다.

친구는 많이 사귈수록 좋다. 하지만 친구들을 토대로 삶이라는 집을 짓지는 말아라. 친구들은 불안정한 기초다.

소유물 중심

때로 우리는 소유하고 있는 것, 혹은 '소유물'이라는 렌즈로 세상을 바라볼 때가 있다. 우리는 물질적인 세계에 살고 있고 '죽을 때 장난감이 가장 많은 사람이 인생의 승리자다'라고 생각하며 어린 시절을 보낸다. 우리는 세상에서 가장 빠른 차를 가져야 하며, 가장 비싼 옷을 입어야 하고, 최신식 오디오가 있어야 하고, 최신 헤어스타일로 머리를 해야 하며, 그 외에도 우리를 행복하게 해주는 것 같은 많은 물건을 가져야 한다. 소유는 또한 자신의 지위나 하는 역할의 형태를 띠기도 한다. 이를테면, 응원단장, 연극 주연, 졸업생 대표, 학생회 간부, 교지 편집장이나 최우수선수 같은 것 말이다.

> 내가 가지고 있는 것이
> 내가 어떤 사람인지를 결정한다면,
> 내가 가지고 있는 것을
> 모두 잃어버렸을 때,
> 나는 어떠한 존재가 되는가?
>
> _ 익명

그런 자리를 차지하거나 가진 것들을 즐기는 게 나쁠 건 없지만, 삶의 중심을 소유물에 두어서는 안 된다. 결국에는 아무런 가치도 없게 되는 것이 바로 소유물이다. 자신감은 내부에서 나오는 것이지 외부에서 오는 것이 아니다. 자신감은 마음의 질에서 나오는 것이지 결코 소유물의 양에서 나오는 것이 아니다. 죽을 때 장난감이 가장 많은 사람도 결국… 죽어

없어질 뿐이다.

한때 가장 비싸고 예쁜 것만 입는 아이를 알고 지낸 적이 있다. 그 아이는 같은 옷을 두 번 입는 일이 없었다. 좀더 가까워지게 되고 나서 그 아이의 자신감이 입고 있는 옷에서 나온다는 사실을 알게 되었고 '엘리베이터 같은 눈'을 가지고 있다는 점을 발견하게 되었다. 그 아이는 자기 옷만큼 예쁜 옷을 입은 여자아이들과 얘기라도 할 때면 꼭 머리에서 발끝까지 위 아래로 죽 훑어보곤 했다. 그 아이는 우월감이라는 콤플렉스를 가지고 있는 것 같았다. 그 아이는 소유물 중심적이었고, 나한테는 재미없는 아이였다.

이 점에 대해서는 최근에 읽은 경구 한 마디를 소개하는 것이 백 마디 설명보다 나을 것 같다.

"내가 가지고 있는 것이 내가 어떤 사람인지를 결정한다면, 내가 가지고 있는 것을 모두 잃어버렸을 때, 나는 어떠한 존재가 되는가?"

이성친구 중심

빠져들 가능성이 가장 많은 함정. 그러니까 내 말은 누구나 한 번쯤은 남자친구나 여자친구를 삶의 중심으로 생각하게 된다는 것이다.

타샤Tasha라는 여자친구를 삶의 중심으로 삼는 브래디Brady라는 남자아이가 있다고 해보자. 브래디에게서 발견할 수 있는 불안정한 모습을 눈여겨보자.

이상한 것은 우리가 누군가를 삶의 중심으로 생각하면 할수록 우리는 그 사람에겐 더이상 매력적인 사람이 되지 않는다는 것이다. 거짓말 같다고?

타샤의 행동	브래디의 반응
못되게 말한다	"오늘 완전히 망했군."
브래디의 가장 친한 친구와 시시덕거린다	"배… 배신이야. 저, 나쁜 놈."
"다른 사람을 사귈 때가 된 것 같아"라고 말한다	"난 이제 끝이야. 넌 나를 사랑하지 않는구나."

첫째, 우리가 누군가를 삶의 중심으로 삼으면 우리는 너무 쉽게 만나주는 사람이 되어버린다. 둘째, 누군가가 우리를 중심으로 살아가는 것은 상당히 귀찮고 곤혹스러운 일이다. 삶의 안정성이 자기 자신이 아니라 상대방에게서 나오게 되므로, 그들은 항상 '우리 둘 사이'를 병적으로 확인하고 싶어한다.

아내를 처음 만나 데이트를 시작할 무렵, 그녀의 가장 매력적인 부분 중 하나는 나를 삶의 중심으로 생각하지 않는다는 점이었다. 미소를 머금고, 사과 한 마디도 없이, 중요한 데이트를 거절했던 때를 나는 잊을 수 없다. 내가 얼마나 만나고 싶어했는데! 아내는 자신의 삶을 살고 있었고 강한 내면을 가지고 있었던 것이다. 아내의 기분은 나와는 독립적인 것이었다.

헤어지고 다시 만나기를 계속해서 되풀이하는 커플들은 서로를 삶의 중심으로 생각하기 때문이다. 둘 사이의 관계가 나빠지더라도 자신의 감정적인 삶이나 정체성이 서로에게 얽혀 있기 때문에 상대방을 온전히 놓아줄 수가 없는 것이다.

여자친구나 남자친구를 삶의 중심으로 삼지 않아야 더 좋은 여자친구, 남자친구로 남을 수 있다. 독립적인 것은 서로에게 의지하는 것보다 훨씬 더 매력적이다. 다른 사람을 삶의 중심으로 삼는 것은 그를 좋아하는 것을 보여준다기보다는 그에게 의존하고 있다는 사실을 보여줄 뿐이다.

여자친구나 남자친구는 사귀고 싶은 만큼 사귀되, 너무 빠져들거나 삶의 중심으로 삼지는 말아야 한다는 것을 기억하자. 예외가 없는 것은 아니지만, 그러한 관계는 돌고 있는 팽이만큼이나 불안정한 것이다.

학교 중심

10대들 사이에서는 학교를 삶의 중심으로 삼는 경우가 생각보다 많다. 캐나다에 살고 있는 리사Lisa라는 아이는 학교 중심적이었던 생활을 되돌아보며 다음과 같은 이야기를 들려주었다.

> 원대한 포부를 가지고 학교 중심적인 생활을 하고 있던 저는 학창 시절을 즐기지 못했습니다. 그것은 저 자신을 위해서도 바람직한 생활이 아니었습니다.
> 제게 중요했던 것은 저 자신과 제가 해내는 일이었기 때문에 저 자신을 이기적인 사람으로 만들었지요.
> 고등학교 1학년이 되고 나서는 마치 대학생이라도 된 것처럼 항상 열심이었습니다. 전 그때 뇌를 전문으로 하는 외과의사가 되고 싶어했죠. 이유는 간단했어요. 그 당시 제가 알고 있었던 가장 어려운 성취가 그것이었던 겁니다. 전 매일 아침 6시에 일어나 학교에 갔고 새벽 2시 이전에는 잠을 자지 않았습니다.
> 선생님들이나 주위 사람들이 저에게서 그런 모습을 기대한다고 생각했습니다. 만점을 받지 않으면 그들 모두가 놀랄 정도였으니까요. 부모님은 좀 쉬어가면서 하라고 말했지만, 정작 나 자신이 선생님이나 주위 사람들보다 더 큰 기대를 가지고 있었습니다.
> 그런 식으로 열심히 하지 않아도 원하는 것을 성취할 수 있다는 것을 알게 된 지금은 학교생활을 훨씬 더 즐겁고 의미있게 하지 못한 것이 아쉽네요.

공부는 우리의 미래를 결정하는 중요한 요소이며, 우리에게 가장 중요한 것 또한 공부이다. 하지만 학년 등수나 수능성적이 우리 삶의 전부라고 생각하지 않도록 신경 써야 한다. 학교 중심적인 아이들은 보통 높은 점수를 받는 일에 온 신경을 쏟기 때문에 학교란 성인이 되기 위해 필요한 많은 것들을 알아내고 경험하는 배움의 전당이라는 사실도 잊게 된다. 수많은 선진국 아이들처럼, 학교생활도 잘하면서 건강하고 균형 있는 생활을 유지해야 하는 것이다.

우리의 가치가 시험성적으로 결정되지 않는다는 사실, 얼마나 고마운 일인가!

부모 중심

부모님은 우리에게 보답할 수 없을 만큼 큰 사랑을 베풀어주고 있고 언제나 우리를 보호해 준다. 우리는 부모님을 공경하고 존경해야 된다. 하지만 부모님을 삶의 중심으로 삼아, 다른 무엇보다 부모님을 즐겁게 해드리는 것을 중요하게 생각하는 것은 정말 끔찍한 일이다(내가 이런 말을 했다고 부모님께 말씀드리면 안 된다. 이 책을 빼앗아갈지도 모른다…. 농담!). 루이지애나에 살고 있는 이 친구가 어떤 일을 겪었는지 들어보자.

저는 한 학기 동안 정말 열심히 공부했어요. A학점 6개, B^+ 하나. 부모님도 기뻐할 거라고 생각했죠. 하지만 부모님의 눈에는 실망의 기색이 역력했습니다. 부모님이 알고 싶었던 것은 B^+가 왜 A가 되지 못했느냐는 것이었지요. 제가 할 수 있는 일은 울음을 참는 것뿐이었습니다. '엄마 아빠는 도대체 뭘, 얼마나 바라는 거야?'

그때가 고등학교 1학년이었고, 나머지 2년 동안 온갖 노력을 다했습니다. 부모님이 혹시 자랑스럽게 생각하지 않을까 해서 농구도 해보았습니다. 하지만 한 번도 경기장에 찾아오지 않았지요. 또 매학기 우등상을 받기도 했습니다. 하지만 부모님이 바라는 것은 '올 A' 뿐이었어요. 전 선생님이 되고 싶었지만 부모님은 다른 전공을 찾아보라고 했습니다. 선생님들이 돈을 많이 벌지 못하기 때문이었는데, 부모님 말씀이 그러니, 다른 전공을 하기로 결정했습니다.

제가 내리는 모든 결정은 항상 이런 질문들과 먼저 맞서야 했습니다. 엄마나 아빠는 어떤 걸 바라고 있을까? 날 자랑스럽게 생각할까? 날 사랑해 줄까? 하지만 뭘 하든지, 그것은 항상 만족스럽지 못했습니다. 저는 제 모든 삶을 부모님이 좋다고 생각하는 목표와 바람을 위해 바쳤지만 정작 저 자신은 전혀 행복하지 않았습니다. 전 오랫동안 부모님을 기쁘게 해드리기 위해 살고 있었고 그럴수록 저 자신을 통제할 수 없었습니다. 저 자신이 무가치하고, 쓸모없고, 중요하지 않은 존재 같았습니다.

전 결국 부모님을 완벽하게 만족시켜 드릴 수 없다는 사실을 알게 되었습니다. 나름대로 줏대 있는 행동을 취하지 않으면 불행하게 되는 상황이었습니다. 저에게는 시간이 지나도 변하지 않는, 진짜 중심이 필요했습니다. 버럭 소리지르지도 않고, 허락하지 않거나 비난하는 일이 없는 그러한 삶의 중심 말입니다. 그때부터 저는 제 삶을 살기 시작했습니다. 자신을 행복하게 해줄 것이라고 생각되는 원칙들을 가지고 말이지요. 이를테면, 나 자신과 부모님에 대한 정직, 행복한 삶에 대한 신념, 미래에 대한 희망, 자신의 장점에 대한 믿음을 가지고요. 처음에는 일부러 강한 모습을 보이려 애썼지만, 시간이 지나면서 정말 강한 사람이 될 수 있었습니다.

결국 부모님의 도움 없이 살 수 있게 되었습니다. 때로는 부모님과 다투기도 했지만, 오히려 그런 것들을 통해 부모님이 결국 저를 이해해 주기 시작했습니다. 부모님은 결국 절 사랑해 주셨습니다. 부모님은 저에게 가했던 압력에 대해 미안하다고, 절 사랑한다고 말해 주셨습니다. 열여덟 살이 되기까지 아버지께 "사랑한다"는 말을 들은 것은 그때가 처음이었습니다. 그 말은 세상에서 가장 달콤했습니다. 저는 여전히 부모님의 말에 영향을 받고 있지만, 근본적으로는 제 삶과 행동에 대한 책임을 스스로 지고 있습니다. 또한 다른 누구보다 내 자신을 기쁘게 하기 위해 노력하고 있습니다.

다른 여러 가지 삶의 중심

가능한 삶의 중심들을 이야기하자면 끝도 없다. 스포츠나 취미 중심이 가장 빈번한 것 가운데 하나일 것이다. 스포츠를 중심에 둔 운동 선수가 인기에다 자신의 정체성을 두고 있다가 부상을 당해 운동을 못 하게 되는 경우가 얼마나 많은가? 자신의 삶을 새로 시작하는 그들이 얼마나 안쓰러운가? 취미도 마찬가지다. 춤이나 토론, 연극, 음악, 모임과 같은 취미 중심들 말이다.

영웅 중심적인 삶도 있다. 영화배우나 가수, 유명한 운동 선수, 유력한 정치가를 중심으로 자신의 삶을 살아가려고 하는데, 그 사람이 죽어버리거나, 정말 바보 같은 짓을 하거나, 감옥에라도 가게 되면 어떻게 하겠는가? 그럼 우리는 뭐가 되겠는가?

때로는 적敵 중심적으로 살기도 한다. 피터팬을 미워하는 것이 존재 이유가 되어버린 후크 선장처럼 어떤 사람, 생각, 집단을 미워하는 삶이 바로 적 중심적인 삶이다. 깡패들이나 이혼을 한 사람들의 경우가 이 경우에 해당할 것이다. 뒤틀린 사고방식이 아닐 수 없다.

일 중심적인 삶은 보통 어른들을 감염시키는 병이지만, 간혹 10대들이 걸리는 병이기도 하다. 일중독증은 보다 많은 소유, 이를테면 돈이나 자동차, 지위, 인정 등 잠깐은 우리를 기쁘게 만들지만 완전히 만족시키지 못하는 소유에 대한 참을 수 없는 욕구 때문에 생겨난다.

또 하나 흔한 것 가운데 하나는 자기 중심적인 삶이다. 세상이 자신과 자신의 문제를 중심으로 돌아가고 있다는 사고방식이다. 이런 태도를 가진 사람은 자기 자신의 상태에만 신경을 쓸 뿐, 주위의 상처받은 사람들에게는 조금도 관심을 갖지 않는다.

지금까지 언급된 것들과 다른 많은 것들을 삶의 중심으로 삼은 사람들에게서는 삶의 안정성을 발견할 수 없다. 그렇다고 해서 춤이나 토론 같은 것에 뛰어난 사람이 되기 위해 노력한다거나 친구, 부모님과 원만한 관계를 만들려고 노력하는 것이 나쁘다고 이야기하는 것은 아니다. 오히려 그런 사람이 되어야 한다. 하지만 열정을 가지고 있다는 것과 자신이 그런 것들을 위해 존재한다고 생각하는 것과는 엄격히 다르다. 우리가 해야 할 일은 그 선을 넘지 않는 것이다.

원칙 중심 - 이게 바로 진짜다
무엇을 삶의 중심으로 할까가 궁금해질 바로 이 시점. 정말 훌륭한 삶의 중심이 있다. 그게 뭐냐고? 둥둥둥둥 … 짜잔! 바로 '원칙 중심'이다. 중력의 법칙을 모르는 사람은 없을 것이다. 공을 위로 던지면 아래로 떨어진다. 그것은 자연의 법칙이자 원칙이다. 물리적 세계를 지배하는 원칙이 있는 것처럼, 인간 세계를 지배하는 원칙도 있다. 원칙은 종교가 아니다. 원칙은 미국 사람 따로, 한국 사람 따로가 아니다. 원칙은 내 것이 다르고 다른 사람 것이 또 다른 것이 아니다. 토론이나 다수결로 결정할 것도 아니다. 모든 사람에게, 부자나 가난한 사람 모두에게, 왕이나 농부, 남자나 여자 모두에게 공정하게 적용되는 것이 원칙이다. 원칙은 돈 주고 살 수도 없고 돈 받고 팔 수도 없다. 원칙을 따르면 성공할 것이요, 원칙을 어기면 실패할 것이다 (좋아! 운율도 딱딱 맞는군). 이렇게 간단한 것이 원칙이다.

몇 가지 예를 들어보자. 정직은 원칙이다. 봉사는 원칙이다. 사랑은 원칙이다. 열심히 노력하는 것은 원칙이다. 존경, 감사, 겸손, 공정함, 성실, 충실, 책임, 이런 것들이 원칙이다. 이 밖에도 셀 수 없이 많은 원칙들이 있다.

어떤 것들이 원칙인지 알아보는 것은 어려운 일이 아니다. 나침반의 바늘이 언제나 북쪽을 가리키고 있는 것과 마찬가지로, 우리의 마음도 무엇이 진짜 원칙인지 알고 있기 때문이다.

열심히 노력하는 원칙에 대해 생각해 보자. 대가를 지불하지 않는다면, 얼마간은 그럭저럭 버틸 수 있겠지만, 결국에는 대가 지불의 순간이 닥쳐오고야 만다.

언젠가 대학교 풋볼 감독님과 골프 대회에 참가한 적이 있다. 감독님은 엄청나게 골프를 잘 쳤다. 감독님을 비롯한 다른 참가자들은 내가 골프를 잘 칠 거라고 기대했다. 나는 학교 운동 선수였고, 운동 선수들은 모두 골프를 잘 칠 게 당연하지 않겠어? 그럴까? 그렇지 않다. 난 골프에 대해서는 아는 게 없었다. 쳐본 경험이래야 한두 번이었고, 실은 클럽을 어떻게 잡아야 하는지도 잘 몰랐다.

모든 참가자들이 내 골프 실력을 알게 될 걸 생각하자 갑자기 식은땀이 흘렀다. 특히 우리 감독 선생님이…. 하지만 기적의 행운이 와서 그분들을 감쪽같이 속일 수 있다면 얼마나 좋을까 하고 생각하였다. 첫 번째 홀에는 사람들이 몇 명 모여 있었다. 내가 첫 번째로 티 오프를 하게 되었다. 왜 나냔 말이야, 도대체? 볼을 치려고 앞으로 발걸음을 옮기면서 나는 기적을 구하는 기도를 올렸다.

으랏차. 정말 됐다! 기적이었다! 내 눈을 믿을 수 없었다! 나는 공을 멀리, 똑바로, 페어웨이 중앙으로 날렸다.

나는 몸을 돌려 사람들에게 미소를 지어 보이고, 매일 이런 식으로 치는 것처럼 행동했다. "감사합니다. 정말 감사합니다."

나는 모두를 속였다. 하지만 진짜 속은 것은 나 하나뿐이었다. 앞으로 17과 1/2홀을 남겨두고 있었던 것이다. 대여섯 번 더 치고 나자, 내 골프 실력이 공개적으로 드러나게 되었다. 보다 못한 감독 선생님이 스윙하는 법을 가르쳐주었다. 까발려진 내 골프 실력. 아, 아픈 내 가슴.

누구도 골프 실력이나, 기타 연주 실력이나, 외국어 실력을 속일 수 없다. 그런 것들을 잘하려면 그만큼 대가를 지불해야 한다. 지름길이란 없다. 열심히 노력하는 것이 원칙이다. NBA의 살아 있는 전설, 레리 버드Larry Bird는 이런 말을 했다. "충분한 연습을 하지 않으면 결코 자유투를 성공시킬 수 없다."

원칙은 실패하지 않는다

원칙을 가지고 살아가는 데에는 신념이 필요하다. 특히 거짓말하고, 속이고, 남을 이용하고, 자기 자신만 생각하는 주위 사람을 볼 때 더욱 그러하다. 눈에 보이지는 않지만, 그렇게 원칙을 깨는 것은 결국 자신에게 되돌아온다는 사실이다.

정직이라는 원칙을 예로 들어보자. 우리가 엄청난 거짓말쟁이라고 해보자. 우리는 얼마간은 그럭저럭 버틸 수 있을 것이다. 어쩌면 몇 년도 버틸 수 있다. 하지만 긴 시간과 노력을 들여야 하는 일에서도 성공을 거둔 거짓말쟁이는 본 적이 없다. 세실 데밀Cecil B. DeMille이 그의 영화 '십계The Ten Commandments'에서 말했던 대로, "우리가 법칙을 파괴한다는 것은 불가능한 일이다. 우리는 단지 법칙을 어김으로써 자신을 파괴할 뿐이다."

원칙은 우리가 보아왔던 다른 삶의 중심과는 사뭇 다르다. 원칙은 절대 실패하지 않는다. 원칙은 우리 뒤에서 수군거리지도 않으며, 우리를 내팽개치고 다른 곳으로 가버리지도 않는다. 원칙은 부상을 당해 경기를 계속하지 못하는 일도 없고, 성별이나 재산, 용모를 가리지도 않는다. 원칙 중심의 삶은 우리의 삶을 제대로 세울 수 있는 가장 안정적이고, 움직이지 않고, 흔들리지 않는 기초이다. 우리 모두에겐 최소한 1, 2가지 원칙이 필요하다.

원칙 중심적인 삶이 얼마나 좋은 것인지 쉽게 이해가 가지 않는다면, 그 반대의 삶을 생각해 보면 된다. 부정직하고, 게으르고, 재물을 탐하고, 감사할 줄 모르고, 이기적이고, 증오하는 삶을 생각해 보자. 그런 삶에서는 좋은 결과는 상상도 할 수 없다. 여러분 생각은 어떠한가?

원칙에 따라 살게 되면 삶의 다른 중심도 개선시켜 준다는 사실은 참 역설적이다. 봉사와 존경과 사랑의 원칙을 가지고 살다 보면, 친구도 더 많이 사귀게 되고 남자친구나 여자친구와의 사이도 상당히 안정적일 가능성이 높다. 또한 원칙에 따라 사는 삶은 좋은 성품을 가진 인물이 되는 비결이다.

오늘 당장 우리 삶의 중심이나 패러다임을 이루는 원칙들을 만들기로 다짐하자. 지금 처해 있는 상황이 어떻든지, "여기서는 어떤 원칙이 작용하는가?"라고 우리 자신에게 물어보자. 문제가 생길 때마다, 그 문제를 해결할 수 있는 원칙에는 무엇이 있을지 생각해 보자.

고단한 삶에 지쳐 있다면 '균형'이라는 원칙을 가져보는 것도 좋을 것이다. 아무도 우리를 믿어주지 않는다면, '정직'이라는 원칙이 해결해 줄 것이다.

월터 맥피크 Walter MacPeek 의 다음 이야기에서는 '충실'이 원칙이 되었던 경우를 확인할 수 있다.

> 같은 프랑스 부대에 소속된 형제 가운데 동생이 독일군 총에 맞아 쓰러졌다. 그의 형은 장교에게 자기가 동생을 데리고 올 수 있도록 해달라고 부탁했다.
> "죽었을지도 모르는데…." 장교가 말했다. "시체를 찾겠다고 그런 모험까지 하기에는 지금 상황이 너무 위험하지 않나?"

> 우리가 법칙을 파괴한다는 것은 불가능한 일이다.
> 우리는 단지 법칙을 어김으로써 자신을 파괴할 뿐이다.
> _ 세실 데밀(Cecil B. Demil)

형은 계속해서 간청했고 장교는 승낙할 수밖에 없었다. 형은 전선에 뛰어들어 동생을 어깨에 짊어지고 돌아왔지만 그는 이미 숨을 거둔 뒤였다.

"이것 보게." 장교가 말했다. "목숨을 걸고 뛰어들어 얻은 게 도대체 뭔가?"

형이 말했다. "저는 동생이 나한테 기대했던 일을 했습니다. 그리고 나는 그 보상을 받았습니다. 내가 뛰어들어 동생에게 기어가자 동생이 숨을 거두기 전에 제 팔을 잡으면서 말했습니다. '형. 나는 형이 올 줄 알았어. 그냥 올 것 같은 느낌이 들었어' 라고."

다음 장에서는 7가지 습관이 모두 기본적인 원칙 1, 2가지에 기초하고 있다는 사실을 볼 수 있을 것이다. 7가지 습관의 위력은 사실 원칙에서 나오는 것이다.

이 말을 간단하게 이야기해 볼까? '원칙은 우리 삶을 지배한다.'

★★★

다음 개봉작

다음 프로는 돈 버는 방법이 되겠습니다. 전에는 한 번도 생각해 보지 못했던 방법으로 말이지요. 자, 그럼 계속해 볼까요?

걸음마에 대한 한 말씀 우리 가족이 좋아하는 영화 중 하나는 빌 머레이Bill Murray와 리처드 드레이퓌스Richard Dreyfuss가 주연하는 '밥에게 무슨 일이 생겼나What About Bob?'이다.

기능 장애에다, 공포증에 시달리고, 정신적으로 어리고, 머리도 이상하며, 문밖이라고는 아예 나가본 일조차 없는 밥Bob에 관한 이야기이다. 그는 마빈이라는 유명한 심리학자의 도움을 받으며 살고 있는데, 마빈 박사는 밥을 떼어놓고 사는 것이 최대 희망이다. 마빈 박사는 마침내 《걸음마Baby Steps》라는 자신이 쓴 책을 밥의 손에 쥐어준다.

그는 밥에게 한번에 많이 걷는 것이 문제의 해결책이 아니니 이제부터는 목표 지점까지 조금씩 걸음마를 걸으라고 말해 준다. 뛸 듯이 기쁜 밥. 밥은 이제 마빈의 사무실에서 집까지 어떻게 가야 할지 걱정하지 않아도 된다. 걸음마로 사무실 밖까지만 나가면 되고, 엘리베이터까지도 걸음마로 가면 되고, 그렇게 해서 조금씩 가는 것이다.

그래서 나는 각 장의 뒷부분에 "걸음마"를 만들어놓았다. 여기에서부터 시작하는 것이다. 간단하고 쉬운 것들이어서 읽은 부분을 바로 실행에 옮길 수 있게 도와줄 것이다. 작기는 해도, 앞으로 더 큰 목표를 성취하는 데 큰 역할을 할 수 있는 것들이다. 이제 밥을 따라 걸음마를 걸어보자.

걸음마

1. 거울 앞에 서서 자신에게 긍정적인 말을 해보라.

2. 오늘 다른 사람의 견해에 고마움을 표시해 보라. "정말 끝내주는 생각인데"라고 말해 보라.

3. "난 활달하지 못해"와 같이 자기 자신을 제한하는 패러다임을 생각해 보라. 오늘은 그 패러다임과 정반대되는 행동을 해보라.

4. 사랑하는 사람이나 친한 친구들 가운데 최근 자신의 성품에 어울리지 않는 행동을 했던 사람을 떠올려보자. 그가 왜 그런 행동을 하게 되었을까 생각해 보라.

5. 할 일이 없을 때는 어떤 생각에 몰두하는가? 자신에게 가장 중요한 것은 패러다임이나 삶의 중심이 된다는 것을 잊지 말라.

   나의 시간과 에너지를 어디에 쏟고 있는가? _____

6. 세상은 황금률이 지배한다! 오늘부터 다른 사람에게서 대접받고자 하는 대로 그들을 대접하라. 같은 대접을 받고 싶지 않으면, 음식을 남긴다고 불평하거나 다른 사람을 욕하지 말고 참아라.

7. 혼자 있을 수 있는 조용한 장소를 찾아보라. 그곳에서 자신에게 가장 중요한 것이 무엇인지 생각해 보라.

8. 요즘 자신이 즐겨 듣는 노래의 가사를 음미해 보라. 그 노랫말이 우리가 믿고 있는 원칙과 조화를 이루는지 확인해 보라.

9. 오늘 밤에 집안일을 하거나 아르바이트할 때, 열심히 노력한다는 원칙을 실천해 보라. 목표량을 초과 달성하고, 기준 이상의 성과를 내라.

10. 어려운 상황에 처해 어떻게 해야 할지 모를 때 "이 상황에는 어떤 원칙이 적용되는가?"라고 스스로에게 물어보라(정직, 사랑, 신의, 노력, 인내). 이제 그 원칙을 따르고, 뒤돌아보지 말라.

2부

개인의 승리

개인감정은행계좌
거울 속의 사람과 시작하기

습관 1―자신의 삶을 주도하라
내가 바로 내 인생의 주인이다

습관 2―끝을 생각하며 시작하라
자신의 운명을 스스로 컨트롤하지 못하면 다른 사람이 컨트롤할 것이다

습관 3―소중한 것을 먼저 하라
할 일과 안 할 일 구별하기

개인감정은행계좌
거울 속의 사람과 시작하기

대인관계의 승리를 성취하기 이전에 자기 내면과의 전쟁에서 먼저 이겨야 한다. 모든 변화는 우리 자신에서 비롯된다. 이 깨달음을 얻었던 경험을 난 결코 잊지 못할 것이다.

"너 어쩌다 이렇게 돼버렸니? 실망스럽구나. 고등학교 시절에 내가 알던 숀은 어디로 간 거야?" 감독 선생님이 나를 물끄러미 바라보았다. "경기에는 나가고 싶니?"

쇼크받은 나. "예, 물론입니다."

"움직이기는 하는데, 정신은 딴 곳에 가 있어. 팀 플레이가 안 되면 후배 쿼터백(미식축구에서, 다른 선수들에게 사인을 보내는 등 공격에 중요한 역할을 하는 포지션 또는 선수 : 옮긴이)이 네 자리를 차지하게 될 거야. 아예 게임에 나오지 못할지도 모르고."

브리검 영 대학교Brigham Young University 2학년 시절, 시

> 나는 거울 속의 남자와 시작합니다.
> 나는 그에게 변화하라고 말하지요.
> 이보다 더 분명한 메시지는 없을 거예요.
> 세상을 더 나은 곳으로 만들고 싶다면
> 너 자신을 돌아보라고,
> 그리고 변화하라고.
>
> _ 시에다 가렛(Siedah Garrett),
> 글렌 발라드(Glen Ballard)

즌 직전에 열렸던 풋볼 훈련 중 있었던 얘기다. 고등학교를 졸업하고 나는 여러 대학에서 입학 제의를 받았지만 브리검 영 대학교를 선택했다. 브리검 영 대학교는 전통적으로 쿼터백이 강한 학교였고 역사상 가장 훌륭한 쿼터백들도 이 학교 출신이었다. 짐 맥마흔Jim McMahon이나 스티브 영Steve Young도 이 학교를 나와 프로에 진출, 소속팀을 슈퍼볼 우승으로 이끌었다. 나는 당시 팀 내 쿼터백 중 3순위 정도였고, 역사상 가장 훌륭한 쿼터백이 되고 싶었다.

감독 선생님이 나에게 "경기장에서 쇼하고 있다"고 말했을 때는 뺨이라도 얻어맞은 기분이었다. 그리고 정말로 괴로웠던 것은 그 말이 틀린 것이 아니라는 사실이었다. 연습을 게을리하지는 않았지만, 사실 열심히 한 것도 아니었다. 나는 앞으로 나아가지 못하고 있었다. 나는 그 사실을 잘 알고 있었다.

나는 어려운 결정을 내려야 했다. 풋볼을 그만두든가, 몇 배 더 노력하든가. 다음 몇 주 동안 나는 머릿속으로 치열한 전쟁을 벌이고 있었고, 수많은 두려움과 의혹들에 맞서 백병전까지 치러야 했다. 나는 선발 쿼터백이 될 만한 자질을 갖추고 있는가? 경기에 출전했을 때 엄청난 압력을 견딜 수 있는가? 키는 작지 않은가? 두려웠다. 나는 경기를 두려워했고, 남들 앞에 나서는 것을 두려워했고, 노력했지만 실패할지도 모른다는 사실을 두려워했다. 모든 것이 분명했다. 그런 두려움들이 나를 움츠러들도록 했고 내 일에 최선을 다하지 못하도록 했던 것이다.

그러다가 이 모든 것들을 고려하여 결정을 내려야 하는 순간, 딜레마에 빠진 내 상황에 꼭 들어맞는 아널드 베넷Arnold Bennett의 글을 읽게 되었다. "인생에서 최선의 노력을 다하지 않는 것, 그래서 자신의 능력을 펼쳐보지도 못하고, 제대로 일어서보지도 못하는 사람의 비극이 진짜 비극이다"라는 구절이었다.

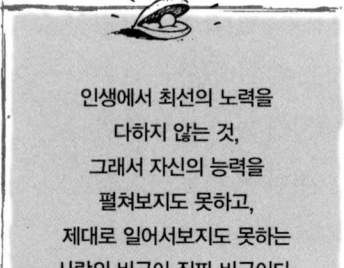

> 인생에서 최선의 노력을
> 다하지 않는 것,
> 그래서 자신의 능력을
> 펼쳐보지도 못하고,
> 제대로 일어서보지도 못하는
> 사람의 비극이 진짜 비극이다.
>
> _아널드 베넷(Arnold Bennett)

비극이 즐거운 적은 없었으므로, 나는 정신을 바짝 차리고 최선의 노력을 기울이기로 결심했다. 온몸과 마음을 바쳐 헌신하기로 한 것이다. 나는 움츠러들지 않기로 했고 모든 것을 경기장에서 보여주기로 했다. 선발 쿼터백이 될지 안 될지는 알 수 없었지만, 이미 뽑아 든 칼, 무라도 잘라보아야 한다고 생각했다.

그 누구도 "난 결심했어"라는 말을 듣지는 못했다. 박수를 쳐주는 사람도 없었다. 그것은 혼자만의 외로운 전투였고 몇 주 뒤 나는 개인의 승리를 거둘 수 있었다.

결심을 하고 나자 모든 것이 변했다. 나는 기회를 잡을 수 있었고 훨씬 훌륭하게 경기를 치를 수 있었다. 경기에 온 마음을 담았다. 감독 선생님도 변한 내 모습을 눈치채기 시작했다.

시즌이 시작되고 한 게임 한 게임 경기가 진행되었지만, 나는 벤치에 앉아 있어야 했다. 즐거운 기분은 아니었지만, 계속해서 열심히 연습했고 실력도 향상되어 갔다.

시즌 중간쯤 빅 게임을 치르게 되었다. 6만 5,000명의 관중이 지켜보는 가운데 전국 순위가 꽤 높은 공군사관학교와 경기를 벌일 예정이었다. 그 게임은 ESPN(미국의 스포츠, 오락 전문 케이블TV : 옮긴이)에서도 중계하기로 되어 있었다. 경기 일주일 전 감독 선생님이 나를 호출했다. 감독님은 내가 선발 쿼터백이 될 것이라고 말해 주었다. 꿀꺽! 태어나서 그렇게 긴 일주일은 다시 없었다.

그날의 아침이 밝아 왔다. 킥오프를 할 때쯤엔 입안이 바짝 말라 말 한마디 할 수 없을 정도였다. 하지만 몇 분이 지나자 안정을 되찾았고 결국 나는 팀을 승리로 이끌 수 있었다. ESPN에서는 나를 '최고의 선수'로 선정하기까지 했다. 게임이 끝난 후에는 많은 사람들이 우리 팀의 승리를 축하하며 나의 플레이에 찬사를 아끼지 않았다.

하지만 사람들은 진짜 이야기는 알지 못했다. 사람들은 그날의 승리가 많은 관중들이 보는 바로 그 자리에서 일어난 일이라고 생각했다. 나는 이미 몇 달 전부터, 두려움과 맞서 싸우기로 결심한, 움츠러들지 않기로 결심한, 정신을 바짝 차리고 최선의 노력을 기울이기로 결심한 바로 그때부터 내 머릿속에서 승리가 시작되고 있었음을 알고 있었다. 공군사관학교를 상대로 승리를 거두는 것은 나 자신을 극복하는 것에 비하면 누워서 떡 먹기였다. 개인의 승리는 대인관계의 승리보다 항상 앞서 일어난다. 속담에도 있다. "우리는 적을 만난 적이 있다. 바로 우리 자신이다."

■ 안에서 밖으로

걷기 전에 우리는 기어다닌다. 수학을 배우기 전에 우리는 산수를 배운다. 다른 사람을 고치기 전에 우리는 먼저 우리 자신을 고쳐야 한다. 자신의 삶을 변화시키는 것은 자기 자신부터지, 부모님이나 남자친구나 선생님부터가 아니다. 변화는 무릇 나 자신으로부터! 따라서 '안에서 밖으로'이다. '밖에서 안으로'가 아니다.

이런 말을 하다 보니 한 성공회 신부님의 글이 생각난다.

내가 아직 어리고 자유로웠을 때,
나의 상상력에 끝이 없었을 때,
나는 세상을 변화시키겠다는 꿈을 꾸었다.

나이가 들고 뭔가를 알아가면서
나는 세상이 변하지 않으리라는 것을

알게 되었다.

나는 꿈을 약간 줄이기로 하고,
우리나라를 변화시키겠다고 결심했다.
하지만 그것 또한 미동도 하지 않았다.

황혼기에 접어든 지금, 이제는 마지막으로,
절박한 기분으로, 나와 가장 가까운 사람들,
내 가족을 변화시킬 방법을 찾는다.
하지만 이럴 수가. 그것도 되지 않는다.

이제 죽어가는 침대에 누운 나는
깨달았다(처음으로 깨달은 것 같다).
그저 나 자신을 먼저 변화시켰더라면,
그러면 내 가족이 영향을 받았을 것이고,
가족의 응원과 지지를 통해 내 나라를 변화시킬 수 있었을 테고,
누가 아는가? 세상을 변화시킬 수도 있었을지.

이 책의 주제가 이 짧은 글에 모두 담겨 있다. 안에서 밖으로 변화하는 것, 거울 속의 사람으로부터 시작하는 것이다. 이번 장("개인감정은행계좌")과 이어 나오는 습관 1, 2, 3은 '나 자신'과 나의 성품, 혹은 개인의 승리에 관한 것이다. 그 뒤에 나오는 네 개의 장, '관계감정은행계좌'와 습관 4, 5, 6은 '대인관계', 혹은 대인관계의 승리를 다루고 있다.

습관1을 시작하기 전에, 자신감을 찾고 개인의 승리를 성취할 수 있는 방법을 잠깐 알아보자.

개인감정은행계좌 우리 자신에 대한 느낌은 은행계좌와 비슷하다. 이제 그것을 개인감정은행계좌라고 부르자. 은행에 예금하는 것과 마찬가지로, 우리가 생각하고 말하고 행동하는 것을 통해 저축을 할 수도 있고 인출을 할 수도 있다. 예를 들어, 나 스스로 헌신하기로 결정한 것을 실천하기 위해 노력한다면, 나는 자신에 대해서 긍정적이 된다. 저축이 일어난 것이다. 차르륵~. 반면에 나 자신과 한 약속을 어긴다면, 나는 실망하게 된다. 인출이 일어난 것이다.

한 가지만 물어보자. 우리의 개인감정은행계좌는 지금 어떠한가? 자기 자신에 대해 얼마만큼 신뢰하며 얼마나 자신감을 가지고 있는가? 잔고가 충분한가, 아니면 파산 상태인가? 다음에 이야기하는 징후들을 보면 지금 감정계좌 상태가 어떠한지 알아볼 수 있을 것이다.

상태가 좋지 않은 계좌의 징후들
- 주위 사람들의 압력에 쉽게 굴복한다.
- 우울한 기분이 자꾸 들고 열등감에 시달린다.
- 다른 사람들이 자신에 대해 어떻게 생각하는지 신경이 많이 쓰인다.
- 자신의 부족함을 감추기 위해 거만하게 행동한다.
- 환각제를 사용하거나, 포르노를 많이 보고 불량배들과 어울리는 등 자기 파괴적이다.
- 가까운 사람이 성공하면 질투한다.

상태가 좋은 계좌의 징후들

- 자립 정신이 강하고 주위 사람들의 압력에도 꿋꿋하다.
- 인기에 연연하지 않는다.
- 삶이란 긍정적인 경험이라고 생각한다.
- 자기 자신을 신뢰한다.
- 목표에 따라 행동한다.
- 다른 사람의 성공을 보면 행복하다.

개인감정은행계좌에 잔고가 얼마 남지 않았다고 해서 실망할 필요는 없다. 지금 당장 100원, 500원짜리 저축부터 시작해 보는 것이다. 점차 자신감을 회복할 것이다. 작은 금액이라도 오랫동안 저축하면 부자가 될 것이다.

많은 10대들의 도움으로 개인감정은행계좌에 저축할 수 있는 방법 6가지를 알아볼 수 있었다. 각각의 저축 방법을 보면, 그 반대로 인출이 일어날 수도 있는 경우는 어떤 것인지 쉽게 알 수 있을 것이다.

■ **자신과의 약속을 지킨다**

좀처럼 약속을 지키지 않는 친구가 있는지 모르겠다. 그런 친구들은 연락하겠다고 해놓고 하지 않고, 몇 시에 어디서 만나자고 해놓고는 그 약속

개인감정은행계좌 저축	개인감정은행계좌 인출
자신과의 약속을 지킨다	자신과의 약속을 지키지 않는다
작은 친절을 베푼다	자기만 생각한다
자신을 부드럽게 대한다	자신을 학대한다
정직하다	부정직하다
심신을 쇄신한다	심신을 과로시킨다
재능을 발휘한다	재능을 무시한다

을 잊어버린다. 그렇게 시간이 지나면 우리는 그 친구를 믿지 않는다. 그 친구의 맹세는 아무런 의미가 없다. 자기 자신과 끊임없이 약속하고 어기는 과정도 그와 크게 다르지 않다. "내일 아침부터 매일 6시에 일어날 거야"라거나 "집에 오면 숙제부터 할 거야"라는 약속 말이다. 그렇게 얼마간 시간이 지나면 자기 자신을 믿지 않게 된다.

우리 자신에게 하는 맹세는 정말 중요한 사람과 하는 약속만큼 중요하게 여겨야 한다. 삶이 마음먹은 대로 되지 않으면 우리가 마음먹은 대로 할 수 있는 단 한 가지 것에 신경을 써보자. 그 한 가지가 뭐냐고? 답은 바로 '우리 자신'. 자신과 약속을 하고 그것을 지켜보자. 실천할 수 있는 아주 작은 일부터, 100원짜리 저축부터 시작해 보자. 불량 식품은 먹지 않겠다는 맹세도 좋다. 자기 자신에 대한 신뢰를 회복한 후에는 좀더 어려운 약속 1,000원짜리 저축을 해볼 수 있을 것이다. 자신을 학대하는 남자친구와 헤어지겠다거나, 자기 옷을 입고 나갔다고 형이나 언니를 괴롭히지 않겠다는 약속 같은 것들 말이다.

■ 작은 친절을 베푼다

어느 심리학자의 글이 기억난다. 우울한 기분이 들 때 할 수 있는 제일 좋은 일은 다른 사람을 위해 무언가를 하는 것이라는 내용이었다. 왜냐고? 그럼으로써 자기 내부가 아닌, 외부에 신경을 쓸 수 있기 때문이다. 다른 사람을 위한 일을 하면서 우울한 기분이 드는 일은 별로 없다. 오히려 다른 사람을 도와줌으로써 기분이 좋아지는 역설적인 상황이 일어나는 것이다.

어느 날 나는 비행기를 기다리면서 공항에 앉아 있었다. 나는 굉장히 기분이 좋았는데, 그도 그럴 것이 항공사에서 내 좌석을 일등석으로 옮겨주었기 때문이다. 알다시피 일등석은 훨씬 크고, 음식도 다르고, 승무원들의 태도도 다르다. 게다가 내 자리는 비행기 안에서 제일 좋은 자리였다. 1A번 좌석이었던 것이다.

탑승하기 직전 나는 많은 가방을 짊어진, 울고 있는 아기까지 데리고 있는 아주머니를 보게 되었다. 마침 작은 친절을 베풀라는 내용의 책을 읽었던 참이라 양심의 소리가 내 안에 울려 퍼졌다. "숀, 저 분에게 네 티켓을 드려." 나는 잠시 갈등했고 결국 양심에 승복할 수밖에 없었다.

"실례합니다. 저보다는 아주머니에게 더 필요할 것 같군요. 일등석 티켓입니다. 아이를 데리고 여행하는 게 얼마나 힘든 일인지 알고 있습니다. 티켓을 바꾸시지요?"

"정말이세요?"

"그럼요. 기꺼이 양보하겠습니다. 전 여행하는 동안 계속 일할 수 있는 좌석이면 되거든요."

"그렇다면 감사합니다. 정말 친절하시군요." 우리는 비행기 티켓을 교환했다.

비행기에 올라서 그녀가 1A 좌석에 앉는 모습을 보자, 그렇게 기분이 좋을 수가 없었다. 사실 그런 상황에서라면 24B번 좌석이 아니라 세상에서 제일 불편한 자리에 앉더라도 기분이 나쁠 리 없을 것 같았다. 자리에 앉아 있다가 나는 그녀가 어떻게 여행하고 있는지 궁금해 참을 수가 없었다. 나는 자리에서 일어났고, 일등석 쪽으로 걸어가 커튼을 젖히고 안쪽을 들여다보았다. 저쪽에 그녀와 아기가 커다란 좌석에 앉아 있는 모습이 보였다. 편안하게 잠이 들어 있었다. 난 1,000만 원짜리 저축을 한 것 같았다. 차르륵~. 앞으로도 이런 일을 계속해야겠다고 생각했다.

타우니Tawni라는 아이가 들려준 이야기도 봉사하는 즐거움을 보여주는 경우이다.

우리 집 근처에 부모님과 함께 연립주택에서 살고 있는 아이가 있는데, 그 집은 부자가 아니에요. 지난 3년 동안 엄마와 저는 작아서 못 입는 옷을 그 집에 갖다 주고 있지요. 그럴 때면 저는 "네가 이 옷을 좋아할 것 같아서"라든가 "이 옷 입은 거 한 번 보고 싶어서"라고 말하곤 했습니다.

우리가 준 옷을 그 아이가 입고 있을 때면 정말 기분이 좋았습니다. 그 아이가 "이 셔츠 참 고마워"라고 말하면 저는 "그 색깔 너무 잘 어울린다"고 대답해 주었습니다. 전 그 아이가 자존심이 상하거나 가난하니까 준다는 인상을 받지 않도록 신경을 많이 썼습니다. 하지만 그 아이를 도와준다는 생각에 항상 기분이 좋았습니다.

외로운 사람을 찾아가 인사라도 나누어보자. 친구나 선생님같이 우리의 삶에 변화를 일으키도록 해준 사람들에게 감사의 편지를 띄워보자. 베푸는 행위는 베풂을 받는 사람뿐 아니라 베푸는 사람에게까지 베풂이 돌아오도록 한다. 나는 브루스 바턴Bruce Barton의 책《누구도 모르는 자The Man Nobody Knows》의 다음 부분을 참 좋아한다. 지금 나누는 얘기를 정말 적절하게 묘사한 부분이다.

팔레스타인에는 바다가 두 개 있다. 하나는 맑아서 물고기가 살고 있다.
초록색 물보라가 방파제를 수놓는다. 나무들은 그 위에 가지를 드리우고 있고
목마른 뿌리를 뻗어 갈증을 풀어줄 물을 빨아들인다.
…산 위에서 떨어져 내리는 요단강은 이 바다에 빛을 더한다. 바다가 햇빛 아래
밝게 웃는다. 인간은 그 옆에 집을 짓고 새들은 둥지를 튼다. 바다가 있어,
갖가지 생명은 더 행복하다.
요단강이 남쪽을 달리다가 다른 바다를 만난다.
여기에는 물고기가 일으키는 물보라도, 펄럭이는 나뭇잎도, 새들의 노래도,
아이들의 웃음소리도 없다. 여행객들도 급한 용무가 아니고서는 이곳을
지나가지 않는다. 공기만이 물 위를 무겁게 짓누르고 있고 인간도, 야수도,
새들도 그 물을 마시지 않는다.

멀지 않은 곳에 위치한 이 바다의 차이는 어디에서 오는 걸까? 요단강 때문은 아니다. 요단강은 똑같이 좋은 물을 똑같이 비워낸다. 바닷가의 토양 때문도 아니고, 그 토양이 만들어진 곳 때문도 아니다.

다른 것은 바로 이것이다. 갈릴리해는 요단강을 받아들이지만 그것을 가두어 두지는 않는다. 한 방울이 흘러 들어오면 한 방울은 흘러 나간다. 주는 것과 받는 것이 똑같이 이루어지는 것이다.

심술궂은 다른 바다는 강물이 욕심이 나서 내놓지를 않는다. 한 방울이라도 들어오면 그것을 가져버린다.

갈릴리해는 내주고, 살아 있다. 이 바다는 아무것도 내주지 않는다.

이 바다에는 죽은 바다, '사해死海' 라는 이름이 붙여졌다.

세상에는 두 종류의 사람이 있다. 팔레스타인에는 두 종류의 바다가 있다.

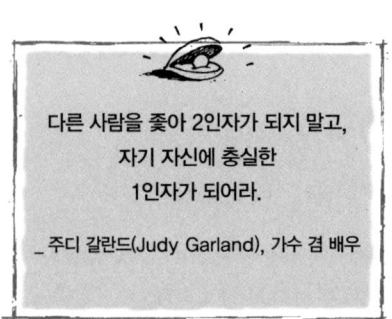

다른 사람을 좇아 2인자가 되지 말고, 자기 자신에 충실한 1인자가 되어라.

_ 주디 갈란드(Judy Garland), 가수 겸 배우

■ **자기 자신을 부드럽게 대한다**

'부드럽다' 는 말은 많은 의미를 가지고 있다. 그 말은 자기 자신이 내일 아침까지 완벽한 사람이 될 것을 기대하지 않는다는 말이다. 많은 사람이 그렇듯이 우리도 늦게 피는 꽃이라면, 자라날 시간까지 기다리는 인내를 보여주어야 한다.

또한 그 말은 자신의 바보 같은 짓을 보고도 웃는 것을 뜻한다. 척Chuck이라는 친구가 있는데 그 친구는 자기 자신을 보고 웃는 데 비범한 재능을 타고났으며, 삶을 너무 심각하게 생각하지도 않는다. 그의 이러한 희망적인 자세가 수많은 친구들을 매료시킨다는 사실에 가끔 놀라곤 한다.

'자신에게 부드럽다' 는 말은 일을 망친 자신을 용서해 준다는 것을 뜻하기도 한다. 일을 망쳐본 적이 없는 사람이 어디 있단 말

인가? 우리는 실수를 통해 배워나간다. 실수를 했다고 해서 우리 자신을 학대하는 일은 없어야 한다. 과거는 과거일 뿐이다. 무엇이 잘못되었고 왜 잘못되었는지를 배우면 된다. 고칠 점은 고치고 앞으로 나아가야 한다. 자책감은 쓰레기통에 던져둔 채로.

리타 메이 브라운Rita Mae Brown은 이렇게 말했다. "아픈 기억은 행복으로 이끄는 길이다."

몇 년 동안 바다를 떠다니다 보니 배의 밑바닥에 수많은 조개 삿갓이 붙었다. 배가 점점 무거워져 심각하게 안전을 위협하기 시작했다. 가장 확실한 해결책은 조개 삿갓을 제거하는 것이고, 가장 쉽고 싼 방법은 소금기 없는 맑은 물에 닻을 내리는 것이다. 그러면 조개 삿갓은 제풀에 떨어져 나가기 시작한다. 짐을 던 배는 다시 바다로 나갈 수 있게 된다.

우리도 혹시 과거의 실수에 대한 후회나 고통을 조개 삿갓처럼 달고 다니지는 않는가? 우리도 잠깐 깨끗한 물에 들어가 있자. 짐을 덜어버리고 자신에게 새로운 기회를 베풀어주는 것도 우리에게 필요한 저축이다.

휘트니 휴스턴Whitney Houston의 노래처럼, 진정으로 "자기 자신을 사랑하는 것을 배우는 것이 세상에서 가장 위대한 사랑이다."('Greatest Love of All')

■ 정직하다

며칠 전 '정직하다' 는 말의 동의어를 사전에서 찾아보았다. 사전에 나와 있는 말들로는 "바르다, 결백하다, 도덕적이다, 원칙적이다, 진실을 사랑하다, 확고하다, 진실하다, 좋다, 올바르다, 순수하다"가 있었다. 친하게 지내도 좋을 단어 같다. 그런 느낌이 팍팍 들죠?

정직은 여러 가지 형태로 나타난다. 우선 자기 자신에 대한 정직이 있다. 다른 사람들에게 자신을 있는 그대로 보여주는가, 아니면 연기를 헤치며 홀연히 나타나는가? 나는 나 자신을 속이거나 실제의 내 모습을 감추는 행

동을 하면 스스로를 확신할 수 없게 되면서 개인감정은행계좌에서 인출이 일어난다는 사실을 깨닫게 되었다. 나는 "다른 사람을 좇아 2인자가 되지 말고, 자기 자신에 충실한 1인자가 되어라"라는 주디 갈란드Judy Garland의 말을 매우 좋아한다.

다음으로는 우리의 행동에 대한 정직이 있다. 집에서, 학교에서, 부모님에게, 선생님에게 정직하게 행동하는가? 과거에 부정직했다면(우리 모두 그랬던 적이 있으리라), 이제 정직하려고 노력해 보자. 그런 노력이 우리에게 어떤 느낌을 주는지 한번 생각해 보자. 잘못된 행동을 하면서 기분이 괜찮을 수는 없다는 것을 기억하자. 제프Jeff가 들려준 다음 이야기는 이런 정직에 관한 좋은 예이다.

고등학교 2학년 때 기하학 수업을 같이 듣는 아이들 가운데 수학을 못하는 아이가 세 명 있었습니다. 전 수학을 정말 잘했고요. 그 아이들이 시험에서 낙제하지 않도록 도와주면 3달러를 준다고 했습니다. 테스트는 객관식이었고 전 작은 종이에 답을 써서 그 아이들에게 넘겨주었습니다.
처음에는 돈이 생겨서 좋았고, 그렇게 나쁜 일도 아니라고 생각했습니다. 그런 짓이 우리 모두에게 좋지 않은 일이라고 생각하지는 않았던 겁니다. 그러던 얼마 후, 그런 짓은 그만두어야겠다고 생각했습니다. 누구에게도 도움이 되지 않는 일이었거든요. 그 아이들도 배우는 게 없었고 오히려 앞으로 더 큰 어려움을 겪게 될 것이 분명했습니다. 그리고 저도 양심의 가책 때문에 괴로웠습니다.

주위에 있는 아이들이 모두 들키지 않고 답을 훔쳐보고, 부모님에게 거짓말을 하고, 물건을 훔치는 상황에서 혼자 정직하기 위해 노력하는 데에는 용기가 필요하다. 하지만 정직한 행동은 개인감정은행계좌에 저축을 하는 일이고, 힘을 길러주는 일이라는 사실을 기억해야 한다. 속담에 이런 게 있다. "내 힘은 열 사람의 힘과 맞먹는다. 마음이 순수하기 때문이다." 정직은 항상 최고의 습관이다. 아이들에게 인기있는 행동이 아니기는 하지만.

■ 심신을 쇄신한다

때로는 우리만의 시간을 가지고 쇄신하고, 기분을 푸는 시간도 가질 필요가 있다. 그런 시간을 가지지 않으면 삶에 대한 열정을 잃어버릴 수도 있다.

《비밀의 화원 The Secret Garden》이라는 소설을 영화화한 것을 본 적이 있다. 부모님이 사고로 죽자, 잘사는 외삼촌 집에 가서 살게 되는 메리 Mary라는 여자아이에 대한 이야기이다. 외삼촌은 외숙모가 몇 년 전에 죽은 이후로 차갑고 말이 없어져버렸다. 외삼촌은 과거를 잊기 위해 항상 해외로 여행을 다닌다. 그런데 메리의 외삼촌에게는 불쌍하고 병약한, 휠체어에 몸을 의지하는 아들이 하나 있다. 그 아이는 거대한 저택의 한쪽 구석, 어두운 방에서 생활한다.

이런 우울한 환경에서 얼마간 생활하던 메리는 저택 근처에서 아름답고 수풀이 무성한 화원을 발견한다. 화원 문은 몇 년 동안 잠겨 있었다. 비밀 문을 발견한 메리는 매일 이 정원을 찾아온다. 정원은 그녀의 도피처, 비밀의 화원이 되어간다.

얼마 지나지 않아 메리는 그의 병약한 외사촌동생을 데리고 화원에 온다. 화원의 아름다움은 외사촌동생에게 주문이라도 건 듯했다. 그가 다시 걷기 시작했고 다시 행복을 느낄 수 있게 되었다. 어느 날 여행에서 돌아온 외삼촌은 잠가놓은 화원에서 소리가 나는 것을 듣고 화가 나서 달려왔다.

도착해 보니, 그의 아들이 휠체어에서 일어나 웃고 장난치며 화원에서 놀고 있는 게 아닌가! 외삼촌은 너무나 놀랍고 기뻐서 눈물을 흘렸고 몇 년 만에 처음으로 아들을 힘껏 안아주었다. 화원의 아름다움이 이 가정을 다시 묶어주었던 것이다.

우리 모두에게는 잠시 탈출할 만한 공간, 일종의 피난처 같은 곳이 필요하다. 그곳에서 우리의 영혼을 쇄신할 수 있도록…. 그곳은 반드시 장미 가득한 정원이라거나, 산의 정상이라거나, 해변일 필요는 없다. 그냥 침실이어도 되고, 목욕탕이어도 되고, 그저 혼자 있을 수 있는 공간이면 된다. 캐나다에 살고 있는 씨어도어Theodore도 자기만의 공간을 가지고 있다.

> 스트레스를 너무 많이 받거나 부모님과 싸우기라도 하고 나면 꼭 지하실에 갑니다. 하키 스틱이 있고, 공이 있고, 콘크리트 벽이 있는 그곳에 가면 화를 풀 수 있습니다. 벽을 향해 스틱으로 공을 한 30분 정도 치고 다시 올라오면 기분이 풀리는 것이지요. 그렇게 연습하고 나면 하키 경기에서도 좋은 성과가 나오지만, 가족관계에서도 엄청나게 좋은 결과를 얻게 됩니다.

에이리언Arian도 자신의 피난처에 대해 이야기해 주었다. 스트레스를 받아 참을 수 없을 때마다 그는 뒷문을 통해 학교 대강당에 들어간다. 그 넓고, 조용하고, 어두운 강당에 홀로 있다 보면 바쁜 세상사에서 벗어나 한바탕 울어버릴 수도 있고 긴장을 풀어버릴 수도 있다고 한다.

엘리슨Allison은 자신만의 공간으로 정원을 찾는다.

> 아버지는 어렸을 때 공사장 사고로 세상을 떠났습니다. 그 이상의 자세한 이야기는 잘 모르는데, 어머니에게 그 일에 대해 물어보는 것이 두려웠기 때문입니다. 완벽한 모습의 아버지를 머릿속에 그리고 있었는데, 그 그림이 바뀌는 것이 싫어서 물어보지 않는 것인지도 모르겠습니다. 저에게 아버지는 여기 이 자리에 있기만 하다면 절 보호해 줄 수 있는 가장 완벽한 사람입니다. 아버지는 항상 제 머릿속에 함께 있습니다. 아버지가 여기 있다면 어떻게 행동할까, 어떻게 나를 도와줄까 항상 생각합니다. 아버지가 필요할 때마다 저는 동네 초등학교 운동장에 가서 미끄럼틀 위에 올라갑니다.

세상에서 가장 높은 곳에 올라가면 아버지를 느낄 수 있다고 생각해서 그런가 봐요. 미끄럼틀 위에 올라간 저는 그 자리에 눕습니다. 아버지에게 머릿속으로 말을 하면 아버지도 저에게 말을 하는 것을 느낄 수 있어요. 아버지가 날 쓰다듬어 주었으면 좋겠지만, 그럴 수 없다는 걸 알고 있습니다. 뭔가 안 좋은 일이 있을 때면 항상 그곳에 가서 아버지와 어려움을 나누곤 합니다.

자신만의 공간을 찾는 것 외에도, 자기 자신을 쇄신하고 개인감정은행계좌를 채울 수 있는 방법들은 많이 있다. 운동이나 산책, 조깅, 춤, 샌드백 치기, 기타 등등. 어떤 아이들은 오래된 영화를 보거나, 악기를 연주하거나, 이야기하면 기분이 좋아지는 친구와 수다를 떠는 방법이 있다고 이야기해 주었다. 또 다른 아이들은 일기를 쓰는 것도 도움이 많이 된다고 말해 주었다.

습관 7 "끊임없이 쇄신하라"는 우리의 육체와 마음과 정신과 영혼을 쇄신하는 데 들이는 시간에 관한 내용을 담고 있다. 그 이야기는 나중에 자세히 하기로 하고, 이제 우리 얘기로 돌아오자.

■ **자신의 재능을 개발한다**

자신의 재능이나 취미, 특별한 관심을 찾고 발전시키는 것은 개인감정은행계좌에 저축을 가장 많이 할 수 있는 방법 중 하나다.

왜 우리는 재능이라고 하면 운동 선수, 무용가, 아니면 노벨상을 받은 학자 같은, 높은 수준의 '전통적인' 재능을 떠올리게 될까? 사실 재능에도 여러 가지가 있다. 그 밖의 것들을 보잘것없다고 생각하지 말자. 읽거나, 쓰거나, 말하는 솜씨가 있을 수도 있다. 창조적일 수도 있고, 새로운 것을 빨리 배울 수도 있고, 다른 사람을 잘 받아들일 수도 있다. 뭔가를 조직하거나, 리더십이 있을 수도 있고, 음악적인 재능이 있을 수도 있다. 어떤 재능이라도 상관없다. 바둑을 잘 둘 수도 있고, 연극을 잘할 수도 있고, 나비 채집에 일가견이 있을 수도 있다. 어느 분야에 재능이 있느냐 하는 것은 중요하지 않다. 그 일을 하는 것이 즐겁고 기분이 좋아지는 것이라면 아무 상관없다. 그런 것들은 모두 일종의 자기 표현이다. 다음의 여자아이가 이야기하는 것처럼 자기 존중감을 불러일으킬 수도 있다.

> 잡초에 대해서는 모르는 것이 없다는 게 재능이라고 말한다면 웃음을 참지 못할 사람도 있을 겁니다. 여기서 잡초란 담배가 아니라 여기저기에서 자라나는 풀과 꽃을 말합니다(잡초를 뜻하는 영어의 weed는 잡초라는 뜻 외에 담배라는 뜻도 있다 : 옮긴이). 다른 사람들은 잡초를 보고 뽑아버려야겠다고 생각하지만, 저는 먼저 그것이 어떤 잡초인지 알아봅니다.
> 저는 잡초를 뽑아 책갈피 같은 데 꽂아 납작하게 눌러놓기 시작했습니다. 그걸 가지고 그림을 그리기도 하고 카드를 만들기도 하는 것이지요. 그렇게 만든 카드로 실의에 빠져 있는 많은 사람들을 위로해 주기도 했습니다. 다른 사람들을 위해 종류에 따라 꽃을 잘 정리해 두기도 하는데, 납작하게 눌러놓았던 풀의 이름을 알려달라는 부탁을 받기도 했습니다.
> 저는 그 일에서 많은 기쁨과 자신감을 얻을 수 있었습니다. 대부분의 사람들은 잘 모르는 것을 식별할 수 있는 특별한 재능이 있는 것입니다. 그런데 그 일은 많은 것을 가르쳐 주었습니다. 아무것도 아닌 것 같은 잡초에 그렇게 많은 내용이 담겨 있는데 또 다른 많은 것들에는 얼마나 많은 의미가 담겨 있을까요? 저는 사물의 깊은 면을 볼 수 있게 되었고, 탐험가가 되었습니다. 실제로 저는 평범한 여학생일 뿐이지만요.

브라이스Bryce는 우리 처남이다. 그는 재능을 개발하는 것이 자신감을 키워주고 자기만의 경력을 쌓는 데 얼마나 크게 도움을 주는지 이야기해 주었다. 그의 이야기 무대는 아이다호Idaho와 와이오밍Wyoming 평원 너머로 펼쳐진 그랜드 테턴Grand Teton 산맥. 테턴 산맥에 있는 봉우리 중에서도 가장 높은 그랜드 테턴은 해발 4,186미터의 위용을 자랑한다.

어린 시절, 브라이스는 야구 선수였는데 완벽한 스윙 자세를 가지고 있었다. 그 비극적인 사고가 있기 전까지는…. 정교한 장난감 권총을 가지고 장난하던 어느 날, 브라이스는 어쩌다가 자기 눈에 총을 쏘고 말았다. 수술을 하다가 시력을 완전히 회복할 수 없을지도 몰라 머뭇거리던 의사는 총알을 빼내지 않고 눈 속에 그냥 내버려두었다.

몇 개월이 지나고, 야구를 다시 시작한 브라이스는 계속해서 삼진아웃을 당하기 시작했다. 원근감을 잃어버렸고 한쪽 눈의 시력이 많이 나빠지면서 더 이상 날아오는 공을 볼 수 없게 된 것이다. 브라이스의 말. "1년 전만 해도 난 올스타 선수였는데, 공을 때릴 수 없게 된 거야. '난 이제 아무것도 할 수 없겠구나' 하는 생각이 들었어. 자신감에 치명타를 맞고 말았지."

테턴 산맥 근처에 살았던 그는 산을 오르기로 결심했다. 그는 군수물자를 파는 상점에 들러 나일론 밧줄이며 카라비너carabiners, 초크chalk 같은 등산장비를 사두었다. 그는 등산에 관한 책을 사서 읽으며 매듭은 어떻게 짓는지, 멜빵은 어떻게 만드는지, 레펠은 어떻게 하는지 공부했다. 첫 번째 등산 경험은 친구 집 굴뚝에서 레펠로 땅에 내려오는 것이었다. 얼마 지나지 않아 그는 그랜드 테턴 주위의 작은 봉우리를 오를 수 있게 되었다.

브라이스는 곧 자신이 등산에 솜씨가 있음을 곧 알게 되었다. 다른 등산 친구들과 달리 그의 몸은 강하고도 가벼웠다. 암벽 등반을 위해 타고난 몸 같았다.

몇 개월 동안 연습을 거듭하던 브라이스는 마침내 그랜드 테턴을 혼자서 정복하게 되었다. 산을 오르는 데는 이틀이 걸렸다. 이 목표를 성취하는 과정은 곧 자신감을 회복하는 과정이었다.

함께 등산할 친구를 찾기란 쉬운 일이 아니었기 때문에 브라이스는 혼자서 훈련을 계속했다. 가끔 테턴 산맥으로 차를 몰고 가서 등산 출발지까지 달려 올라가 등산을 하고는 다시 뛰어 내려오곤 했다. 자주 하다 보니 능숙해졌다. 어느 날 친구 킴Kim이 물었다. "이봐. 그랜드 테턴의 기록을 깨보지 그래?"

그는 브라이스에게 기록에 관한 모든 이야기를 들려주었다. 산악 탐험가 조크 글리든Jock Glidden이라는 사람이 기록을 세웠는데, 산 정상까지 올라갔다가 내려오는 데 4시간 11분이 걸렸다는 것이다. "그건 말이야, 불가능한 일이야." 브라이스의 생각이었다. "그 사람 한번 만나봐야겠군." 계속해서 산을 뛰어 올라가는 연습을 하는 브라이스. 기록도 점점 나아지고 있었다. 그럴 때마다 킴이 부추겼다. "내가 보기에 넌 기록에 도전할 만해. 넌 할 수 있다고."

어느 날 브라이스는 더 이상 단축할 수 없다는 기록을 세운 초인超人, 조크를 우연히 만났다. 브라이스와 킴은 조크의 텐트 안에 앉아 있었다. 이미 등산가로 꽤 이름이 알려져 있던 친구 킴이 조크에게 말했다. "이 친구가 바로 선생님 기록을 깨볼까 생각 중인 친구입니다." 조크는 브라이스의 57킬로그램짜리 몸을 바라보고는 크게 웃어 젖혔다. "그럴 수 있을까, 이 꼬마 친구가?" 브라이스는 기분이 상했지만 재빨리 자신을 추슬렀다. 킴은 계속해서 그를 꼬드기고 있었다. "넌 할 수 있어. 넌 할 수 있다니까."

1981년 8월 26일 이른 아침, 오렌지색 배낭을 맨, 가벼운 점퍼 차림의 브라이스가 그랜드 테턴의 정상을 향해 달리고 있었다. 그러고는 정확히 3시간 47분 4초 만에 돌아왔다. 그는 딱 두 번 멈춰 섰다. 한 번은 신발 속에 들어간 돌을 빼느라고. 또 한 번은 정상에 올랐음을 확인하기 위한 방명록에 사인하기 위해서. 그는 형언할 수 없는 기쁨을 느꼈다. 정말로 기록을 깬 것이었다!

몇 년 후, 브라이스는 킴에게 갑작스런 전화를 받았다. "브라이스, 소식 들었냐? 네 기록이 지금 막 깨졌어." 물론 한마디 덧붙였다. "다시 한 번 해야겠어. 넌 할 수 있다고 봐." 콜로라도에서 열린 파이크 피크 마라톤 대회 Pike's Peak Marathon 에서 우승한 크레이튼 킹 Creighton King 이라는 친구가 정상까지 달려갔다 내려온 기록이 3시간 30분 9초였던 것이다.

1983년 8월 26일, 산을 정복하고 내려온 지 2년, 그리고 자신의 기록이 깨진 지 열흘 뒤 새 러닝 슈즈를 신은, 신기록을 수립하겠다는 열의에 불타는 브라이스가 그랜드 테턴의 등산 출발점인 루파인 초원 Lupine Meadows 의 주차장에 서 있었다. 그의 곁에는 친구들과 가족, 킴이 있었고 방송국 사람들이 그의 모습을 담기 위해 자리를 지키고 있었다.

그는 전과 마찬가지로 등반의 가장 어려운 점은 정신적인 측면이라는 점을 알고 있었다. 그는 그랜드 테턴을 정복하려다 목숨을 잃는 그해 2, 3명의 명단에 이름을 올리고 싶지 않았다.

스포츠 기자 러셀 윅스 Russel Weeks 는 그랜드 테턴의 등반을 이렇게 표현했다. "주차장에서 1.5킬로미터를 달려 올라가면 산악 철로가 나온다. 협곡을 지나, 두 개의 빙퇴석 氷堆石 을 넘고, 두 개의 산등성이를 지나, 두 개의 봉우리 사이를 건넌 후, 그랜드 테턴의 220미터짜리 서쪽 암벽을 타고 정상에 오른다. 루파인 초원에서 정상까지 갔다가 다시 내려오기까지의 고도 변화는 4,600미터. 《테턴 지역 등반 가이드 Glimber's Guide to the Teton Range》를 쓴 레이 오르텐버거 Leigh Ortenburger 는 220미터짜리 암벽 등반에만 3시간이 걸린다고 이야기했다."

브라이스가 달리기 시작했다. 위로, 위로 오를 때마다 그의 가슴은 가쁘게 뛰었고 그의 발은 불타는 듯했다. 놀라운 집중력. 마지막 220미터를 12분에 주파하고, 정상까지 1시간 53분이 걸린 브라이스. 그는 식별 카드를 바위 밑에 놓았다. 킹의 기록을 깨기 위해서 그는 이제 내려와야 했다. 내려오는 길은 때로 너무나도 가파라서 종종걸음으로 뛰어야 했다. 내려오는 그를 본 친구들은 나중에 그의 얼굴이 산소 부족으로 자줏빛이었다고 얘기해 주었다. 다른 등산객들도 그가 새 기록을 세울 수 있을 것이라는 기대로 그가 지나갈 때면 박수를 치며 환호해 주었다.

응원의 함성을 가로질러 브라이스가 루파인 초원에 도착했다. 무릎에서는 피가 흐르고 있었고, 테니스화는 엉망이 되었으며, 두통도 심한 상태였다. 기록은 3시간 6분 25초. 불가능을 이뤄낸 것이다!

소문은 빠르게 퍼져나갔고 브라이스는 지역에서 가장 유명한 등산가가 되었다. "나 자신의 정체성을 찾을 수 있었어." 브라이스가 말했다. "누구든 유명해지고 싶어하잖아. 나도 마찬가지고. 등산할 수 있는 능력은 내게 할 일을 주었고, 자기 존중에 이를 수 있는 길을 제공했던 거야. 나 자신을 표현하는 방법이었던 거지."

브라이스는 등산가나 산악 달리기 선수를 위한 배낭을 만드는 회사를 설립해 아주 잘 운영하고 있다. 중요한 것은 브라이스가 하고 싶은 일을 하고 있고, 잘할 수 있는 일을 하고 있고, 자신과 다른 사람의 삶을 빛내 주는 데 자신의 재능을 잘 사용해 왔다는 것이다.

아, 그나저나 그 기록은 아직도 깨지지 않았다(지금 무슨 생각들을 하고 있는 거야? 기록을 깨보겠다고?) 브라이스의 눈에는 아직도 총알이 박혀 있다.

그러니까 여러분, 자신감이 필요하면 오늘이라도 바로 개인감정은행계좌에 저축을 하자. 결과를 즉각 확인할 수 있을 것이다. 물론 꼭 산을 올라야 저축이 되는 것은 아니다. 더 안전한 수많은 방법들이 우리를 기다리고 있다.

★★★

다음 개봉작

이제 우리와 강아지가 어떻게 다른지 여러 가지 측면에서 이야기하겠습니다. 계속 읽다 보면 무슨 말을 하려는 건지 절로 알 수 있을 거예요.

자신과의 약속 지키기

1. 3일 연속 계획된 시간에 일어나라.

2. 빨래거리 세탁기에 넣기, 책읽기, 숙제하기 등 오늘 해야 할 쉬운 일을 정하라. 언제 할 것인지 결정하라. 이제 약속한 대로 그 일을 마쳐라.

작은 친절 베풀기

3. 오늘 중에 아무도 모르게 작은 선행을 하나 해 보라. 감사의 편지를 써 보내거나, 쓰레기통을 비우거나, 다른 사람을 위해 이불을 깔아(개)보라.

4. 주위를 둘러보고 내가 기여할 만한 일이 있는지 찾아보라. 동네 공원 청소하기, 노인복지회관에서 자원 봉사하기, 글을 읽지 못하는 사람들에게 책 읽어주기 등을 해보라.

자신의 재능 개발하기

5. 올해 개발하고 싶은 재능을 적어보라. 재능을 개발하는 단계도 구체적으로 적어라.

   올해 개발하고 싶은 재능 : ....

   개발하는 방법 : ....
   ....
   ....

6. 다른 사람의 재능 가운데 치하할 만한 것들을 적어라.

   사람 :　　　　　　　　　　치하할 만한 재능 :
   ....
   ....
   ....
   ....

걸음마

자기 자신에게 부드럽게 대하기

⑦ 자신이 잘 못한다고 느끼고 있는 부분을 생각해 보라. 이제 깊은 숨을 쉬고, 자신에게 이렇게 말하라. "그렇다고 절망할 일은 아니지."

⑧  온종일 자신에게 부정적인 말은 한 마디도 하지 말라. 자신을 깎아내리고 싶은 생각이 들 때마다 자신에 대해 긍정적인 것 3가지를 생각하라.

심신을 쇄신하기

⑨ 오늘 기분전환을 위해 재미있는 일을 하나 생각해 보라. 음악을 크게 틀어놓고 춤을 출 수도 있을 것이다.

⑩ 무기력한 느낌이 드는가? 당장 일어나서 빠른 걸음으로 동네를 한 바퀴 돌아보라.

정직하게 행동하기

⑪ 부모님이 지금 뭘 하고 있는지 물으면 모든 것을 털어놔라. 속이기 위해 혹은 전체 사실을 모르게 하기 위해 숨기는 것이 없도록 하라.

⑫ 하루 동안 과장하거나 꾸며서 말하지 않으려고 노력하라.

습관 1

자신의 삶을 주도하라

**내가 바로
내 인생의 주인이다**

우리 집은 때로 고통스런 공간이었다. 왜냐고? 아버지가 항상 이렇게 말했기 때문이지. "내 삶에 대한 책임은 모두 나에게 있다"고.

"아버지, 여자친구 때문에 미치겠어요." 이와 비슷한 말을 할 때마다 아버지는 꼭 이렇게 말하곤 했다. "이 녀석아. 아무도 널 미치게 만들지 않아. 네가 그렇게 만드는 거지. 그건 네가 선택한 거야. 네가 미치겠다고 선택한 거라고."

> 사람은 자기가 마음먹은 만큼만 행복하다.
> _ 에이브러햄 링컨(Abraham Lincoln)

아니면, "생물 선생님 시간은 지긋지긋해요. 뭐 배울 게 없어요"라고 말하면 아버지는, "선생님을 찾아가 말씀드리지 그래? 다른 선생님으로 바꿔달라고 하던가. 생물 시간에 배우는 게 없는 건 네 잘못이지, 선생님 잘못은 아니야"라고 말하곤 했다.

아버지는 그냥 넘어가는 법이 없었다. 날 항상 못살게 굴었고 내 행동을 가지고 다른 사람을 탓하지 말라고 얘기했다. 다행스러운 것은 어머니 앞에서는 내 문제에 대해 다른 사람을 탓할 수 있었다는 사실이다. 안 그랬으면 난 완전히 사이코가 되어버렸을 거다.

가끔은 이렇게 소리지르기도 했다. "아니에요! 미쳐버리겠다는 건 내가 선택한 게 아니란 말이에요. 걔가 그랬어요. 걔가 그랬다고요. 날 좀 그만 괴롭혀요. 내버려두라고요."

"내 인생의 모든 책임자는 바로 나"라는 아버지 말은 10대 시절에는 삼키기 힘든 쓰디쓴 약이었다. 하지만 지금은 아버지가 어떤 말을 하고 있었는지, 드러나지 않았던 지혜를 볼 수 있다. 아버지는 세상에는 두 종류의 사람이 있다는 것을 가르쳐주려고 했던 것이다. 바로 '주도적인 사람'과 '반사적인 사람'. '자기 삶에 책임을 지는 사람'과 '다른 사람을 탓하는 사람'. '삶을 만들어가는 사람'과 '삶이 만들어지기를 기다리는 사람'.

습관 1 "자신의 삶을 주도하라"는 다른 6가지 습관의 문을 여는 열쇠다. 그러니 첫 번째 습관이 될 수밖에. 습관 1은 이렇게 말한다. "내가 바로 권력자이다. 내 삶의 대장은 바로 나다. 내 태도는 내가 결정한다. 나의 행복과 불행을 책임지는 사람은 바로 나다. 운명이라는 차의 운전석에 앉은 사람은 바로 나다. 난 승객이 아니다."

주도적이 되는 것은 개인의 승리를 이루는 첫걸음이다. 덧셈과 뺄셈을 배우기도 전에 방정식을 하는 걸 상상할 수 있겠는가? 그런 일은 없다. 7가지 습관도 마찬가지다. 습관 1을 실천하지 않고 습관 2, 3, 4, 5, 6, 7을 실천할 수는 없다. 자기 삶을 책임지는 사람은 바로 자신이라는 사실을 깨닫기 전에는 아무 일도 일어나지 않기 때문이다. 음…, 생각할수록 정말 그런 것 같다.

주도적일 것이냐, 반사적일 것이냐 선택은 우리 몫이다

하루에 100번쯤 그런 상황을 맞는다. 주도적일 것이냐, 반사적일 것이냐를 선택하는 상황 말이다. 날씨가 나쁜 날, 친구와 다툰 날, 여동생이 블라우스를 훔쳐 입은 날, 반장 선거에서 진 날, 안 보이는 곳에서 친구가 내 욕을 한 날, 누군가 내 험담을 한 날, 부모님이 여행가는 걸 허락하지 않은 날(아무런 이유도 없이), 시험을 망쳐버린 날 등. 그런 일이 생기면 어떻게 행동할 것인가? 이런 종류의 일이 생기면 즉각적으로 반응하는가, 아니면 주도적인 모습을 보이는가? 선택은 우리에게 달려 있다. 정말 그렇다. 다른 사람이 반응하는 대로, 아니면 다른 사람이 기대하는 대로 반응할 필요는 없다.

기분 좋게 자전거를 타고 가고 있는데 갑자기 다른 자전거가 앞으로 끼어

들어 넘어질 뻔했다면 어떻게 하겠는가? 험한 말을 먼저 내뱉겠는가? 기분 잡쳤다거나 하루를 완전히 망쳤다고 생각하겠는가?

아니면 그냥 넘어가겠는가? 한 번 웃어 주고, 갈 길 계속 가고.

선택은 우리 몫이다.

반사적인 사람은 충동에 따라 선택한다. 그런 사람은 꼭 콜라병 같다. 조금만 흔들어도 압력이 높아지고, 폭발해 버린다.

"야, 이 바보 같은 자식아! 저리 비키란 말이야!"

주도적인 사람은 가치에 따라 선택한다. 그런 사람은 행동하기 전에 반드시 생각한다. 주도적인 사람은 자신에게 닥치는 모든 일들을 자기 맘대로 할 수는 없지만 '자신의 행동은 자기 맘대로 할 수 있다'는 사실을 알고 있다. 탄산가스로 가득한 반사적인 사람과는 달리, 주도적인 사람은 물과 같다. 진창 흔들고 마개를 열어봐야, 아무 일 없다. 김 새는 소리도 안 나고, 거품도 안 나고, 압력도 없다. 그저 조용하고 차분하게, 잘 참고 있을 뿐.

"저런 사람 때문에 흥분해서 하루를 망치고 싶지는 않아."

주도적인 자세를 이해하는 가장 쉬운 길은 매일 일어나는 상황에 대해 주도적인 반응과 반사적인 반응을 비교해 보는 것이다.

장면 1

가장 친한 친구가 다른 친구들 여러 명 앞에서 내 욕을 하고 있는 것을 보았다. 걔는 내가 이야기를 듣고 있다는 것을 모른다. 5분 전에 내가 있을 때만 해도 내 칭찬을 했던 놈이다. 난 상처받았다. 배신감을 느낀다.

반사적인 선택

- 그 아이를 부른다. 한 대 친다.
- 깊은 우울에 빠진다. 친하다고 믿었던 친구가 그런 말을 하다니….
- 이중적인 성격의 거짓말쟁이라고 낙인을 찍고, 그 아이와는 두 달 동안 한 마디도 말을 하지 않는다.
- 그 아이에 대해 나쁜 소문을 퍼뜨린다. 그 아이도 그렇게 하지 않았던가?

주도적인 선택

- 용서해 준다.
- 그 아이를 만나 내 기분이 어떤지 차분히 얘기해 준다.
- 그냥 넘어가고 기회를 한 번 더 준다. 그 아이도 나와 비슷한 결점을 갖고 있다고 생각한다. 나도 가끔씩 그 아이 얘기를 하곤 하지 않았던가? 그렇게 나쁜 의도는 없이 말이다.

장면 2

편의점에서 1년 넘게 아르바이트를 해오고 있는 나. 정말 열심히 일했고, 믿을 만한 종업원이라 자부한다. 그러던 3개월 전, 새 종업원이 들어왔다. 최근에 그 아이가 토요일 오후 근무를 하게 되었다. 내가 그렇게 바라던 것을.

반사적인 선택

- 만나는 모든 사람들에게 이 결정이 얼마나 불공평한 것인지 불만을 털어놓는 데 일하는 시간의 절반을 보낸다.
- 그 종업원을 면밀히 살피며 약점을 파악한다.
- 사장이 날 내쫓으려는 음모를 꾸미고 있다고 확신한다.
- 근무 시간만 대강 때우며 대강 일한다.

주도적인 선택

- 왜 새 종업원이 더 나은 시간에 근무하게 되었는지 사장님과 얘기를 나눠본다.
- 계속해서 열심히 일한다.
- 업무를 향상시키기 위해 어떤 일을 해야 할지 생각해 본다.
- 정말 어떻게 할 수 없는 상황이라면 다른 자리를 알아본다.

■ **우리가 쓰는 말을 들어보자**

주도적인 사람과 반사적인 사람의 차이는 그들이 쓰는 말을 봐도 쉽게 알 수 있다. 반사적인 말은 이런 말과 비슷하게 들린다.

"난 그래. 난 원래 그렇거든." 이 말은 사실 이런 의미로 하는 말이다. '난 내 행동을 책임질 수 없어. 난 변하지 않을 거야. 난 태어날 때부터 이랬어.'

"사장님이 그렇게 멍청하지만 않았어도 좀 달랐을 거야." 이 말은 사실 이런 의미로 하는 말이다. '내 문제는 전부 사장님 때문에 생긴 거야. 나 때문이 아니라고.'

"너 때문에 하루를 완전히 망쳐버렸어." 이 말은 사실 이런 의미로 하는 말이다. '내 기분을 결정하는 건 내가 아니야. 너지.'

"내가 일류 학교만 다녔어도, 부유한 친구만 사귀었어도, 돈만 많이 벌었어도, 부자 동네에서만 살았어도 얼마나 좋았을까?" 이 말은 사실 이런 의미로 하는 것이다. '내 행복을 결정하는 건 내가 아니야. 금전이지. 행복하려면 금전적으로 풍족해야 돼.'

반사적인 언어	주도적인 언어
한번 해볼게	꼭 할게
난 원래 그래	난 더 잘할 수 있어
내가 할 수 있는 일은 없어	가능한 방법들을 모두 살펴보자
난 해야 돼	내가 선택한 거야
난 못 해	무슨 방법이 있을 거야
너 때문에 오늘 하루 망쳤어	네가 기분 나쁘다고 나까지 나빠지진 않을 거야

　반사적인 말들은 우리에게서 결정권을 앗아가 다른 것들이나 다른 사람들에게 줘버린다. 친구 존 바이더웨이John Bytheway는 그의 책《고등학교 때 알았으면 좋았을 것들What I Wish I'd Known in High School》에서 이렇게 설명한다. 반사적인 사람은 다른 사람에게 자신의 삶을 결정할 리모컨을 줘버리는 사람이다. "자, 아무 때나 내 기분을 바꿔줘." 주도적인 말은 그와 달리 리모컨을 자신이 가지고 있는 것이다. 어떤 채널을 선택할지 결정하는 것은 바로 우리 자신인 것이다.

■ 피해의식증 바이러스를 조심하라

　어떤 사람들은 '피해의식증'이라는 심리적 병균에 감염되어 고생하고 있는 것을 보았을 것이다. 그 질환에 감염된 사람은 자신의 문제가 다른 사람들 때문이라고 생각한다. 자기가 아닌, 세상에 책임이 있다는 것이다. 물론 그렇지 않다. 마크 트웨인Mark Twain은 이렇게 말했다. "우리 삶의 책임이 세상에 있다고 말하지 말자. 세상은 우리에게 아무런 책임이 없다. 우리가 있기 전에 세상이 먼저 있었다."

　대학교 풋볼팀에 있을 때에도 그 병에 걸린 친구가 있었다. 그가 하는 말을 듣자면 완전히 돌아버릴 것 같았다.

　"내가 선발이 되어야 하는데 감독님이 날 못마땅해하는 것 같아."

"막 인터셉트하려던 참인데, 어떤 놈이 끼어들었어."

"37미터짜리 돌파 찬스였는데, 그만 신발 끈이 풀려서."

"그래, 그랬겠지." 이렇게 말하긴 했지만 속으로는 이렇게 말하고 있었다. "우리 아버지가 대머리만 아니었으면 내가 학생회장에 당선되었어, 임마." 나는 그가 게임에 나오지 못했던 것이 전혀 이상하지 않았다. 그에게 문제는 항상 '저쪽에' 있다. 그는 '자신'의 태도에 문제가 있다는 생각은 추호도 하지 않았다.

희생자라고 느끼는 것 외에도 반사적인 사람들은,
- 쉽게 상처받는다.
- 다른 사람을 욕한다.
- 화가 나서 나중에 후회할 말을 마구 해댄다.
- 투덜거리고 불평한다.
- 무슨 일이 일어날 때까지 그냥 기다린다.
- 꼭 그래야 할 때만 변화한다.

■ **주도적인 사람에게 광명이**

주도적인 사람들은 완전히 다른 종족이다. 주도적인 사람들은,
- 쉽게 상처받지 않는다.
- 자신의 선택에 책임을 진다.
- 행동하기 전에 생각한다.
- 나쁜 일이 생겨도 곧 회복한다.
- 항상 일을 해낼 수 있는 방법을 찾는다.
- 자신이 할 수 있는 일에만 집중하고, 할 수 없는 일은 신경 쓰지 않는다.

직장을 옮기고 나서 랜디Randy라는 동료를 알게 되었다. 그에게 어떤 문제가 있었는지 잘 모르겠지만, 어떤 이유에선지 나를 싫어했다. 게다가 그 사실을 내가 알아주기를 바랐다. 그는 무례하고 모욕적인 말을 서슴지 않았다. 끊임없이 내 험담을 하고 다녔고 다른 사람들을 자기편으로 끌어들였다. 휴가를 마치고 돌아온 어느 날 친구 하나가 이런 얘기를 해주었다. "이봐, 숀. 랜디가 네 얘기를 하고 다녔다는 것만 알아둬. 좀 조심해야겠던데?"

몇 대 치고 싶은 기분도 여러 번 들긴 했지만 되도록 냉정한 자세를 유지하고 그의 어리석은 공격을 무시하려 애썼다. 그가 나를 모욕할 때마다 나는 오히려 그를 잘 대해주려 했다. 이런 식으로 행동하면 결국에는 효과가 있으리라는 신념을 가지고 있었다.

그렇게 한두 달이 지나자 서서히 변화가 일어나기 시작했다. 랜디도 내가 자신의 게임에 반사적으로 행동할 의사가 없다는 걸 알았는지 태도가 달라지기 시작했다. 한번은 이렇게 말하기도 했다. "널 화나게 하려고 무진 애를 썼는데 넌 끄떡하지 않더군." 그 회사에 발을 들인 지 1년쯤 지난 후 우리는 친구가 되었고 서로를 존중하는 사이가 되었다. 내가 기분 내키는 대로 그의 공격에 즉각적으로 반응했더라면 우리는 친구가 되지 못했을 것이다. 친구가 되기 위해서는 때로 한 사람의 노력만으로도 충분할 때가 있다.

메리 베스Mary Beth는 주도적인 태도의 장점을 스스로 발견했다.

학교에서 수업 중에 우리는 주도성에 관한 이야기를 나누었습니다. 하지만 그것을 실제 생활에 어떻게 이용할 수 있을지는 잘 떠오르지 않았어요.
어느 날 식료품점 카운터에서 계산을 하고 있었는데, 계산이 다 끝나고 나자 물건을 골라 온 남자아이가 지금 계산한 물건은 자기 것이 아니라고 말하는 것이었어요. 제가 처음에 보인 반응은 "이런 바보 같은 놈"이었죠. 저는 막대를 다른 손님 물건 사이에 놓으며 혼잣말로 이렇게 말했습니다. "왜 좀더 일찍 알려주지 않은 거야?" 전 계산한 물품 항목을 하나하나 다시 지워야 했고 사장님을 불러다 확인을 받아야 했습니다. 그 아이는 그냥 그 자리에 서서 재미있다는 듯 지켜보기만 했고요. 그러는 동안 열이 슬슬

올랐고 화가 나기 시작했습니다. 그때 브로콜리 값을 잘못 계산했다는 그의 말. 완전히 염장을 지르는 격이었죠.

화는 났지만 그 지적이 틀린 것은 아니었어요. 브로콜리를 계산하면서 코드 번호를 잘못 입력했던 거지요. 저는 더 화가 났습니다. 제 잘못을 덮어버리고 싶었고, 그를 맹렬히 쏘아붙이고 싶었습니다. 바로 그때, 갑자기 수업 시간에 나누었던 이야기가 생각나더군요. "주도적이 되자."

전 이렇게 말했습니다. "그렇군요, 손님. 죄송합니다. 제가 잘못 계산했습니다. 브로콜리 코드 번호를 잘못 입력했습니다. 다시 계산해 드리겠습니다. 잠깐만 기다려주세요." 그러면서 주도적인 태도를 갖는다는 것이 동네북이 되는 것을 의미하지는 않는다는 것도 떠올렸습니다. 다음부터는 막대를 잘 놓아 다른 손님들 것과 섞이지 않도록 해 달라고 그에게 친절히 부탁하는 것도 잊지 않았던 것이죠.

기분이 좋았습니다. 사과를 하기는 했지만 하고 싶었던 말을 못한 것도 아니었으니까요. 간단한 것이더군요. 그 덕에 그 습관을 쉽게 몸에 익힐 수 있었고, 그런 습관을 가지게 되니 자신감도 생겨났습니다.

여기까지 읽은 누군가는 나를 공격하고 싶을 것이다. "야, 숀. 주도적이 되기가 쉽단 말이야." 난 말싸움할 생각은 없다. 반사적으로 행동하는 것이 훨씬 더 쉽기 때문이다. 냉정함을 잃기란 정말 쉬운 일이다. 투덜거리고 불평하기란 정말 쉬운 일이다. 물어볼 것도 없이 주도적이 되는 것은 더 어려운 길이다.

하지만, 완벽할 필요는 없다. 실제로는 누구나 전적으로 주도적이지도 않고 전적으로 반사적이지도 않다. 항상 그 중간에 있을 뿐이다. 관건은 주도적인 습관을 들여 의식하지 않고도 절로 주도적인 태도를 보이게 하는 것이다. 하루 동안 100번에 20번 꼴로 주도적인 태도를 보이기로 선택해 보자. 다음날은 30번, 그 다음엔 40번, 이런 식으로 말이다. 작은 변화가 몰고 올 거대한 변화를 과소평가하지 말자.

■ 우리 마음대로 할 수 있는 건 한 가지뿐

사실 우리에게 일어나는 모든 일을 통제할 수 없다. 축구경기 우승팀을 우리 마음대로 결정할 수도 없고, 어디서 태어날지, 부모님은 누구로 할지를 마음대로 할 수 있는 것도 아니고, 다음 학기에 장학금을 받아야겠다고 생각한다고 받는 것도 아니며, 다른 사람의 태도를 우리 마음대로 할 수 있는 것도 아니다. 하지만 우리가 마음대로 할 수 있는 게 딱 한 가지 있다. '우리에게 일어나는 일들에 어떤 반응을 보이느냐' 는 것. 그리고 그건 정말 중요한 것이다. 이것이 바로 우리가 마음대로 할 수 없는 것들에 대한 걱정은 집어치우고 우리가 할 수 있는 일들에 대해 생각해야 하는 이유이다.

두 개의 원을 그려보자. 안쪽 원은 우리가 할 수 있는 것들의 원이다. 그 안에는 우리 자신, 우리의 태도, 우리의 선택, 우리의 반응같이 우리가 마음대로 할 수 있는 것들이 포함된다. 그 원의 주위에는 우리가 할 수 없는 것들의 원이 있다. 그 안에는 우리가 마음대로 할 수 없는 셀 수 없이 많은 일들이 포함된다.

자, 이제 한번 생각해 보자. 나쁜 평가, 과거의 실수, 날씨처럼 우리가 통

제할 수 없는 것들을 걱정하느라 시간과 에너지를 허비하면 어떻게 될까? 희생자로 느껴질 뿐 더이상 어떻게 할 수 없을 것이다. 예를 들어 여동생이 우리를 귀찮게 할 때 여동생의 약점(마음대로 할 수 없는 것)을 물고 늘어진다면, 문제는 해결되지 않을 것이다. 그래봐야 우리는 우리의 문제가 여동생 때문이라고 할 테고, 우리 자신의 통제력만 잃어버리게 될 뿐이다.

레나타 Renatha라는 아이는 앞의 그림을 잘 설명하는 이야기를 해주었다. 배구경기가 일주일 앞으로 다가와 있을 때 레나타는 상대팀 선수의 어머니가 레나타의 실력을 비웃고 있다는 얘기를 들었다. 레나타는 그 말을 무시하지 못하고 화를 냈고, 나머지 일주일을 기분이 상한 채로 보냈다. 경기날이 밝아왔고, 레나타의 유일한 목표는 그 아주머니에게 자신이 뛰어난 선수라는 걸 증명해 보이는 것이었다. 결론만 말하자면, 레나타의 플레이는 엉망이었고, 결국 교체되어 벤치에 앉아 있었으며, 게임에도 지고 말았다. 레나타는 자기가 통제할 수 없는 일(자신에 대한 남들의 평가)에 집착한 나머지 통제 능력을 잃어버리고 말았다. 자기 절제가 유일하게 자기 마음대로 할 수 있는 것이었는데도 말이다.

주도적인 사람들은 그와 달리 다른 것들에 초점을 맞춘다. 자기 마음대로 할 수 있는 것들 말이다. 그렇게 함으로써 주도적인 사람들은 심적인 평안을 느끼고 결국 자신의 삶을 제대로 이끌어간다. 주도적인 사람들은 자기 마음대로 할 수 없는 일들과 함께 살아가는 법, 그런 것들에 미소로 대할 수 있는 법을 배운다. 물론 그런 것들을 좋아하지는 않을 것이다. 하지만 그런 일을 두고 걱정해 봐야 아무 소용없다는 것을 알고 있다.

■ 패배를 승리로

삶은 때로 우리에게 나쁜 손길을 뻗치기도 하고 우리의 반응을 지배하려 하기도 한다. 그렇게 매번 패할 때마다, 그러한 경험을 승리를 위한 전화위

복의 기회로 이용할 수 있다. 〈퍼레이드Parade〉지의 브래드 레믈리Brad Lemley의 설명이다.

"삶에 있어서 중요한 것은 어떤 일이 일어나느냐가 아니라, 그 일이 일어났을 때 어떻게 대처하느냐이다"라고 말한 사람은 자수성가한 백만장자이자 최고의 인기를 누린 강사, 전직 시장이자 래프팅과 스카이다이빙을 즐겼던 미첼W. Mitchell이다. 그런데 그가 이런 수식어들을 얻게 된 것은 그가 사고를 겪고 난 후의 일이다.

미첼의 이야기는 그게 실제로 있었던 일이라고 믿어지지 않을 정도이다. 그의 얼굴은 여러 차례의 피부 이식으로 얼룩덜룩하고, 손가락은 통째로 잘려 나갔거나 반쪽만 남아 있으며, 양쪽 발은 마비된 채 바짝 말라붙어 있다. 미첼에 따르면 그를 처음 보는 사람은 그가 어떤 사고를 당했는지 모두 의아해한다고 한다. 교통사고? 베트남전? 어디서 그런 상처를 얻었는지 듣게 되면 놀라지 않을 사람이 없을 것이다. 1971년 6월 19일, 그는 세상에서 가장 행복한 사람이었다. 전날, 멋진 오토바이를 샀던 것이다. 그날 아침, 그는 처음으로 그 오토바이를 몰았다. 그는 젊었고, 건강했고, 인기 있었다.

"그날 직장에 오토바이를 타고 갔죠." 그는 그날 일을 이렇게 떠올린다. "교차로에서 트럭과 충돌했어요. 오토바이는 넘어가고, 팔꿈치랑 골반뼈가 부서지고, 기름통이 열렸습니다. 기름이 쏟아져 나와 과열된 엔진에 닿았고, 불이 났죠. 몸의 65퍼센트가 화상을 입었어요."

다행히 근처 주차장에 있던 사람이 재빨리 소화기를 들고 와 불을 껐고, 그 덕에 그는 목숨은 건질 수 있었다.

하지만 얼굴은 화상을 입었고, 손가락은 까맣게 타 뒤틀렸으며, 다리는 빨갛게 익어 앙상하게 되어버렸다. 그를 처음 보고 질색하지 않는 사람은 드물었다. 미첼은 2주 동안 사경을 헤매다 깨어났다.

4개월 남짓 그는 13차례 수혈을 받았고 16차례 피부 이식 수술을 받았으며 몇 차례 외과 수술을 받았다. 몇 달 동안 재활치료를 받고 몇 년에 걸쳐 새로운 장애인용 기구들에 차차 익숙해진 미첼. 그렇게 4년이라는 시간이 흘렀다. 그런데 또다시 믿을 수 없는 일이 벌어졌다. 이번에는 비행기 사고가 났고 그는 하반신이 마비되어 버렸다. "사고를 두 번 겪었다고 말하면 사람들은 믿지 않더군요." 그의 말이다.

비행기 사고로 하반신이 마비된 미첼. 그는 병원 체육관에서 열아홉 살 청년을 만났던 일을 떠올린다.

"그 아이도 하반신 불구였어요. 등산도 잘하고, 스키도 잘 타는 활동적인 청년이었다던데, 자기는 이제 끝이라고 생각하더군요. 어느 날 그에게 다가가 한마디 했죠. '얘야, 이거 아니? 사고가 일어나기 전에 내가 할 수 있는 일은 1만 가지가 있었지. 지금은 9,000가지가 있고. 나는 잃어버린 1,000개를 생각하며 삶을 마감할 수도 있지만, 난 나머지 9,000개에 초점을 맞추며 살아가기로 했다.'"

미첼은 비결이 2가지였다고 말한다. 하나는 친구와 가족의 격려와 사랑이었고, 또 하나는 여기저기서 주워 모은 개인적인 철학이었다는 것이다. 그는 잘생기고 건강해야 행복하다는 사회적 통념을 받아들일 필요가 없다는 점을 깨달았다. "내 우주선은 순전히 내 책임 아니겠소?" 그의 목소리에는 힘이 들어 있다. "올라가기도 하다가 내려오기도 하고, 그런 거지요. 난 이런 상황을 패배 아니면 출발점이라고 생각했지요."

나는 헬렌 켈러Helen Keller의 다음 말을 좋아한다. "나에게는 너무나 많은 것이 주어졌다. 나에게 어떤 것들이 없는지 생각하며 머뭇거릴 시간이 없다."

우리가 겪는 패배들이 미첼처럼 심각한 것은 아닐지라도 나름대로 어려움이 없는 것도 아니다. 여자친구한테 차였을 수도 있고, 반장 선거에서 떨어졌을 수도 있고, 깡패들한테 얻어맞았을 수도 있고, 시험에서 낙방했을 수도 있고, 지독한 병에 걸렸을 수도 있다. 이런 결정적인 순간에 강하게, 주도적으로 행동하기를 바라고 믿을 뿐이다.

나도 결정적인 패배를 경험한 적이 있다. 대학 풋볼팀에서 선발 쿼터백으로 자리잡았지만 무릎 부상이 심각해져서 결국 포지션을 잃고 말았던 것이다. 아직도 그날을 기억한다. 시즌 직전 감독 선생님이 나를 불러 선발 쿼터백은 다른 아이가 맡게 될 것이라고 말했던 그날을.

기분이 몹시 상했다. 그 자리를 차지하려고 얼마나 열심히 노력해 왔던가? 그때 나는 4학년이었다. 일어나서는 안 되는 일이었다.

선택을 해야 했다. 나는 불평을 할 수도 있었고, 새 쿼터백을 욕할 수도 있었고, 나 자신에 대한 연민에 빠질 수도 있었다. 아니면… 그 상황을 최대한 이용할 수도 있었다.

다행스럽게도 나는 상황에 슬기롭게 대처하겠다고 마음먹었다. 나는 이제 터치다운 패스는 할 수 없게 되었지만 다른 방법으로 도움을 줄 수 있었다. 나는 내 자존심을 꿀꺽 삼키고 새 쿼터백과 나머지 팀 동료들을 도와주기로 했다. 나는 선발로 뛸 때와 마찬가지로 열심히 노력했고 매 게임을 열심히 준비했다. 그리고 더 중요한 것은, 턱을 추켜올리고 다니기로 한 것이었다.

그렇게 하는 게 쉬웠냐고? 전혀 안 그랬다. 간혹 낙오자라는 느낌도 들었다. 선발로 게임을 뛰다 자리에 앉아 있는 것은 정말 치욕스러웠다. 좋은 태도를 보이는 와중에도 내적으로는 끊임없는 갈등에 시달려야 했다.

그게 올바른 선택이었냐고? 물론이다. 벤치에 앉아 1년 내내 지치도록 빈둥거리긴 했어도 나는 다른 방식으로 팀에 기여했던 것이다. 무엇보다 중요한 것은 나의 태도에 책임을 졌다는 사실이다. 이 하나의 결정이 나의 인생에 얼마나 긍정적인 변화를 불러왔는지 도저히 말로는 설명할 수 없다.

■ 학대의 고통 극복하기

가장 참기 힘든 고통은 학대에 시달리는 것이다. 나는 어렸을 때 성적性的인 학대를 받았던 아이들과 이야기를 나누었던 때를 잊을 수가 없다. 그 아이들은 모두 남자친구에게서 강간을 당했거나 정신적·육체적으로 성적 학대를 받았던 경험을 가지고 있었다.

헤더Heather는 이런 이야기를 들려주었다.

열네 살 때 성폭행을 당했어요. 그 일은 축제날 벌어졌습니다. 같은 학교 아이가 나에게 다가왔습니다. "너랑 얘기 좀 했으면 좋겠는데, 잠깐 이쪽으로 와보겠니?" 저는 아무런 의심도 하지 않았어요. 그 아이는 제 친구였고 항상 저에게 잘해주었기 때문이지요. 그 아이는 절 데리고 한참을 걸어 학교 운동장 쪽에 와서 멈춰 섰습니다. 그러고는 더그아웃(야구장 양쪽 편에 있는 선수 대기실 : 옮긴이)으로 데리고 들어가 절 강제로 추행했습니다.
그 아이는 틈만 나면 이렇게 얘기했습니다. "아무한테도 말하지 마. 그래봐야 아무도 안 믿을 거야. 너도 이런 걸 바라고 있었잖아." 그는 또 부모님이 알게 되면 수치스러워할 거라는 말도 했습니다. 전 2년 동안 그 얘기를 아무에게도 하지 않았습니다.
그렇게 시간이 흘렀습니다. 어느 날, 성추행을 당한 아이들이 모여 이야기를 나누고 상담을 하는 시간이 있었습니다. 한 아이가 일어나 자기가 겪은 이야기를 하는데 제가 겪었던 일과 꽤 비슷했습니다. 그 아이가 자신을 성추행한 사람의 이름을 밝혔을 때, 저는 울음을 터뜨렸습니다. 바로 그 아이였던 것입니다. 결국 그에 의해 희생된 아이가 여섯 명이나 되는 것으로 밝혀졌습니다.

다행스럽게도 헤더는 이제는 그 충격에서 서서히 벗어나고 있고 성추행을 당한 다른 아이들을 도와주는 학생모임에서 중요한 역할을 맡고 있다.

주저하지 않고 앞으로 나섬으로써 그 아이는 다른 많은 아이들의 희생을 막고 있는 것이다.

안타까운 일이지만, 브리젯Bridgett의 이야기도 이와 유사하다.

저는 다섯 살 때 가족 중 한 사람에게 추행을 당했습니다. 누구에게도 말을 꺼내기가 무서워 그 상처와 분노를 혼자서 삭이려고 애썼습니다. 그때 일을 냉정하게 받아들일 수 있게 된 지금, 생각해 보면 그 일이 저의 모든 것들에 어떤 영향을 끼쳤는지 알 수 있을 것 같습니다. 끔찍한 일을 숨기려 하다 보면 저 자신을 숨기게 되는 것 같습니다. 13년이 지난 후에야 저는 어린 시절의 악몽에 맞설 수 있게 된 것입니다.
많은 사람들이 저와 비슷한 경험을 겪고 있습니다. 그런데 대부분 그 사실을 숨기게 됩니다. 왜 그럴까요? 두려워서 그러는 사람도 있고 자기 자신과 다른 사람을 보호하기 위해서 그러는 사람도 있습니다. 하지만 이유야 어찌됐든 감추는 것은 해결책이 될 수 없습니다. 감추는 것은 영혼에 너무나도 깊은 상처를 남겨 어떤 방법으로도 치유할 수 없는 지경에 이를 수도 있습니다. 사건에 맞서는 것이 상처를 꿰맬 수 있는 유일한 방법입니다. 이야기할 사람, 같이 있으면 마음이 편해지는 사람, 신뢰하는 사람을 찾아야 합니다. 길고 어려운 과정이겠지만, 일단 냉정하게 현실을 받아들이게 되면, 그때는 다시 삶을 시작할 수 있게 됩니다.

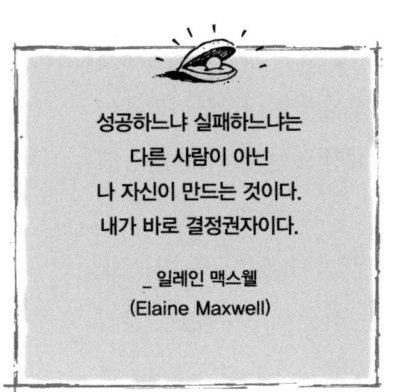

성공하느냐 실패하느냐는
다른 사람이 아닌
나 자신이 만드는 것이다.
내가 바로 결정권자이다.

_ 일레인 맥스웰
(Elaine Maxwell)

성적 학대를 받은 사람이 있다면, 그것은 그 사람의 잘못이 아니다. 그리고 진실은 밝혀져야 한다. 성적 학대는 숨기는 곳에서 자꾸 일어난다. 다른 사람에게 이야기함으로써, 어려움을 반으로 나눌 수 있다. 믿고 있는 친구나 사랑하는 사람에게 이야기하자. 상담원과 이야기해 보자. 전문의를 찾아가 보자. 어려움을 나눌 사람을 찾을 때까지 노력을 멈추어서는 안 된다. 자신의 비밀을 다른 사람과 나누는 것은 치료와 용서에 이르는 첫발이 될 수 있다. 이러한 짐을 짊어진 채, 하루라도 더 버틸 필요는 없다.

■ 변환자 되기

한번은 10대들에게 이렇게 물어본 적이 있다. "인생에서 존경스럽고 본보기가 되어주는 사람은 누구니?" 한 여자아이가 어머니라고 대답했다. 다른 아이는 자기 형이라고 말했다. 대답도 가지가지. 그런데 한 아이는 눈에 띄게 조용했다. 그 아이에게 존경하는 사람이 누구냐고 물었다. 그 아이가 나지막이 대답했다. "저는 주위에 본보기가 되어주는 사람이 없어요." 그 아이는 자신의 주위에서 응당 본보기 역할을 해주어야 할 사람들의 나쁜 행동에 실망하고 있었다. 안타까운 일이지만 이와 비슷한 아이들이 주위에 너무나도 많다. 그 아이들은 엉망이 되어버린 가정에서 자라났고 닮고 싶은 사람을 본 적이 없는 것이다.

한 가지 무서운 사실은 자녀 학대나 알코올 중독, 무능력한 태도 같은 것들이 부모에게서 아이에게로 전해진다는 것이고 그 결과 결손가정이 끊임없이 되풀이되어 나타난다는 사실이다.

통계에 따르면 어린 시절에 학대를 받으며 자란 아이는 부모가 되어서 아이들을 학대할 가능성이 높다고 한다. 때로는 이러한 문제가 여러 세대에 걸쳐 나타나기도 한다. 우리 중에도 실제로 알코올 중독이나 약물 중독에 시달리는 가정에서 자란 사람이 있을 수 있다. 아버지 또는 어머니에게 심하게 학대를 받으며 자라났을 수도 있다.

하지만 희소식 한 가지! 바로 우리가 그 고리를 끊을 수 있다. 우리는 주도적이기 때문에 이러한 나쁜 습관들이 대물려지는 것을 막을 수 있는 것이다. 우리는 '변환자變換者(부정적인 악순환의 고리를 끊고 새로운 변화를 주도하고 만들어내는 사람 : 옮긴이)' 가 되어 좋은 습관을 후대에 물려줄 수 있는 것이다.

힐다 Hilda 라는 끈기 있는 아이는 가정에서 자신이 어떻게 변환자가 될 수 있었는지 이야기해 주었다. 힐다의 집에서는 교육을 중요하게 생각하지 않앉고 힐다도 곧 학교를 그만 다녀야 할 처지가 되었다. 힐다의 말. "엄마는 공장에서 바느질을 했는데 돈은 별로 많이 받지 못했어요. 아버지도 최저임금을 조금 넘는 돈을 받고 일하고 있었죠. 그래서인지 아버지와 어머니는 집세 문제나 돈 문제로 자주 다퉜어요. 두 분 중에 학교에 많이 다닌 분은 초등학교 6학년까지 다녔고요."

힐다가 아직 어렸을 때, 아버지는 딸의 숙제를 도와주지 못했다. 글을 읽을 줄 몰랐기 때문이다. 어린 힐다에게는 견디기 어려운 일이었다.

힐다가 중학교에 다닐 때 가족들은 모두 캘리포니아를 떠나 멕시코로 이사가게 되었다. 힐다는 그곳에서는 더 이상 학교에 다니기 힘들 것이라는 사실을 깨닫고 부모님에게 미국으로 돌아가 아주머니 집에 살게 해달라고 부탁했다. 그후 몇 년 동안 힐다는 학교를 계속 다니기 위해 많은 희생을 감수해야 했다.

"사촌 형제들과 북적대며 방을 나누어 쓰는 게 상당히 힘들었어요." 힐다의 말이다. "침대도 나눠 써야 했고 집세도 보태고 학교도 다니려면 돈도 벌어야 했지요. 하지만 그럴 가치가 있었어요."

"학교에 다니면서 결혼도 하고 아이도 낳았지만 저는 학교에 계속 다녔고 공부를 마치기 위해서 일도 했지요. 난 무슨 일이 있어도 아버지가 틀렸다는 점을 알려주고 싶었어요. 아버지는 우리 가족은 아무도 전문인이 될 수 없다고 말했거든요."

힐다는 곧 회계학과를 졸업할 예정이다. 그녀는 자신이 일군 교육적 가

치가 아이들에게 이어지기를 바라고 있다. "요즘에는 학교에 가지 않거나 시간 날 때마다 소파에 앉아 아들 녀석에게 책을 읽어주고 있어요. 아이에게 영어와 스페인어를 가르치고 있거든요. 아이 교육비용을 아끼려고 직접 가르쳐요. 언젠가 숙제를 해야 할 일이 생기면 제가 도와줄 생각이에요."

나는 또 자기 가정 내에서 변환자가 되었던 열여섯 살의 셰인Shane과 이야기를 나눌 기회가 있었다. 셰인은 부모님, 그리고 두 명의 형제와 함께 가난한 마을에서 살고 있었다. 부모님들은 아직 같이 살고 계시지만 끊임없이 아버지의 여자 문제로 다투고 있었다. 아버지는 트럭을 몰았는데 집에 들어오는 일이 거의 없었다. 그의 형은 고등학교에서 2년 연속 낙제했고 결국에는 학교를 나와버렸다. 셰인은 희망이 없다고 생각했다.

최악의 상태에서 헤매고 있다는 생각이 들 무렵 셰인은 학교에서 주최하는 품성 과정(7가지 습관을 가르치던 수업이었다)에 참가했다. 그리고 그는 자신의 삶을 자신이 결정할 수 있다는 것을 알게 되었고, 자신을 위한 미래를 창조하기 시작했다.

다행히 셰인의 할아버지는 근처에 2층짜리 아파트를 소유하고 있었다. 셰인은 한 달에 100달러를 방세로 주기로 하고 그 집으로 이사를 갔다. 그는 이제 자신만의 피난처를 갖게 되었으며 아래층으로부터 아무런 방해도 받지 않을 수 있었다. 셰인은 말한다. "이제 모든 것들이 나아졌어요. 내 자신에 대한 태도도 달라졌고요. 나 자신을 존중할 수 있게 되었지요. 우리 가족은 가족끼리도 존중해 주는 법이 없거든요. 우리 가족 중에는 대학교에 간 사람이 없지만, 나는 벌써 세 학교로부터 입학 허가를 받았어요. 지금부터 내가 하는 일은 모두 제 미래를 위한 거예요. 내 미래는 다를 거예요."

우리는 우리에게 전해져 내려온 나쁜 습성을 극복하고 일어설 수 있는 힘을 가지고 있다. 셰인처럼 위층으로 이사해 모든 것으로부터 탈출을 할 수는 없을지라도 마음속으로 위층을 만들어 그곳으로 이사를 할 수 있다. 아무리 곤란한 처지에 있을지라도, 어떤 일이 벌어지더라도, 우리는 변환자가 되어 새로운 삶을 스스로 만들어갈 수 있다.

■ 주도성의 힘줄을 단련하라

다음에 나오는 시는 자신의 인생을 책임진다는 말이 무엇을 뜻하는지, 그리고 반사적인 마음 상태에서 주도적인 마음 상태로 어떻게 옮겨가게 되는지를 간단히 보여주고 있다.

우리도 마찬가지로 우리의 인생을 책임질 수 있고 주도성의 힘줄을 단련함으로써 구덩이를 피해 갈 수 있다. 그것은 바로 '통과'의 습관이다.

그 습관을 통해 우리는 생각했던 것보다 훨씬 쉽게 위험을 피해 갈 수 있다.

■ '할 수 있다'는 정신

주도적이라는 말에는 2가지 의미가 있다. 하나는 '자신의 삶에 책임을 진다'는 것이고, 다른 하나는 '할 수 있다'는 태도를 갖는다는 것이다. '할 수 있다'는 정신은 '할 수 없다'는 정신과는 사뭇 다르다. 다음을 잠깐 보자.

'할 수 있다'고 생각하고, 창의적이고 끈기가 있다면, 놀랄 만한 일을 이

'할 수 있다'는 정신의 소유자	'할 수 없다'는 정신의 소유자
해낸다	어떤 일이 벌어질 때까지 기다린다
해결책을 생각한다	문제점이나 장애물들을 생각한다
행동한다	의지한다

자서전이 담긴
다섯 개의 짧은 단락

《가는 길에 구멍이 있다(There's a Hole in My Sidewalk)》중에서
포쉬아 넬슨(Portia Nelson)

I

길을 걷는다.
크고 깊은 구멍이 뚫려 있다.
그 속에 떨어진다.
난 어쩔 줄 모른다. 빠져나갈 수 없다.
내 잘못이 아니다.
나가는 길은 영원히 찾을 수 없다.

II

똑같은 길을 걷는다.
크고 깊은 구멍이 뚫려 있다.
못 본 척한다.
다시 그 속에 떨어진다.
똑같은 실수를 하다니 믿을 수 없다.
하지만 내 잘못이 아니다.
나가는 길을 찾는 데 꽤 오랜 시간이 걸린다.

III

똑같은 길을 걷는다.
크고 깊은 구멍이 뚫려 있다.
그것을 본다.
보고도 그 속에 떨어진다. 습관이다.
눈은 뜨고 있다.
어디에 있는지도 알고 있다.
내 잘못이다. 재빨리 빠져나온다.

IV

똑같은 길을 걷는다.
크고 깊은 구멍이 뚫려 있다.
휘 돌아간다.

V

다른 길을 걷는다.

룰 수 있다. 대학교 시절에 나는 언어영역의 필수 과목을 들어야 한다는 말을 들었다. 관심도 없고 의미도 없는 과목을 들어야 했던 것이다. 그러나 나는 이 과목을 수강하는 대신 나에게 도움이 될 내 과목을 하나 만들어내기로 했다. 그래서 나는 읽을 책과 과제 목록을 스스로 만들고 도와줄 선생님을 한 분 찾았다. 그러고는 학과장 선생님에게 가서 내 계획을 설명했다. 그는 내 생각을 지지해 주었고 나는 스스로 만든 과목을 수강함으로써 언어영역을 끝마칠 수 있었다.

엘리노어 스미스Elinor Smith라는 미국인 비행사가 이런 말을 한 적이 있다. "나는 오래전부터 성취욕이 강한 사람들은 가만 앉아서 기다리지 않는다는 사실에 주목하였다. 그들은 적극적으로 나서서 일을 만들어냈다."

사실이다. 목표를 이루기 위해서는 진취적이어야 한다. 데이트 나가자는 사람이 없어서 속이 상한다면, 가만히 앉아서 우울한 기분에 빠져 있을 것이 아니라 뭔가를 해야 한다. 사람들을 만날 방법을 찾아야 한다. 사람들에게 친절하고 많이 웃어라. 데이트를 신청해 보아라. 우리가 얼마나 좋은 사람인지 사람들은 잘 모를 수 있다.

완벽한 직업이 하늘에서 떨어질 때까지 기다리고 있지 마라. 나가서 찾아보아라. 이력서를 보내고, 여기저기 연락해 보고, 보수 없이 일하겠다고 자청하라.

가게에 가서 점원의 도움이 필요하면, 점원이 볼 때까지 기다리지 말아라. 점원을 직접 찾아보라.

어떤 사람들은 '할 수 있다'는 정신이 강제적이고, 공격적이고, 밥맛없는 사람으로 만든다고 오인하고 있다. 그런 게 아니다. '할 수 있다'는 정신은 용기 있고, 끈기 있고, 똑똑한 것이다. 또 어떤 사람들은 '할 수 있다'는 정신을 가진 사람은 규칙을 확대 해석하여 자신만의 법을 만든다고 생각한다. 그렇지 않다. '할 수 있다'고 생각하는 사람들은 창의적이고 진취적이고 재주가 많다.

직장 동료 피아Pia의 이야기이다. 아주 오래전 이야기지만 '할 수 있다'는 정신이 온전히 드러나고 있다.

나는 UPI 통신사 기자로 일하면서 유럽 대도시들에 주재하고 있었다. 나는 경험이 부족했고 그래서 나이 많은 남자 선배 기자들의 기대에 미치지 못할까봐 늘 조바심을 냈다. 그런데 비틀즈가 그 도시에 오기로 한 날, 놀랍게도 내가 그들을 취재하게 되었다(편집자는 그들이 얼마나 대단한 사람들인지 몰랐던 것이다). 비틀즈는 당시 유럽 최고의 인기 가수였다. 그들을 먼발치에서 보기만 해도 항상 소녀들 100명쯤은 기절해 넘어지곤 했다. 나는 그들의 기자회견을 취재해야 했다.
기자회견은 흥미진진했고, 그곳에 있다는 사실만으로도 신이 났다. 하지만 나는 기자들이 똑같은 이야기를 내보내게 되겠다는 것을 깨달았다. 나는 색다른 무언가가 필요했다. 뭔가 내용이 더 충실한, 정말로 1면을 장식할 만한 내용이 있어야 했다. 이 기회를 그냥 놓칠 수 없었다. 경험 많은 기자들이 하나 둘 기사를 쓰기 위해 신문사로 돌아가고, 비틀즈도 방으로 돌아갔다. 나는 뒤에 남아 있었다. 나는 비틀즈를 만나는 방법을 알아내겠다고 생각했다. 마감 시간은 닥쳐오고 있었다.
나는 호텔 로비에 가서 내부전화로 최고급 귀빈실을 연결했다. 그들은 분명 그런 방에 묵고 있을 거라는 생각으로…. 매니저가 전화를 받았다. "저는 UPI의 피아젠슨 기자입니다. 비틀즈와 잠깐 이야기 좀 할 수 없을까요?" 나는 자신 있게 말했다(내가 잃을 것이 무엇이란 말인가?).
놀랍게도 그는 "올라오세요"라고 했다. 심장이 뛰었다. 무언가 큰일을 터뜨린 것 같은 기분이었다. 나는 엘리베이터를 타고 호텔의 최고급 스위트룸을 향했다. 그곳에는 링고, 폴, 존, 조지 이렇게 4명이 앉아 있었다.
나는 그 후 2시간 동안 웃고, 듣고, 말하고, 쓰면서 최고로 즐거운 시간을 보냈다. 그들은 나를 정중히 대했고, 내게 관심을 보여주었다.
내 이야기는 다음날 이 나라 유수한 일간지 1면을 장식했다. 그리고 각 멤버들과의 연장 인터뷰는 전세계 신문에 기사화되었다. 그 다음 롤링스톤즈가 이 도시에 왔을 때 누가 나섰겠는가? 나였다. 어리고, 경험 없는 여기자인 내가 나갔던 것이다. 나는 지난번과 똑같이 했고, 효과가 있었다. 나는 그런 행운이 끈기있고 밀지 않은 행동 덕분이라고 생각했다. 그런 상황에서의 해결책이 생겼고, 나는 무엇이든 할 수 있다는 자신감이 생겼다. 이런 방식으로 나는 보통 제일 좋은 기사를 썼고 기자로서의 경력은 새로운 차원에 들어서게 되었다.

영국 극작가 조지 버나드 쇼 George Bernard Shaw는 '할 수 있다'는 정신에 통달했던 사람이다. 그는 이런 말을 했다.

"사람들은 흔히 현재 자신의 부족함을 두고 환경을 탓한다. 나는 환경 때문임을 믿지 않는다. 성공한 사람은 자신에게 필요한 환경을 찾은 사람들이다. 환경을 찾지 못했으면 그러한 환경을 만들어낸 사람들이다."

드니즈 Denise가 자신이 필요로 하는 환경을 어떻게 만들어낼 수 있었는지 주목해 보자.

10대가 도서관에서 일하고 싶다니, 참 이상한 일이긴 합니다. 하지만 전 정말 그 일을 하고 싶었습니다. 그보다 더 하고 싶었던 것은 아무것도 없었습니다. 그러나 도서관에서는 사람을 뽑지 않았지요. 나는 매일 도서관으로 가 책을 읽고 친구들과 놀곤 했었습니다. 집보다 도서관에 있는 시간이 더 많았습니다. 자기가 매일 놀던 곳보다 일하기 좋은 곳이 어디 있을까요? 나는 도서관에서 일자리를 얻지는 못했지만 직원들을 알게 되었고, 행사에 자원봉사로 참여했고, 얼마 지나지 않아 단골 자원봉사자가 되었습니다. 할 만한 가치가 있는 일이었습니다. 마침내 일자리가 하나 생겼고, 내게 첫 번째로 선택권이 주어졌습니다. 나는 내가 경험했던 것 중 최고의 직업을 갖게 되었습니다.

■ 일시정지버튼

어떤 사람이 무례하게 굴 경우 똑같이 무례하게 대응하려는 걸 억제할 수 있는 힘은 어디서 얻을 수 있을까? '일시정지버튼'을 누르면 된다. 그래, 리모컨에 있는 일시정지버튼을 누르는 것처럼 인생의 정지버튼(내가 제대로 기억하고 있다면 정지버튼은 이마 한가운데 있다)을 누르면 된다. 어떤 때는 삶이 너무 빨리 돌아가 모든 것에 대해 상습적으로 하는, 즉각적인 반응을 보일 때가 있다. 잠시 멈추는 법을 알고 있어서, 자기 자신을 컨트롤할 수 있고, 어떻게 반응할 것인지 생각해 볼 수 있다면, 더 나은 결정을 할 수 있을 것이다.

 그렇다. 우리의 유년기, 부모, 유전인자와 환경은 우리에게 어떤 방식으로 행동하라고 영향력을 행사하려고 한다. 하지만 우리로 하여금 그렇게 하도록 만들지는 못한다. 우리는 행동을 자유로이 선택할 수 있다.

 일시정지버튼이 눌러져 있는 동안 도구상자를 열어(태어날 때부터 갖고 있었던 그것 말이다) 4가지 도구를 꺼내 써보자. 동물은 이 도구들을 갖고 있지 않다. 우리가 강아지보다 똑똑한 것도 그 때문이다. 4가지 도구란 자아의식, 양심, 상상력, 독립의지이다. 강력한 도구라고 불러도 좋을 것이다.

 자아의식 : 나 자신을 떠나서 나의 생각과 행동을 객관적으로 관찰할 수 있다

 양심 : 내면의 소리를 듣고 옳고 그른 것을 구분할 수 있다

 상상력 : 새로운 가능성을 그려볼 수 있다

 독립의지 : 선택할 수 있는 힘을 갖고 있다

 4가지 도구를 이렇게 설명해 보자. 로사Rosa라는 이름의 10대 아이 하나, 로사의 개 한 마리, 개 이름은 우프Woof. 이렇게 둘이 산책을 가는 상황을 떠올려보자.

 "우프, 밖에 나갈까?" 로사가 말하자 우프는 꼬리를 흔들며 이리저리 껑충껑충 뛴다.

 로사에게는 힘든 일주일이었다. 남자친구 에릭Eric과 헤어졌을 뿐 아니라, 엄마와도 거의 말을 안 하게 되었다.

 길을 걸어가면서, 로사는 지난 한 주를 곱씹어보았다. "있잖아, 에릭과 헤

어진 건 내게 정말 힘든 일이었어. 그래서 짜증은 엄마한테 다 부리고, 버릇없이 군 것 같아." 로사가 혼자 중얼거렸다.

로사가 뭘 하고 있는지 알겠는가? 로사는 자신으로부터 떨어져 나와서 자신의 행동을 평가하고, 반성하고 있다. 이 과정을 '자아의식'이라고 한다. 이는 모든 인류에게 원래부터 있던 것이다. 자아의식을 이용해, 로사는 자기와 에릭이 헤어진 일이 엄마와의 관계에 영향을 미치고 있다는 것을 깨달을 수 있다. 이 관찰은 그녀가 엄마를 대하는 태도를 바꾸는 첫걸음이다.

한편 우프는 고양이를 발견하고는 본능적으로 정신없이 뛰어가기 시작한다.

우프는 충직한 개지만, 자신에 대해서는 전혀 알고 있지 못하다. 우프는 자신이 개인지도 모른다. 우프는 자신에게서 떨어져 나와서 "우프 너 아니? 수지(옆집 강아지)가 이사 간 후로 동네 고양이들한테 괜히 화를 내고 있다는 거"라고 말할 줄 모른다.

산책하면서 로사의 생각은 다른 곳에 미치기 시작한다. 로사는 독주를 하기로 되어 있는 내일 학교 음악회가 너무 기다려진다. 음악은 그녀의 삶이다. 로사는 독주를 하는 자신의 모습을 상상한다. 그녀는 관중을 매혹시키고 선생님, 친구들로부터 기립박수를 받으며 인사하는 자신의 모습을 본다. 물론 괜찮은 남학생들로부터도.

이 장면에서 로사는 또 다른 인간의 도구, '상상력'을 이용하고 있다. 이것은 특별한 선물이다. 상상력으로 우리는 현재 환경으로부터 빠져나와 머릿속에 새로운 가능성을 만들어볼 수 있다. 이것으로 우리는 우리의 이상을 그려보고 우리가 어떻게 되고 싶은지 꿈꿀 수 있다.

로사가 웅장한 미래를 상상하는 동안 우프는 벌레를 찾으

려고 땅을 파느라 정신이 없다.

우프의 상상력은 바위와 같이 굳어 있다. 우프는 현재 이외는 생각할 수 없다. 가능성을 상상해 볼 수도 없다. 우프가 "언젠가는 나도 레시Lassie(텔레비전 시리즈물의 주인공. 주인을 찾아 먼 길을 다니는 똑똑한 개 : 옮긴이)처럼 유명해질 거야"라고 생각하는 것을 상상이나 할 수 있겠는가?

"안녕 로사, 뭐하니?" 로사 옆으로 자전거를 멈추며 하이드Heide가 인사한다.

"어, 안녕, 하이드." 깜짝 놀란 로사, 생각을 멈춘다. "놀래라. 우프와 산책하는 중이야."

"참, 너랑 에릭 얘기 들었어. 개, 참 한심하더라."

로사는 하이드가 에릭에 대해 이야기하는 것이 불쾌했다. 무슨 상관이야. 로사는 하이드에게 쌀쌀맞게 대하고 싶었지만, 하이드가 학교에 새로 전학와서 친구가 필요하다는 것을 잘 알고 있었다. 로사는 따뜻하고 친절하게 대하는 것이 옳다고 느꼈다.

"응. 에릭과 헤어진 것 때문에 좀 힘들어. 그래, 넌 어떻게 지내니?"

로사는 방금 '양심'이란 도구를 사용했다. 양심이란 옳고 그른 것을 구별하도록 하는 '내면의 소리'이다. 우리 모두에게는 양심이 있다. 그리고 양심은 우리가 양심의 소리에 얼마나 따르는가에 따라 자라기도, 줄어들기도 한다.

그러는 동안 우프는 뉴먼Newman 씨네 새로 칠한 담장에 오줌으로 자신의 영역을 표시하고 있다.

우프는 옳고 그름에 대한 도덕적 판단이 전혀 없다. 우프는 결국 개 아닌가? 개들은 뭐든 본능이 시키는 대로 한다.

로사와 우프의 산책이 끝났다. 현관문을 열고 들어서자, 다른쪽 방에서 엄마가 "로사, 어디 갔다 온 거니? 내내 찾으러 다녔잖아" 하며 소리를 지른다.

로사는 엄마한테 짜증을 내지 않기로 결심한 터라, "뭐 하러 날 찾아!"라고 소리를 지르고 싶었지만, 그냥 조용히 대답했다. "그냥 우프랑 산책 하려요."

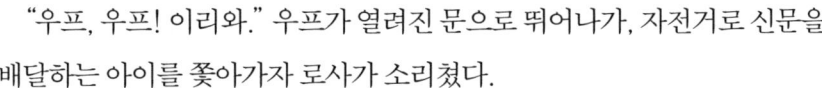

"우프, 우프! 이리와." 우프가 열려진 문으로 뛰어나가, 자전거로 신문을 배달하는 아이를 쫓아가자 로사가 소리쳤다.

로사가 '독립의지' 라는 인간의 도구를 사용해 화나는 것을 조정한 반면, 우프는 신문배달하는 아이를 쫓아가지 말라는 말을 듣고도, 본능에 따르고 말았다.

앞의 예에서 볼 수 있듯이, 우리는 날마다 4가지 인간의 도구를 사용하거나 사용하지 못하거나 한다. 그것을 더 많이 이용할수록, 그 도구들은 더 강해지고, 우리의 주도성은 더 많은 힘을 갖게 된다. 그러나 우리가 그 도구를 이용하지 못한다면 개처럼 본능에 따라 반응하게 되고, 선택에 의한 인간다운 행동도 하지 못하게 된다.

■ 인간도구의 활용

더멜 리드Dermell Reed가 자기 가족의 위기에 대한 주도적인 반응이 그의 삶을 어떻게 바꿔놓았는지 이야기해 주었다. 더멜은 동부 오클랜드의 범죄가 많은 동네에서, 일곱 형제 중 넷째로 자랐다. 가족 중에서 고등학교를 졸업한 사람은 아무도 없었고, 더멜도 졸업할 생각이 없었다. 더멜은 미래에 대한 확신이 없었다. 그의 가족은 생활이 어려웠고, 그가 사는 곳은 마약거래자들과 깡패들이 설치고 다녔다. 그는 과연 그 소굴로부터 빠져나올 수 있었을까? 고3졸업반이 되기 전 조용한 여름 밤, 집에 있던 더멜은 몇 발의 연이은 총성을 들었다.

"총성이야 매일 듣는 것이고 해서 별로 마음을 쓰지 않았습니다." 더멜이 말했다.

친구 중 한 명이 갑자기 총 맞은 다리를 끌며 문을 확 밀치고 들어와서는, 더멜의 동생 케빈Kevin이 방금 지나가는 차에서 쏜 총에 맞아 죽었다고 소리쳤다.

"나는 분노했고, 마음에 커다란 상처를 입었죠. 내 몸의 일부와도 같던 동생을 평생 다시는 볼 수 없게 된 것이었습니다." 더멜이 말했다. "케빈은 겨우 열세 살이었어요. 그런데 하찮은 패거리 싸움에 죽은 거죠. 그 후의 삶이 얼마나 비참해졌는지는 설명하기 힘들어요. 우리 가족에겐 분명한 내리막길이었죠."

더멜의 반사적인 반응은 살인자를 죽이는 것이었다. 어차피 더멜은 거리의 아이로 자랐고, 그렇게 하는 것이 그가 죽은 동생을 위해 할 수 있는 현실적으로 가능하고 유일한 방법이었다. 경찰은 누가 그랬나 알아내려고 애쓰고 있었지만 더멜은 이미 알고 있었다. 케빈이 죽은 지 몇 주 지난 8월의 어느 무더운 날 밤, 더멜은 38구경 권총을 들고, 동생을 죽인 마약 중개인 토니 데이비스와 뚱보 톤에게 복수를 하러 나갔다.

"날은 어두웠고, 데이비스와 그의 친구들은 나를 볼 수 없었어요. 그가 저쪽에 앉아서 웃고 떠들고 있었어요. 나는 그들과 한 15미터쯤 떨어진 차 뒤에서 총을 든 채 웅크리고 있었죠. 거기 앉아 생각했어요. '그냥 방아쇠를 당겨 내 동생을 죽인 녀석들을 죽여버릴까?'"

중요한 문제였다.

이 시점에서 더멜은 일시정지버튼을 눌러 스스로를 잠시 멈추었다. 상상력을 이용해 그는 자신의 과거와 미래에 대해 생각했다. "몇 초 후의 내 인생에 대해 생각했어요. 내가 할 수 있는 것들의 무게를 재보았죠. 내가 도망가 잡히지 않을 가능성과 경찰이 내가 범인이란 걸 알아낼 가능성을 재보았어요. 나는 케빈이 내가 풋볼을 하는 모습을 지켜보던 때를 생각해 보았어요. 케빈은 늘 내가 프로 풋볼 선수가 될 거라고 말했죠. 나는 미래에, 대학에 가는 것에 대해 생각했습니다. 내가 되고 싶은 것에 대해."

잠깐 멈춘 더멜, 다시 양심의 소리에 귀를 기울였다. "너는 권총을 갖고 있고 떨고 있다. 그리고 마음속의 또 다른 너는 일어나서 집으로 돌아가 학교에 다니라고 말을 한다. 네가 복수를 하면 너는 너의 미래를 내던져버리는 것이다. 너는 네 동생을 쏘아 죽인 녀석보다 나을 게 하나도 없다."

순수한 의지를 이용해 더멜은 분노에 굴하여 인생을 내던지는 대신, 일어나 집으로 돌아갔다. 그리고 죽은 동생을 위해 대학을 마치겠다고 다짐했다.

9개월 후 리드는 우등상을 수상하며 고등학교를 졸업했다. 누구도 믿지 못할 놀라운 결과였다. 5년 후 리드는 스타급 대학 풋볼 선수가 되었고 졸업도 했다.

더멜처럼 우리 각자는 살아가면서 몇 번의 어려움을 겪게 되고 우리는 그런 도전들에 대응하여 이겨낼 것이지 아니면 정복당할 것인지를 선택한다.

일레인 맥스웰Elaine Maxwell은 "성공하느냐 실패하느냐는 다른 사람이 아닌 바로 내가 하는 일이다. 내가 바로 결정권자다. 나는 내 앞의 장애물을 치울 수도 있고, 미로 속에서 길을 잃고 헤멜 수도 있다. 그것은 내 선택이고, 내 책임이다. 이기거나 지는 것도 마찬가지다. 내 운명의 열쇠는 내가 갖고 있기 때문이다."

오래된 폭스바겐Volgswagen 광고. "인생이라는 차에는 승객도 있고 운전사도 있다. … 운전사들이 필요하다."

하나 물어보자. 우리는 인생이라는 차에서 운전석에 앉아 있는가, 아니면 승객 자리에 앉아 있는가? 우리는 교향악단을 지휘하고 있는가, 아니면 단순히 연주되고 있는가? 우리는 콜라병처럼 행동하는가, 병에 담긴 물처럼 행동하는가?

결국 흔히 얘기하는 대로 "선택은 우리의 몫이다."

다음 개봉작

다음 장에서는 '위대한 발견'을 찾아 여행을 떠납니다. 함께 가보실까요? 긴장과 서스펜스가 가득한 시간일 겁니다.

1. 누군가 기분을 상하게 할 때, V사인으로 답하라.

2. 오늘 하루 자신이 하는 말을 관찰해 보라. "너 때문에…" "난 …해야 돼" "걔들은 왜 …하지 않지?" "난 …할 수 없어" 등과 같은 반사적인 말을 얼마나 자주 사용하는지 헤아려보라.

   가장 많이 쓰는 반사적인 표현 : _____

   _____

3.  하고 싶었는데 용기가 없어서 하지 못한 일을 오늘 해 보라. 안전지대를 나와서 과감하게 시도해 보라. 데이트 신청도 해보고, 수업 중에 손도 들어보고, 팀활동에도 참가하라.

4. 자신에게 메모를 남겨라. "나는 …이(가) 내 기분을 결정하게 놔두지 않을 거야." 이 메모를 옷장이나 거울, 플래너에 붙여놓고 자주 들여다보라.

   _____

5. 다음 모임 때는 앉아서 재미있는 일이 일어나기를 기다리지만 말고 그런 일을 직접 만들어보라. 처음 보는 사람에게 다가가 인사를 건네라.

6. 공정하지 못한 점수를 받았다고 생각될 때, 화를 내거나 울지 말고 선생님을 찾아가 이야기를 나눠보라. 몰랐던 사실을 알게 될 것이다.

7. 부모나 친구와 말다툼이 벌어졌을 때, 먼저 사과하라.

걸음마

⑧ 마음대로 할 수 없는 원에 포함된 것 중 항상 신경이 쓰이는 것을 생각해 보라. 이제 그것을 잊어버려라.

마음대로 할 수 없는데 항상 신경이 쓰이는 것 :

⑨ 복도에서 부딪친 사람, 욕하는 사람, 새치기 하는 사람에게 반응하기 전에 일시정지버튼을 눌러라.

⑩ 자아의식이라는 도구를 사용하여 "내가 가진 습관 가운데 가장 불건전한 습관은 무엇일까?"라고 물어보라. 그 습관을 어떻게 해야 할지 생각해 보라.

가장 불건전한 습관 :

그 습관을 어떻게 하겠는가?

습관 2

끝을 생각하며 시작하라

자신의 운명을 스스로 컨트롤하지 못하면
다른 사람이 컨트롤할 것이다

"어느 쪽으로 가야 할지 가르쳐 주세요." "그건 네가 어디를 가고 싶으냐에 따라 다르지." 고양이가 대답했다.
"어디든 상관없어요." 앨리스Alice 가 말했다.
"그렇다면 어느 길을 걸어 갈지도 중요하지 않겠네." 고양이가 말했다.
―《이상한 나라의 앨리스》 중에서

퍼즐조각 맞추기를 하게 되었다고 치자. 그런 거야 많이 해봤으니 신이 나서 시작한다. 일단 1,000개나 되는 조각들을 테이블에 쏟아 늘어놓는다. 그러고는 박스 뚜껑을 들여다본다. 어떻게 생긴 그림일까? 그런데 … 뚜껑에 그림이 없다! 아무것도 없다! '어떻게 생긴 그림인지도 모르면서 어떻게 퍼즐조각을 맞춘단 말이야?' 어떻게 생긴 그림인지 딱 1초만이라도 볼 수 있다면 얼마나 좋을까? 지금 필요한 것은 그것뿐이다. 그 1초 차이가 얼마나 크단 말인가? 그림이 없으면 우리는 어디에서 출발할지조차 알 수 없다.

이제 우리 인생과 퍼즐조각에 대해 생각해 보자. 끝났을 때의 그림이 마음속에 떠오르는가? 1년 후에 어떤 모습을 하고 있으면 좋을지 정확한 그림을 가지고 있는가? 5년 후는? 아니면 전혀 없는가?

습관 2 "끝을 생각하며 시작하라"는 삶에서 어떻게 되고 싶은지 마음속에 명확한 그림을 그려나가는 것을 뜻한다. 그것은 우리의 가치체계를 결정하고 목표를 세우는 것을 의미한다. 습관 1은 운전석에 앉아 있는 것은 바로 우리지 승객은 아니라고 말했다. 습관 2는 우리가 운전석에 앉아 있으므로 어디로 갈지를 결정하고, 거기에 가기 위한 지도를 그리라고 말한다.

"잠깐, 숀. 난 내 목표가 뭔지 잘 모르겠어요. 커서 뭐가 되고 싶은지도 잘 모르겠고요"라고 말할지도 모른다. 이렇게 말하면 좀 위로가 될 것 같다. 난 어른인데도 아직 내가 뭐가 되고 싶은지 모르겠다. 끝을 생각하며 시작하는 것이 어떤 일을 직업으로 삼을지, 누구와 결혼할지 미래의 모든 세부사항을 결정해야 한다는 것은 아니다. 그저 오늘 이후를 생각하면서 어느 방향으로 살아갈지를 결정하라는 것이다. 그래야 내딛는 걸음 하나하나가 올바른 방향으로 갈 수 있게 된다.

"끝을 생각하며 시작하라"는 무슨 말일까? 평소에 잘 느끼지는 못하겠지만 우리는 늘 끝을 생각하며 시작한다. 집을 짓기 전에는 설계도를 그린다. 논문을 쓰기 전에는 대략 윤곽을 잡아둔다(적어도 그러길 바란다). 그렇게 하는 것이 삶의 일부다.

상상력을 발휘해, 끝을 생각하며 시작하는 방법을 지금 당장 경험해 보자. 방해받지 않고 혼자만 있을 수 있는 곳을 찾아보자. 거기에 조용히 앉자.

이제 눈을 감고 마음을 비우자. 학교나 친구, 가족, 이마에 난 여드름 걱정은 접어두고, 나 자신에만 집중하고, 숨을 깊이 들이쉬면서, 마음을 열어보자.

마음의 눈으로 100미터 정도 앞에서 우리에게 다가오는 사람을 떠올려보자. 처음에는 누군지 잘 모르겠다. 그런데 가까이 다가온 그 사람을 보니, 바로 나 자신이다. 지금의 나가 아니라, 1년 후의 내가 크게 변한 모습으로 다가오고 있다. 자, 이제 깊이 생각해 보자.

지난해 무엇을 어떻게 하며 살았는가?

어떤 생각이 나는가?

변한 모습이 어떻게 생겼는가?

어떤 특성을 가지고 있는(기억나겠지요? 우리가 바라는 1년 후의 우리 모습)? 이제 현실로 되돌아와도 좋다. 소탈한 사람이 이 실험을 진지하게 해본다면, 내면 깊은 곳에 있는 자아와 만났을 수 있을 것이다. 우리에게 무엇이 중요한지, 내년에 무엇을 이루고 싶은지 느낌이 올 것이다. 이것이 바로 끝을 생각하며 시작하는 것이다. 힘들다고? 그거 한 번 했다고 몸이 축나겠습니까, 여러분?

짐Jim의 말대로, 끝을 생각하며 시작하는 것은 꿈을 현실로 바꿔주는 강력한 방법이다.

기운이 빠지고 우울할 때마다 저는 진정으로 도움이 되는 방법을 찾았습니다. 혼자 있을 수 있는 곳으로 가 눈을 감고, 어른이 되면 뭐가 되고 싶은지 마음속에 그림을 그려보았던 것입니다. 꿈꾸는 삶 전부를 그려보려 했고, 그러면 자동적으로 그런 삶을 이루려면 뭐가 필요한지, 무엇을 바꿔야 할지 생각하게 됩니다. 중학교 3학년 때부터 이 방법을 사용하기 시작했는데, 요즘은 그때 그렸던 그림 중 몇 가지를 실현하는 중입니다.

사실, 오늘 이후를 생각한다는 것은 아주 신나는 것일 수 있으며, 다음 고등학생이 입증하듯이 자신의 인생을 책임지는 데 도움이 되기도 한다.

저는 평생 동안 계획 같은 건 세워본 적이 없어요. 만사를 그냥 닥치면 하는 스타일이지요. 마음속에 끝을 생각해야 한다는 생각은 한 번도 해본 적이 없어요. 하지만 그런 생활 습관은 너무나도 흥미로운 일이었습니다. 최근에는 현재 너머에 대해 생각하는 자신을 발견하기까지 했습니다. 지금 저는 제 교육에 대해 계획할 뿐 아니라, 아이를 어떻게 기를지, 가족을 어떻게 가르칠지, 가정생활은 어떻게 할지도 생각합니다. 저 자신을 책임지고 있는 것입니다. 더 이상 바람에 흔들리지 않는 것이지요.

마음속에 끝을 생각한다는 것이 뭐가 그리 중요할까? 2가지로 설명하겠다. 첫째, 우리는 인생의 중요한 갈림길에 서 있고, 순간의 선택이 평생을 좌우한다. 둘째, 우리의 미래를 우리가 결정하지 않으면 다른 사람이 결정해 버릴 것이다.

■ 삶의 갈림길

첫 번째 설명을 다시 한 번 생각해 보자. 자, 여기 우리가 있다. 우리는 젊고 자유롭다. 우리 앞에 우리의 삶이 놓여 있다. 우리는 인생의 갈림길에 서 있고, 어디로 갈지 결정해야 한다.

대학이나 대학원에 갈까?

삶에 대해 어떤 태도를 가질까?

그 팀에 한번 도전해 볼까?

어떤 친구를 사귀면 좋을까?

불량 서클에 가입해 볼까?

누구랑 데이트해 볼까?

혼전 성관계를 가져도 괜찮을까?

술이나 담배를 해볼까?

어디에 가치를 둘까?

가족과는 어떤 관계를 유지할까?

어떤 행동을 타협하지 않을까?

사회에 어떻게 공헌할까?

오늘의 결정이 미치는 영향은 평생 지속될 수 있다. 이렇게 어리고 들떠 있는 나이에 중요한 결정을 그렇게 많이 내려야 하다니, 한편으로는 무섭고 한편으로는 흥분되기도 한다. 그런 게 인생이다. 80미터짜리 밧줄이 앞에 놓여 있다고 생각해 보자. 1미터가 1년을 나타낸다면 청소년기는 겨우 7년, 전체 밧줄의 아주 짧은 부분에 지나지 않는다. 하지만 그 7년이 나머지 63년에 영향을 미친다. 그 영향은 말할 수 없이 강력하다.

친구는?

친구를 선택하는 경우를 예로 들어보자. 우리의 태도, 사회적 평판, 인생의 방향에 있어서 친구들의 영향은 대단히 크고 강력하다. 친구들에게 받아들여지고 그룹의 일원이 되어야 할 필요성은 말할 수 없이 많다. 하지만 우리는 누구든 우리를 받아들여 주기만 하면 친구로 지내는 경우가 너무 많다. 그것이 늘 좋은 것은 아니다. 환각제를 사용하는 친구들이 우리를 받아들인다고 얼씨구나 친구가 되면, 우리가 하게 될 것은 환각제밖에 없다.

　　　　나쁜 친구를 사귀는 것보다는 한동안 친구가 없는 편이, 힘들기야 하겠지만 더 낫다. 그룹은 정말이지 원하지 않는 길로 우리를 이끌어갈 수도 있다. 그리고 왔던 길을 되돌아가는 것은 길고도 힘든 여행이 될 수 있다.

　친구를 사귀는 게 힘들다면, 친구가 언제나 동갑내기일 필요는 없다는 사실을 기억하자. 나는 언젠가 학교에 친구가 거의 없는 것처럼 보이는 사람과 이야기를 나눈 적이 있는데, 대신 그에게는 자기 얘기를 귀기울여 들어주는 할아버지가 있었다. 그에겐 할아버지가 좋은 친구였던 것이다. 그는 친구가 없는 공백을 할아버지로 메울 수 있었다. 간단하게 말하자면 이렇다. 친구를 선택할 때 현명한 결정을 하자. 같이 노는 친구들이 어떤 사람이냐에 따라 미래가 달라질 수 있으니까.

성문제는?

　성(性)문제는 어떻게 할까? 심각한 결과를 가져오는 중대한 결정에 대해 이야기해 보자. 어느 길로 갈지 정하기 위해 '결정하는 순간'을 기다리는 것은 너무 늦다. 아직까지 결정이 안 내려졌다면, 바로 지금 결심해야 한다. 우리가 선택한 길은 우리의 건강, 우리의 이미지, 성장 속도, 평판, 배우자, 장래의 아이들 등 많은 것에 영향을 끼친다. 잘 생각해 보자. 결혼식을 맞이해 어떤 느낌을 갖고 싶은지 생각해 보자. 미래의 배우자가 지금 자신의 인생을 어떻게 이끌어갔으면 좋겠는가?

얼마 전의 조사에 따르면, 10대들이 여가시간에 가장 즐겨하는 일은 영화감상이라고 한다. 나도 영화를 좋아하니 나도 같은 편이라고 할 수 있겠지? 하지만 나는 영화가 조장하는 가치에 대해서는 약간 조심스럽다. 영화는 거짓말을 한다. 특히 성에 관해서는. 영화에서는 여러 사람과 관계를 갖고, 하룻밤 사랑을 하는 것을 미화한다. 있을 수 있는 위험이나 결과는 무시하는 처사다. 영화는 에이즈 같은 병에 걸려 삶이 완전히 바뀌어버리는 현실을 보여주지 않는다. 영화는 임신을 하게 되는 것, 또한 임신이 초래하는 갖가지 문제를 보여주지 않는다. 영화는 고등학교를 중퇴하고(아이의 아버지는 오래전에 도망가 버렸고, 돈도 보내주지 않는다) 최소 임금으로 살아가는 것이 어떤 것인지 보여주지 않는다. 영화는 또한 아이를 돌보는 일이 얼마나 어려운것인지 보여주지 않는다. 주말에 배구팀과 미팅을 하고, 파티에 놀러 가고, 언제나 아이처럼 지내는 것만 보여주는 것이다.

우리는 어디로 갈지 자유롭게 선택할 수 있다. 하지만 그 선택의 결과를 선택할 수는 없다. 수영장 미끄럼틀을 타본 적이 있는가? 어느 미끄럼틀을 탈지는 결정할 수 있지만, 일단 그 미끄럼틀을 타기 시작하면 멈춰 서기는 쉽지 않다. 결과를 감수하면서 살아야 하는 것이다. 일리노이에 사는 한 여자아이가 이런 이야기를 보내왔다.

> 저에게 지난 1년은 좋지 않은 해였습니다. 좌절감과 불만에 가득 차 술과 담배를 하고, 나쁜 선배나 나쁜 사람들과 어울리는 등 안 해본 짓이 없었습니다. 겨우 1년이지만, 나는 아직도 그 빚을 다 갚지 못하고 있습니다. 아무도 그 일을 잊지 않고 있고, 나 자신도 자랑스럽지 않은 과거를 감당하는 것이 쉽지 않습니다. 평생을 따라다니는 것 같아요. 많은 아이들이 남자친구에게 와서 "네 여자친구, 술, 담배나 하고, 헤프다면서?"라고 말합니다. 너무나 괴롭습니다. 그런데 정말 안타까운 것은 이런 종류의 문제가 생길때마다 바로 즉시, "그런 짓만 안 했어도 지금은 괜찮을 텐데"라고 후회한다는 사실입니다.

학교는?

학교 다닐 때 하는 행동 역시 우리의 미래를 크게 좌우한다. 학교에 다니면서 끝을 생각하며 시작하는 것이 얼마나 도움이 되는지 크리스타Krista의 이야기를 들어보자.

고등학교 3학년 때 고급 역사 과목을 듣기로 했습니다. 그 수업을 들으면 그해 말에 대학 진학자격시험을 치를 수 있었습니다.
1년 내내 선생님은 엄청난 숙제를 내줬습니다. 따라가기 힘들긴 했지만 저는 이미 국가시험뿐 아니라 수업도 잘해 보기로 결심한 상태였습니다. 이렇게 마음속에 끝을 명확히 하자 제 역량을 쏟아붓기가 한결 나아졌습니다.
어떤 과제 하나가 꽤나 시간을 잡아먹은 적이 있습니다. 남북전쟁에 관한 다큐멘터리 시리즈를 보고 각 편당 리포트를 하나씩 내라고 했거든요. 그 시리즈는 열흘 동안 방송되었고, 한 편의 길이는 2시간에 이르렀습니다. 그렇게 긴 시간을 들이는 것이 쉽지는 않았지만 전 결국 해냈습니다. 저는 리포트를 제출했고, 그 시리즈를 모두 본 학생은 많지 않음을 알게 되었습니다.
마침내 시험 날 아침이 밝아왔습니다. 아이들은 긴장했고, 분위기는 무거웠습니다. 시험감독이 시작을 알렸습니다. 나는 숨을 깊게 들이쉬고 첫 번째 문제 봉투를 뜯었습니다. 객관식이었습니다. 자신감이 생겼습니다. 답을 아는 문제들이었습니다. 저는 "그만 하세요"라고 시험감독이 말하기 몇 분 전에 문제를 다 풀었습니다.
다음으로 우리는 작문을 해야 했습니다. 저는 긴장된 마음으로 작문 문제 봉투를 뜯어 재빨리 훑어보았습니다. 다큐멘터리뿐 아니라 보고서를 쓰면서 참조했던 여러 가지

책을 인용해 글을 써 내려갔습니다. 차분하고 자신감 있게 시험을 마칠 수 있었습니다. 몇주 후 시험 점수가 집으로 날아왔습니다. 합격이었습니다.

■ 누가 리드할 것인가?

비전을 가져야 하는 또 다른 이유는 우리 자신이 하지 않으면 다른 사람이 대신해 줄 것이기 때문이다. 한때는 10대였고, 지금은 사업가인 잭 웰치 Jack Welch라는 사람은 "우리가 갈 길은 우리가 조종해야 한다. 안 그러면 다른 사람이 할 것이다"라고 말했다.

"누가 조종할 건데?"라고 물을지 모른다.

친구일 수도 있고, 부모님일 수도 있고, 대중매체일 수도 있다. 우리가 어떤 주장을 해야 할지 친구가 가르쳐주면 좋겠는가? 부모님들이 우리 삶의 청사진을 그려주면 기분이 좋을까? 다른 사람의 관심은 우리의 관심과 아주 다를 수 있다. 아니면 드라마나 잡지, 혹은 영화에 나온 가치기준을 그대로 따르고 싶은가?

지금쯤 "난 미래에 대해 생각하는 게 싫어. 난 현재에 충실하게 흘러가는 대로 살 거야"라고 생각하는 사람이 있을지 모르겠다. 나도 현재에 충실하게 산다는 말에는 동감한다. 물론 우리는 현재를 즐겨야 하며, 지나치게 먼 곳을 보는 것도 좋지 않다. 하지만 나는 흘러가는 대로 산다는 것에 대해서는 반대한다. 그냥 흐르는 대로 살겠다고 하면 그 흐름이 끝나는 곳에 이르러 그치게 될 텐데, 흐름이 그치는 곳은 대개 진흙탕과 불행한 삶이기 때문이다. 그렇게 살면 우리는 결국 마음속으로 원하는 것이 아니고 다른 사람들 모두가 하는 일을 하게 될 것이다. "아무 데로나 통하는 길은 결국 의미 없는 삶으로 통하는 길이다."

우리는 때로 마음속에 끝을 생각하지 않은 채, 얼마 후 잘못될 수도 있는 길로 앞장서 가는 사람들을 너무 쉽게 따르는 경향이 있다. 10킬로미터 경주대회 때 경험이 생각난다. 나는 다른 선수들과 함께 경주가 시작되길 기다리고 있었는데, 아무도 출발선이 어디인지 알지 못했다. 몇몇 선수들만 마치 출발선이 어디인지 안다는 듯 길을 따라 내려가고 있었다. 모든 사람들이 그들을 따라가기 시작했다. 우리는 그냥 그들이 가는 길을 잘 알 거라고 생각했다. 1.5킬로미터쯤 걷자 우리 모두는 우둔한 양떼처럼 어디로 가는지도 모르는 무리를 따르고 있다는 사실을 깨닫게 되었다. 사실 출발선에 가려면 반대 방향으로 걸어 올라가야 했다. 출발선은 우리가 걷기 시작했던 지점 바로 뒤에 있었던 것이다.

절대로 대중들이 어디로 가고 있는지 알고 있다고 생각하지 말자. 그렇지 않을 때가 많다.

자기 사명서 작성하기 마음속에 끝을 생각하는 것이 그렇게 중요하다면 어떻게 그 끝을 생각할 것인가? 내가 찾아낸 가장 좋은 방법은 자기 사명서를 쓰는 것이다. 자기 사명서는 '우리 삶이 어떤 것인지 말해 주는 개인적인 신조'와 같다. 삶의 설계도라 할 수 있는 것이다. 국가에는 헌법이 있다. 이 경우에는 바로 그 헌법이 사명서의 역할을 한다. 우리가 많이 들어본 좋은 회사들도 사명서를 갖고 있다.

우리라고 우리 나름대로의 사명서를 쓰지 못할 이유가 없다. 많은 아이들이 자신의 사명서를 가지고 있다. 잠시 후 보겠지만, 사명서는 쓴 사람에 따라 가지각색이다. 어떤 건 길고 어떤 건 짧다. 어떤 건 시詩로 되어 있고 어떤 건 노래로 만들어져 있다. 어떤 아이들은 좋아하는 격언을 쓰기도 했다.

사진이나 그림을 사명서로 쓰는 아이들도 있다.

다음은 10대들이 직접 쓴 사명서이다.

메리 베스 실베스터Mary Beth Sylvester는 시네드 오코너Sinead O'Connor의 노래 '황제의 새 옷Emperor's New Clothes'의 가사를 따서 사명서를 썼다.

나는 내 주관을 가지고 살겠다.
나는 분명한 양심을 갖고 잠을 자겠다.
나는 평화롭게 잠을 잘 것이다.

애덤 소스니Adam Sonsne라는 노스캐롤라이나 출신의 아이를 만난 적이 있는데, 그 아이는 7가지 습관에 대해 잘 알고 있었으며 자신의 미래에 대해 불타는 열정을 갖고 있었다. 놀랄 것도 없이 그 아이는 자기가 만든 사명서를 갖고 있었다.

사 명 서

- 나와 주위의 모든 것에 대해 확신을 갖는다.
- 친절하고, 예의바르고, 다른 사람들을 존경하는 태도를 갖는다.
- 이룰 수 있는 목표를 갖는다.
- 항상 목표를 염두에 둔다.
- 아무리 흔한 것이라도 당연하게 생각하지 않는다.
- 다른 사람들의 특징은 그들이 가진 커다란 이점이라고 생각한다.
- 많은 질문을 한다.
- 상호의존성을 성취하기 위해 날마다 노력한다.
- 다른 사람을 변화시키기 전에 나 자신부터 변해야 한다는 것을 기억한다.
- 말보다는 행동으로 보여준다.
- 나보다 불행하거나 기분이 안좋은 사람을 돕는다.
- 7가지 습관을 매일 읽어본다.

이 사명서를 매일 읽어본다.

사명서를 쓰는 것이 구체적으로 어떤 도움을 줄 수 있을까? 엄청나게 많다. 가장 중요한 이점은 우리가 정말로 소중한 것에 눈뜰 수 있게 해주고, 소중한 정도에 따라 결정을 내릴 수 있게 해주는 데 있다. 다음은 고등학교 3학년 아이가 보내온 글이다. 사명서가 자신의 일생을 어떻게 바꾸어놓았는지 이야기하고 있다.

> 1년 전 저는 남자친구가 생기는 바람에 어디에도 집중할 수가 없었어요. 저는 그 아이가 좋아하는 일이라면 뭐든 하고 싶었어요. 성관계를 갖는 것도 자연스럽게 중요한 문제로 떠올랐습니다. 저는 전혀 준비가 되어 있지 않았습니다. 그 문제가 줄기차게 절 괴롭히고 있었습니다. 전 준비된 것 같지도 않고, 하고 싶지도 않았지만 다른 아이들은 모두 "그냥 해버려"라고 말했습니다.
> 그때 전 학교에서 성품개발 수업을 들었는데 그곳에서 사명서 쓰는 것을 배우게 되었습니다. 저는 사명서를 쓰기 시작했고, 쓰고 또 썼습니다. 그리고 거기다 이런저런 것을 계속 덧붙여 나갔습니다. 그것은 제게 방향을 제시해 주었고 소중한 것이 무엇인지 일깨워 주었습니다. 제가 하는 모든 일은 계획에 따라 나름대로 이유가 있는 것만 한다는 생각이 들었습니다. 사명서는 스스로의 기준에 충실하고 준비되지 않은 일은 하지 않도록 도움을 주었습니다.

자기 사명서는 '뿌리 깊은 나무'와 같다. 그것은 안정적으로 한 자리를 지키고 있으며, 항상 살아 있고, 계속해서 자라난다.

우리에겐 우리를 흔드는 삶의 모든 폭풍우를 이기고 살아남도록 해주는 뿌리 깊은 나무가 필요하다. 이미 파악했겠지만, 삶은 흔들리지 않는 것이어야 한다. 그런데 사람들은 변덕스럽다. 남자친구나 여자친구도 한때는 나를 사랑했다가 어느 순간 차버릴 수도 있다. 우리도 오늘은 누군가의 절친한 친구였다가, 내일은 그 사람을 욕할 수도 있는 것이다.

우리 마음대로 할 수 없는 일들을 생각해 보자. 이사를 해야 하거나, 직업을 잃을 수도 있다. 전쟁이 일어날 수도 있고 부모님이 이혼할 수도 있다.

유행은 일시적이다. 어느 해는 스웨터가 유행하다가 다음 해에는 눈에도 띄지 않을 수 있다. 랩 음악이 최고라고 생각하다가 어느 순간부터는 지긋지긋해질 수도 있다.

우리 주위의 모든 것은 변하더라도 사명서는 움직이지 않는 뿌리 깊은 나무가 될 수 있다. 흔들리지 않는, 매달릴 수 있는 나무가 있다면 변화에 쉽게 대처할 수 있다.

■ **재능 발견**

사명서를 만들 때 중요한 것은 우리가 어떤 일을 잘할 수 있는지 알아내는 것이다. 나는 누구나 재능을 갖고 있으며 누구나 잘하는 것이 하나쯤은 있다는 것을 확실히 알고 있다. 노래를 천사처럼 아름답게 부르는 것 같은 재능은 사람들의 관심 대상이 된다. 그러나 주목을 받지는 못하더라도 중요한 재능들이 많이 있다. 다른 사람의 말을 잘 들어주는 기술, 사람을 웃게 하는 기술, 베풀어주는 것, 용서하는 것, 그림 그리기, 아니면 그냥 착한 것.

우리는 또 모두 다른 시점에서 꽃을 피운다. 대기만성형인 사람이라면 안심해도 좋다. 그저 재능을 발견하는 데 시간이 좀 걸리는 것뿐이니까.

아름다운 조각을 만든 미켈란젤로Michelangelo에게 물었다. 어떻게 그런 훌륭한 작품을 만들어낼 수 있었느냐고. 그의 대답. "그 형상이 처음부터 화강암 속에 있었다. 나는 필요 없는 부분들만 깎아냈을 뿐이다."

나치 수용소에서 살아 돌아온 유명한 오스트리아의 유태인 정신과 의사 빅터 프랭클Victor Frankl도 비슷한 말을 했다. "살아가면서 재능을 만드는 것이 아니다. 그저 찾아낼 뿐이다"라고. 그렇다. 사람들은 재능을 갖고 태어나며 필요한 것은 그것을 찾아내는 것뿐이다.

나는 내가 가지고 있다고 생각하지 않았던 재능을 발견했을 때를 잊지 못한다. 고등학교 1학년 국어 시간에 윌리엄William 선생님이 작문 숙제를 내줬다. 고등학교 들어와서 첫 숙제였기 때문에 조금은 흥분을 느끼고 있었다. 제목은 "노인과 물고기"였다. 아버지가 밤마다 해주시던 얘기였다. 나는 그 얘기는 아버지가 만들어낸 거라고 생각했었다. 아버지는 그 얘기가 헤밍웨이Ernest Hemingway의 노작勞作,《노인과 바다The Old Man and the Sea》의 내용을 그대로 따왔다는 얘기를 해주지 않았다. 내가 낸 숙제는 "진부함. 헤밍웨이의《노인과 바다》와 비슷…"이라는 선생님의 평과 함께 돌아왔다. 나는 깜짝 놀랐다. '헤밍웨이가 누구야? 어떻게 우리 아버지 얘기를 베낄 수가 있지?'라고 생각했다. 4년간의 지루하기 짝이 없었던 고등학교 국어 수업은 그렇게 시작되었고, 정말로 재미없었다.

글쓰기에 대한 내 열정을 발견한 것은 대학교 때 굉장한 교수님에게 단편 소설 강의를 듣고 나서였다. 난 문학을 전공했다(믿을 수 있겠습니까, 여러분?). 윌리엄 교수가 알면 아마 까무러칠 것이다.

위대한 발견 "위대한 발견"은 사명서를 쓰려고 준비하면서 내 마음 깊은 곳의 나 자신을 만나보는 일이다. 일단 시작하면 솔직하게 대답해야 한다. 책에 답을 써도 좋고, 내키지 않으면 그냥 머릿속으로만 답을 생각해도 된다. 다하고 나면 마음을 감동시키는 것이 무엇인지, 어떤 일을 하기를 좋아하는지, 누구를 존경하는지, 삶의 목적지가 어딘지 좀더 분명한 생각을 하게 될 것이다.

위대한
발견

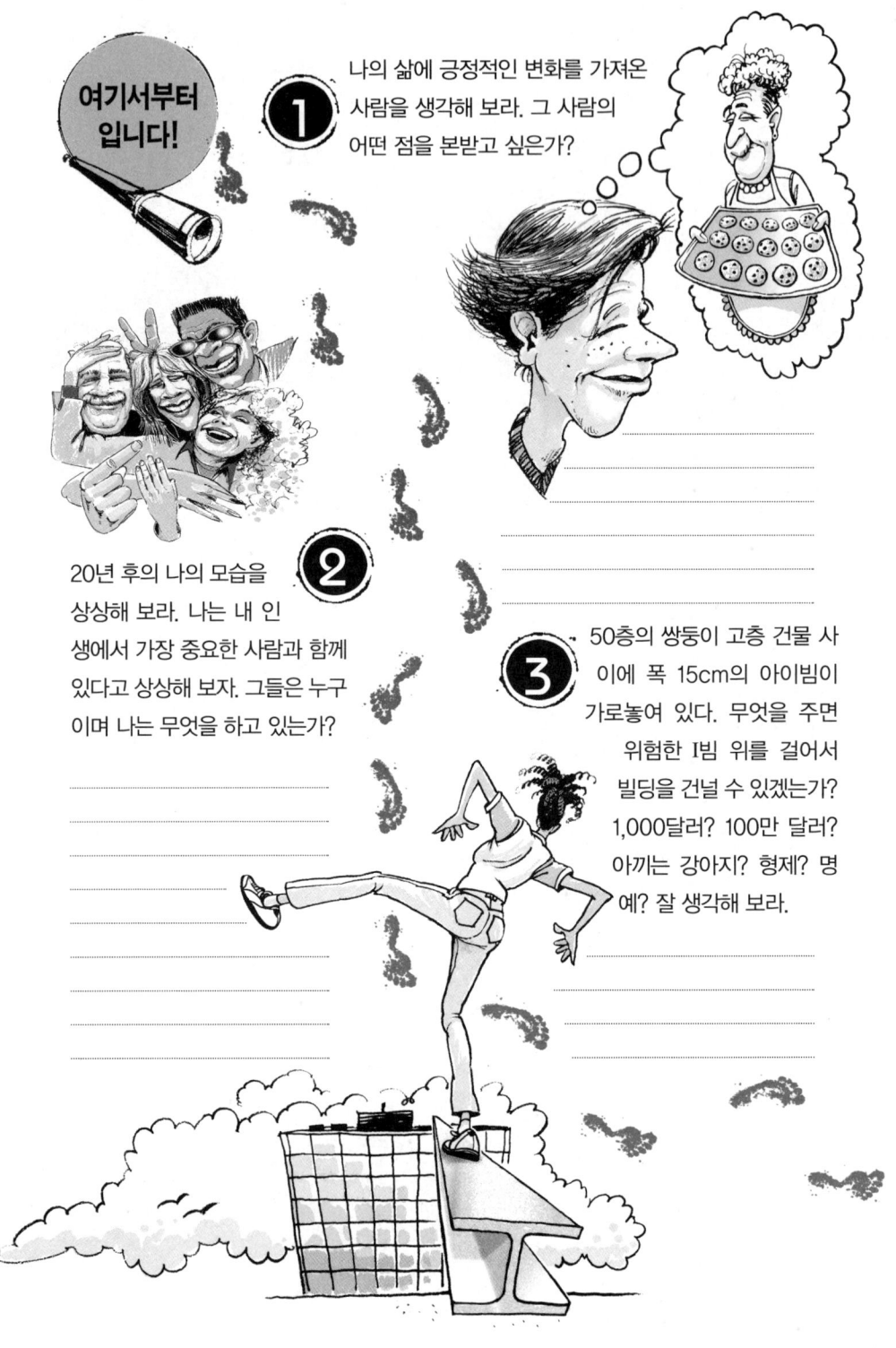

 아주 흥분되고 깊은 영감을 받은
순간을 설명하라.

_____
_____
_____
_____
_____

 좋아하는 일 10가지를 적어라.
노래하기, 춤추기, 잡지 보기,
책 읽기, 공상하기 등
좋아하는 것이면 무엇이든
적어보라.

1 _____
2 _____
3 _____
4 _____
5 _____
6 _____
7 _____
8 _____
9 _____
10 _____

 모든 책과 정보를 제공하는
훌륭한 도서관에서 하루 동안 하고
싶었던 공부를 마음껏 할 수 있다면
무슨 공부를 하겠는가?

7 5년 후 지역신문에서 나에 관한 기사를 쓰려고 한다. 기자가 부모, 형제, 친구를 인터뷰한다고 하는데, 그들이 나를 어떻게 말해 주었으면 좋겠는가?

....
....
....

8 장미, 노래, 동물 등 자신을 상징할 만한 것을 생각해 보라. 왜 그런 것들이 나를 상징하는가?

....
....
....

9 과거의 인물을 만나 한 시간 동안 이야기할 수 있다면, 누구를 선택하겠는가? 왜 그 사람을 선택했는가? 그에게 무엇을 물어보겠는가?

....
....
....

수 계산
어휘력
창조적 사고
운동
추진력
눈치
말하기
기계조작
글쓰기
예능
춤추기
협동심
듣기
기억력

노래하기
결단력
유머
손재주
나눠갖기
예지력
음악
포용력
퀴즈풀기

⑩ 누구나 1, 2가지 재능은 갖고 있다. 위의 것들 중 자신이 잘하는 게 있는가? 없으면 자기 것을 적어 보라.

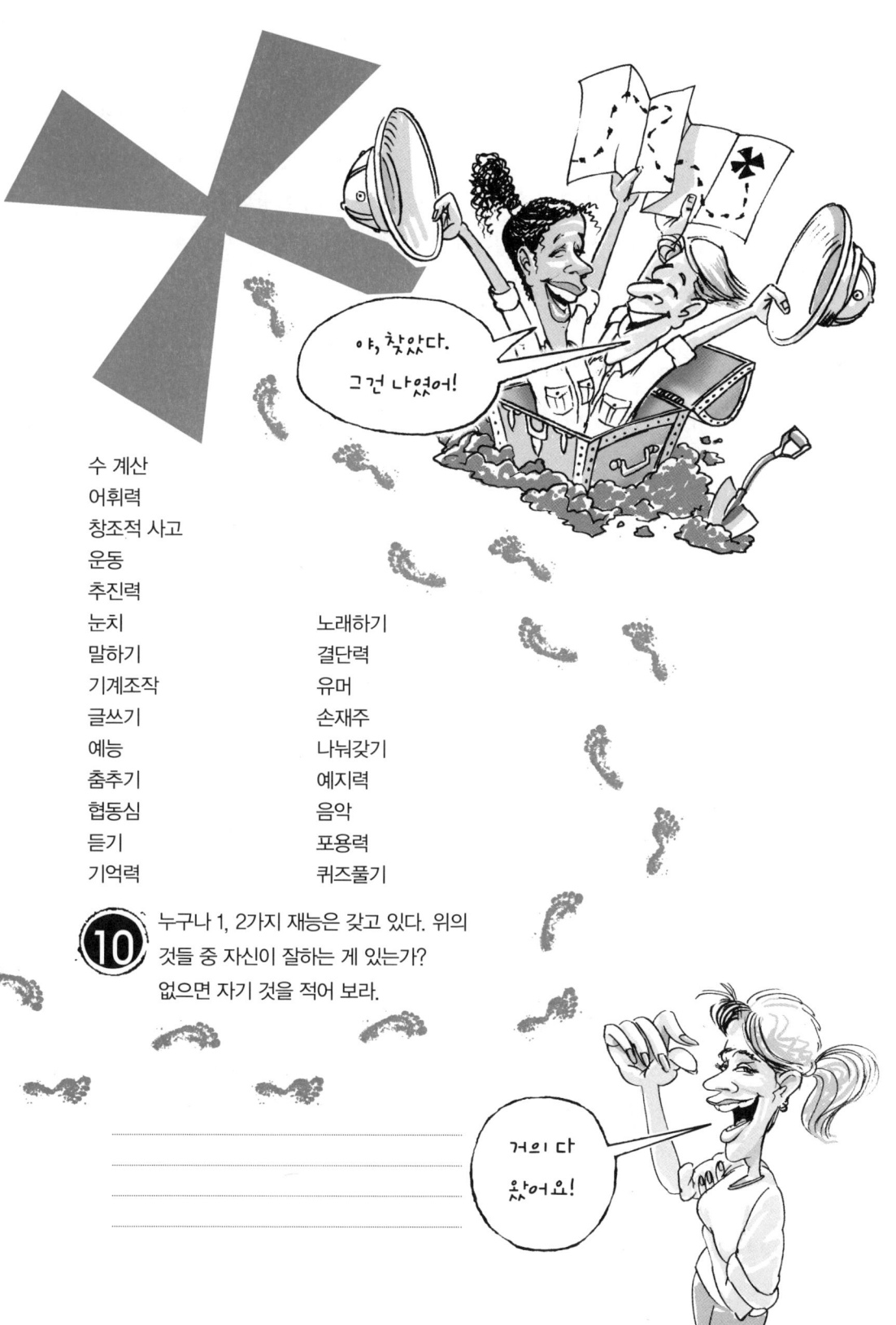

사명서로 시작하기

자, 이제 위대한 발견을 모두 마쳤다. 사명서를 작성하기 좋은 출발점에 선 셈이다. 다음에는 사명서 작성에 도움이 될 만한 4가지 방법을 간단하게 정리했다. 그중 한 가지 방법을 사용할 수도 있고 4가지 방법을 섞어서 자신에게 맞는 방식을 만들 수도 있다. 제안일 뿐이니까 자신만의 방법을 찾아야 한다.

방법 1 격언 모음

좋아하는 격언 1~5개를 뽑아 종이 한 장에 써본다. 그게 바로 사명서가 된다. 어떤 사람들은 훌륭한 격언에서 많은 생각을 하기도 한다. 그런 사람들에게는 이런 방법이 큰 효과가 있다.

방법 2 머릿속 비워내기

15분간 사명서에 들어갈 내용을 생각나는 대로 써본다. 어떻게 만들지 걱정하지도 말고 쓴 걸 고쳐 쓰지도 말아야 한다. 그저 계속 써 내려가기만 한다. 생각난 것은 전부 쓴다. 쓸 말이 떠오르지 않으면 "위대한 발견"에서 했던 답을 생각해 본다. 상상력에 발동이 걸릴 것이다. 머리가 충분히 비워졌다 싶으면, 이제 15분 동안 의미가 통하도록 고쳐 쓰고 정리한다.

이 30분이 사명서 초안을 마련하는 시간이다. 그리고 나서 몇 주 동안 그 초안을 수정하고, 더 추가하고 더 분명하게 만든다. 우리에게 영감을 주는 내용이 될 수 있도록 손질한다.

방법 3 혼자만의 조용한 시간

한나절 정도 되는 긴 시간을 들여 좋아하는 곳, 혹은 혼자 있을 수 있는 곳으로 간다. 살아가면서 어떤 일을 하고 싶은지 깊이 생각해 본다. "위대한 발견"에 대한 답을 생각해 본다. 다른 사명서를 보며 아이디어를 얻는다. 시간을 갖고, 적당한 방법을 찾아 사명서를 만든다.

방법 4 게으름뱅이

엄청 게으른 사람은 이렇게 써본다. 군대에서 쓰는 구호 "안 되는 것은 되게 하라"를 사명서로 삼는 것이다(농담!).

10대들이 사명서를 작성하면서 하는 큰 실수 중의 하나는 완벽하게 만들겠다고 시간을 너무 많이 들이는 바람에 결국 시작도 못하는 것이다. 불완전한 초안이라도 일단 만들고 난 후, 나중에 그것을 보완하는 게 훨씬 낫다.

또 한 가지 큰 실수는 다른 사람들 것과 똑같은 사명서를 만든다는 것이다. 그렇게 하는 건 별 효과가 없다. 사명서는 어떤 형태라도 좋다. 시, 노래, 격언, 사진, 몇 마디의 말, 한 마디의 말, 잡지에 나온 사진의 합성 등. 어떤 것이 옳고, 어떤 것이 그르다고 할 수는 없다. 오직 자신을 위해 작성하는 것이다. 선생님에게 제출하려고 쓰는 것이 아니다. 누구도 점수를 매기지 않는다. 그건 비밀 문서다. 내것이 되게 하자. 훌륭한 사명서의 가장 중요한 기준은 "사명서를 보면 희망이 솟구치고 많은 영감이 떠오르는가?"이다. 그렇다고 대답할 수 있다면 훌륭한 사명서가 된 것이다.

작성이 끝나면 일기장이나 거울같이 자주 볼 수 있는 곳에 두어야 한다. 아니면 작게 만들어 코팅을 해서 지갑에 넣어 가지고 다닐 수도 있다. 자주 볼수록 좋고, 아예 외워버리면 더 좋다.

■ 조심할 것 3가지

끝을 생각하며 시작하기 위해 사명서를 만들 때에는, 다음 3가지 위험한 장애물을 조심해야 한다.

조심할 것 1 부정적인 꼬리표

다른 사람들이 우리에게 부정적인 꼬리표를 달았다고 느낀 적이 있는가? 가족, 친구, 선생님들이?

"시골에서 온 녀석들은 다 똑같아. 늘 문제를 일으킨단 말이야."

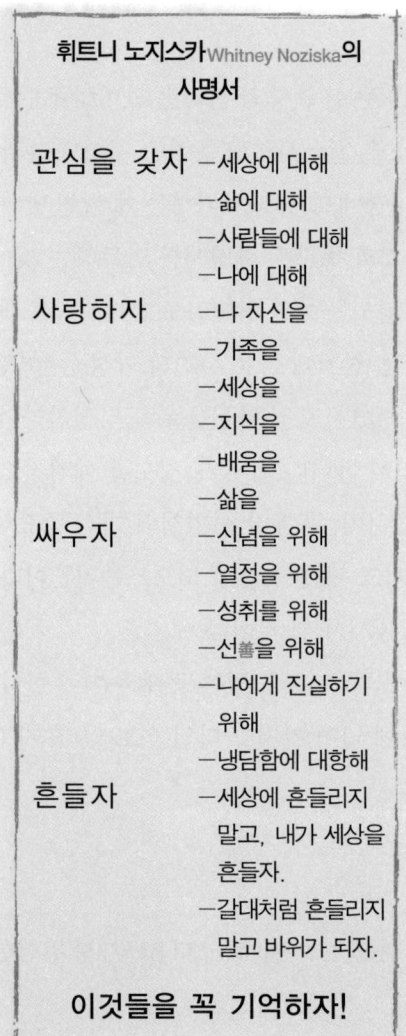

다음은 케이티 홀Katie Hall의 사명서이다. 짧긴 해도 그녀의 모든 것을 담고 있다.

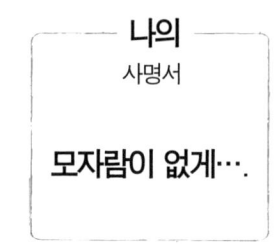

"넌 어떻게 그렇게 게으르니? 나쁜 버릇 바꿔볼 생각 좀 하란 말이야."

"쟤, 수지 아냐? 사생활이 정말 난잡하대."

학교에도 각종 꼬리표들이 있을 것이다. 우리 학교 때는 똘똘이, 골빈애, 예쁘장한 남자애, 공부벌레, 혼수상태, 운동꾼, 골통 등이 있었다. 나는 운동꾼 쪽에 속했다. 운동꾼이라는 말은 운동만 하다 보니 뇌가 땅콩만해졌다는 말이었다.

꼬리표는 아주 나쁜 형태의 선입견이다. 누군가를 미리 판단하고 꼬리표를 붙인다는 것은 그 사람을 알기도 전에 결론을 내려버리는 것이다. 사람마다 다르겠지만, 나는 나에 대해 아무것도 모르는 사람이 나에 대해 부당한 판단을 내리려고 한다면 참을 수 없을 것이다.

우리는 백화점의 옷처럼 몇 가지 기준에 따라 간단하게 분류되어 버리기에는 너무나 많은 차이점들이 있다. 마치 세상에 수백만 명의 독특한 개인이 있지 않고, 몇 가지 종류의 사람만 있다고 하는 꼴 아닌가?

우리에게 붙여진 꼬리표가 잘못된 것이라고 해도 평생 그렇게 살게 될 수도 있다. 진짜 위험한 것은 스스로 자신에게 꼬리표를 붙이려고 할 때이다. 꼬리표란 '패러다임' 과 똑같다. 보는 대로 되어지는 것이다. 게으르다는 꼬리표를 달고 있는 사람은 스스로 게으르다고 믿어 버린다. 꼬리표대로 행동하는 것이다. 하지만 기억할지니, 우리는 우리 꼬리표 그대로가 아니다.

조심할 것 2 다 끝났어 신드롬

주의해야 할 것 또 하나는 실수를 한 3개쯤 해서 자신이 한 일에 너무나도 실망한 나머지 스스로에게 "이제 모두 끝났어. 다 망쳐버렸어. 어떻게 되든 상관없어"라고 말하는 것이다. 자기 자신을 파괴하고 아무렇게나 되도록 내버려두기 시작하는 것이다.

이렇게 말하고 싶다. 끝난 것은 하나도 없다. 10대 때에는 실패하기도 하고, 실험도 해보고, 자랑스럽지 않은 일을 벌일 때도 있다. 마치 삶의 경계를 시험해 보기라도 하는 것처럼. 실수를 했다면 그 또한 정상이다. 그때에는 모두 그렇다. 어른들도 실수한다. 고개를 꼿꼿하게 세우고 다녀라. 아무 일도 아니다.

조심할 것 3 잘못된 벽

원하는 것을 얻기 위해 정말 열심히 노력했는데 정작 얻고 나니 허탈감만 느껴졌던 적이 있을 것이다. 더 유명해지겠다거나, 같은 편이 되어야겠다거나. 우리는 훨씬 중요한 것을 보지 못할 때가 많다. 자기 존중, 진정한 우정, 마음의 평화 같은 것들 말이다. 우리는 흔히 성공의 사다리를 오르느라 너무 바빠서 사다리를 올바른 쪽 벽에 세웠는지 확인해 보지도 못한다. 마음속에 끝을 생각하지 않은 것이 문제다. 잘못된 방향으로 끝을 생각하는 것은 훨씬 더 큰 문제가 될 수 있다.

한때 기가 막힌 플레이를 하는 녀석과 함께 풋볼을 했던 적이 있다. 그의 일은 모두 순조롭게 풀려 나갔다. 팀의 주장이기도 하고, 완벽한 몸매를 갖고 있기도 하고. 매 게임마다 영웅적인 노력과 눈부신 기술로 관중을 열광의 도가니에 몰아넣었다. 팬들은 그의 이름을 연호했고, 아이들은 그를 숭배했고, 여성들은 그를 연모했다. 그는 모든 걸 다 가졌다. 혹은 그렇게 보였다.

그러나 그는 경기장에서는 화려했지만 경기장 밖에서의 일들은 그다지 잘 해내지 못했다. 그리고 그는 그 사실을 알고 있었다. 나도 알고 있었다.

나와 그는 어릴 때부터 친구 사이였기 때문이다. 명성이 높아질수록 그는 원칙에서 점점 벗어나 방향을 잃어 가고 있었다. 그는 관중들의 환호를 얻었지만 그 대신 훨씬 더 중요한 것, 그의 성품을 잃어갔다. 그가 얼마나 빨리 달릴 수 있는지, 얼마나 멋져 보이는지는 중요한 것이 아니다. 잘못된 길로 가고 있다면….

인기 있는 사람이 되려 하거나 인정을 받으려 하다 보면, 훨씬 중요한 것을 보지 못할 때가 많아진다.

사다리를 올바른 쪽 벽에 세웠는지는 어떻게 알 수 있는가? 잠깐 생각해 보자. 내가 살고 있는 이 삶이 올바른 방향으로 날 이끄는가? 아주 솔직하게 양심의 소리, 내면의 소리를 들어 보자. 뭐라고 말하는가?

우리 인생은 항상 180도 전환을 필요로 하는 것은 아니다. 약간의 선회만 필요한 경우가 훨씬 많다. 하지만 무시하면 안 되지…. 그 조그만 변화가 큰 차이를 가져온다. 생각해 보자. 서울에서 파리까지 가려고 하는데 북쪽으로 1도만 방향을 틀어도 모스크바에 도착하게 된다.

■ 목표를 향해

일단 사명서를 작성했으면 목표를 수립하자. 목표는 사명서보다 훨씬 더 구체적인 것이며, 사명을 먹기 좋게 조각조각으로 나누는 것이다. 개인적 사명이 피자 한 판을 먹는 것이라면, 목표는 그것을 어떻게 자를까 하는 것이다.

목표라는 말을 들으면 죄책감을 느낄 때가 있다. 그 동안 세웠던 많은 목표가 떠오르고, 허무하게 날려버린 것들도 숱하게 떠오르기 때문이다. 과거에 저지른 실수는 잊는 게 상책이다. "젊었을 때 내가 한 일 가운데 열에 아홉은 실패였다. 나는 패배자가 되고 싶지 않아 열 배는 더 노력했다." 극작가 조지 버나드 쇼George Bernard Shaw의 말이다.

다음은 목표를 세울 때 기억해야 할 중요한 점 5가지이다.

중요한 점 1 필요한 시간과 노력 계산

기분 좋을 때 목표를 세웠다가 나중에 그렇게까지 할 능력이 없음을 깨달았던 때가 얼마나 많은가? 치러야 할 대가를 계산해 보지 않았기 때문이다.

올해 학교에서 성적을 올리겠다는 목표를 세웠다고 해보자. 좋다. 그렇지만 시작하기 전에 소요될 시간과 노력을 생각해 보라. 필요한 것이 무엇인가? 수학과 문법을 공부하는 데 더 많은 시간을 쏟고, 친구와 나가 노는 시간을 줄여야 한다. 늦게까지 공부해야 할 때도 많을 것이다. 학교 일에 시간을 더 쏟는다는 말은 TV나 좋아하는 잡지를 읽는 시간을 줄여야 한다는 말이다.

필요한 희생과 고통을 감내하고 얻게 되는 것을 다시 생각해 보자. 좋은 성적이 가져다주는 것이 무엇인가? 성취감? 장학금? 합격? 좋은 직업? 자신에게 물어보라. "희생할 마음이 있는가?" 그런 마음이 들지 않으면 안 하는 게 좋다. 안 할 걸 알면서 하겠다고 덤벼들지 말자. 그래 봐야 개인감정은행계좌에서 인출이 일어날 뿐이다. 그러지 말고, 목표를 한 입 크기로 잘게 나눠 놓는 게 더 좋다. 전과목에서 성적을 올리겠다고 목표를 세우는 대신, 두 과목에서만 성적을 올리겠다고 할 수도 있다. 그런 다음에 한 입 더 먹어 봐라. 치러야 할 대가를 생각해 보는 것은 목표를 세우는 과정에 필요한 현실감을 더하는 것이다.

중요한 점 2 적어놓기

"적어두지 않은 목표는 소원에 지나지 않는다"는 말이 있다. 적어놓고 나면 '만약'이나 '그러나'라는 말은 줄어들게 된다. 따라서 글로 쓴 목표는 열 배는 더 강력한 힘을 발휘한다.

타미Tammy라는 아가씨는 목표를 기록하는 것이 제대로 된 배우자를 만나는 데 얼마나 크게 도움을 주었는지 이야기해 주었다. 타미는 톰Tom이라는 남자와 만나고 있었지만, 감정적으로 편하지 않은 상태였다. 하지만 그녀는 빠져나올 수 없다는 느낌을 가지고 있었다. 그녀는 그에게 점점 더 의존하게 되었다. 그래서 더욱 괴로웠다. 그러던 그녀에게 특별한 친구가 찾아왔고, 그 친구와의 대화는 그녀의 내면에 불을 질렀고 큰 변화를 일으켰다. 이것은 타미가 18세 때 쓴 일기에서 발췌한 것이다.

바로 어제였다. 지난 2년 반 동안 내가 고통받고 있던 환경과 톰을 떠날 강한 의지를 발견했다. 나는 성공을 위한 내면의 힘을 찾기 위해 180도 전환이 필요했다. 나는 5년 후에 내가 되고 싶은 것, 내가 느끼고 싶은 것을 마음속에 그려 보았다. 내 자신의 모습을 찾는 것, 내 삶을 위한 결정을 내리는 힘을 갖는 것, 사람들과 건강한 관계를 맺는 것 등을 그려보았다. 인간관계를 통해 원하는 것들이 무엇인지 머리에 떠올랐고, 나중에 다시 보기 위해 써보았다.

미래의 배우자가 갖추어야 할 자질

1. 존경
2. 조건 없는 사랑
3. 정직
4. 충실
5. 나의 삶의 목표 달성을 위한 도움
6. 의로움(영적으로)
7. 유머 감각
8. 매일 날 웃게 해준다
9. 각자라는 느낌이 아닌, 일체감을 느끼게 해준다
10. 좋은 아버지로 아이들에게 잘 대한다
11. 모든 사람의 말을 경청한다
12. 나를 위한 시간을 내고, 내가 잘 되기를 바란다

이 목록을 쓰고 나니 내 미래가 어떤 모습인지 보기 위해 꼼꼼이 둘러볼 곳이 생긴 듯하다. 이것을 읽을 때마다 희망이 샘솟고 더 나은 삶을 살 수 있는 방법에 대해 자주 생각하게 된다.

타미는 후에 그녀의 배우자 조건을 충족시키는 멋진 남자를 만나게 되었고, 그와 결혼했다. 영화에서나 보던 '해피엔딩'이 실제로 일어나기도 하는 것이다.

타미가 발견하였듯이 목표를 글로 적어두면 뭔가 마법과 같은 일들이 일어난다. 글은 자신의 생각을 구체적으로 정리시켜 준다. 그것은 목표를 세우는 데 매우 중요한 요소이다. 여배우 릴리 톰린Lily Tomlin은 이렇게 말한 적이 있다. "난 언제나 훌륭한 사람이 되기를 바랐다. 하지만 좀더 구체적이어야 했다."

중요한 점 3 실행하기

난 언젠가 코르떼Cortes의 멕시코 원정기를 읽은 적이 있다. 코르떼는 1591년 500명이 넘는 선원과 11척의 배를 이끌고 쿠바에서 출발해 유카탄 해안까지 항해했다. 그는 본국의 다른 사령관들은 꿈도 꾸지 못할 일을 했다. 해안에 도착하자마자 배에 불을 질러버린 것이다. 돌아갈 수단을 남기지 않음으로써 그는 전병력과 자기 자신이 최선을 다하도록 만들었다. 정복이 아니면 죽음이었던 것이다. 결과는 대승이었다.

"모든 것에는 때가 있는 법이다." 성경에 있는 말이다. "해보겠다"고 말할 때가 있고 "할 것이다"라고 말할 때가 있다. 변명할 때도 있고 타고 온 배에 불을 질러 버릴 때도 있는 것이다. 물론 최선을 다하는 방법밖에 없을 때도 있다. "갚아볼게"라고 하는 사람에게 선뜻 돈을 내줄 수 있을까? 결혼식장에서 "당신은 이분을 사랑하는 아내로, 남편으로 받아들이겠습니까?"라고 묻는데, "한번 해보겠습니다"라고 대답하는 배우자와 결혼할 수 있을까?

무슨 말인지 알겠지요?

경찰 서장과 경사 이야기.

"경사, 이 편지를 좀 전해주겠나?"

"최선을 다하겠습니다."

"아니, 최선을 다해보라는 게 아니고, 이 편지를 꼭 전해달란 말이야."

"목숨을 걸고 그 일을 완수하겠습니다."

"이해를 못 하는구려? 죽으라는 게 아니고, 이 편지를 전해달란 말이야."

결국 경사는 알아듣고, "전해주겠습니다"라고 대답했다.

일단 어떤 일을 완벽하게 하고 나면, 일을 완벽하게 처리하는 능력이 커지게 된다. 랄프 왈도 에머슨Ralph Waldo Emerson은 "어떤 일을 하게 되면 자신감을 갖게 된다"고 말했다. 매번 목표를 성취할 때마다, 우리는 우리가 가지고 있다고 생각해 본 적이 없는 의지력, 기술, 창의력이라는 금맥金脈을 찾아낸 것 같은 느낌이 든다. 성취한 자는 길을 찾는 법이다.

머레이W. H. Murray가 쓴 다음 글은 내가 가장 좋아하는 구절 중 하나이다. 이 글은 "해보자"라고 결심하는 순간의 우리 내면의 심리를 잘 묘사하고 있다.

어떤 일을 저질러 시작하기 전까지는 언제나 비효과적인 주저함이 존재한다. 그것을 모를 경우 수많은 아이디어와 훌륭한 계획들마저 쓸모없게 만들 한 가지 기본적인 진실이 있으니, 온몸을 바쳐 할 일을 할 때는 신神도 함께한다는 것이다. 일을 저지르지 않았을 때에는 기대하지 못했을, 여러 가지 좋은 일들이 새롭게 일어나게 되고, 끊임없이 놀라운 일들이 발생하게 되며, 전례 없는 갖가지 방법의 도움을 받을 수 있을 것이고, 아무도 꿈꾸지 못했을 물질적 도움이 그의 앞에 펼쳐질 것이다. 나는 다음과 같은 괴테의 글에 깊은 감명을 받았다.
무슨 일을 하건 무슨 꿈을 꾸건, 그것을 시작해 보라.
용감함에는 천재성과 힘과 마법이 들어 있나니.

위대한 전사 제다이Jedi의 스승 요다Joda(영화 '스타워즈'의 등장인물 : 옮긴이)의 말 "하려면 하고 말려면 말아라. '한번 해보겠습니다' 같은 말은 아무 필요 없다."

중요한 점 4 계기가 되는 순간 놓치지 않기

어떤 계기에 큰 결행력이 생기는 순간이 있다. 중요한 것은 이 순간을 놓치지 않고 목표를 세우는 것이다. 시작과 끝이 있는 모든 것들은 모두 계기가 있다. 예를 들어볼까? 새해는 시작을 의미한다. 반대로 실연은 끝을 의미한다. 2년 동안 만나던 여자친구와 헤어지면서 대단히 괴로웠던 기억이 난다. 하지만 새로운 여자친구를 사귈 계기를 만들 생각에 흥분하기도 했던 기억도 있다.

다음은 새로운 목표를 세울 때 계기를 만들 수 있는 순간들이다.

- 새 학년
- 인생 전환의 경험
- 실연
- 새로운 직업
- 새로운 관계
- 또 한 번의 기회
- 생일
- 죽음
- 결혼기념일
- 승리

- 좌절
- 새로운 도시로의 이사
- 새로운 계절
- 졸업
- 결혼
- 이혼
- 새로운 가정
- 승진
- 강등
- 새로운 차림

때로는 고된 경험이 계기가 될 수 있다. 불사조 신화를 아는가? 500년에서 600년 정도를 살고 나면 이 아름다운 불사조는 자신을 태워버린다. 그 재로부터 불사조가 부활한다. 우리도 이와 비슷하다. 나쁜 경험이라는 재로부터 부활할 수 있는 것이다. 좌절과 비극은 변화를 위한 구름판이 될 수 있는 것이다.

계기가 되는 순간들의 결행력을 활용하라. 기분이 났을 때 목표를 세우고 그것을 실행하자. 또한 그런 기분은 언젠가는 가고 없어진다는 사실을 기억하자. 기분이 나지 않을 때가 바로 자신의 성품을 시험할 수 있는 진짜 기회이다. 누군가 이렇게 말한 적이 있다.

성품이란 결심할 때의 기분이 다 사라진 다음에도 그 결심을 따르려는 '자기 절제'이다.

중요한 점 5 로프 묶어!

등산을 좋아하는 처남이 언젠가 나와 내 친구를 데리고 해발 4,186미터에 이르는 그랜드 테턴을 오른 적이 있다. 정말 무서웠다! 올라가다 보니 산이 거의 수직이었다. 그 지점에서 우리는 서로를 로프로 연결해 산을 올랐다. 그것은 우리 중 한 명이 발을 헛디뎌도 목숨을 건질 수 있는 유일한 방법이었다. 300미터 아래로 떨어져 죽을 뻔한 적도 두 번이나 있었는데 로프 덕에 살아났다. 로프를 사랑해 본 적이 없던 내가 로프를 사랑하게 되었다. 로프에 의지해 서로를 도우며 마침내 정상에 오를 수 있었다.

우리도 로프를 묶어 다른 사람의 도움을 구한다면 훨씬 많은 것을 성취할 수 있다. 몸매 가꾸기를 목표로 세웠다고 해 보자. 어떻게 로프로 묶을 수 있을까? 비슷한 목표를 가진 친구를 찾아 함께 운동하거나, 서로의 치어리더가 되어 응원을 아끼지 않을 수도 있다. 혹은 부모님께 목표를 말하면 부모님이 뭔가를 사 줄 수도 있다. 아니면 체육 선생님께 말해 조언을 구할 수도 있다. 창의력을 발휘할 때가 바로 이때다. 친구, 형제, 자매, 여자친구, 부모, 상담 선생님, 할아버지와 할머니, 아니면 아무나. 로프를 많이 연결할수록 성공 가능성은 높아진다.

■ 목표를 향하여

고등학교 2학년 때, 내 몸무게는 82킬로그램이었다. 1학년이었던 동생 데이비드David는 약간 부풀려서 45킬로그램이 나갔다. 겨우 한 살 차이였지만 몸집은 두 배나 차이가 났다. 하지만 데이비드는 산과도 같은 강건한 정신의 소유자였고, 자신이 원하는 일을 이루기 위해서 놀라운 일을 해냈다. 데이비드의 이야기이다.

나는 프로보 고등학교(Provo High School)에서 1학년 풋볼팀에 입회를 신청했을 때를 잊지 못할 것이다. 158센티미터에 41킬로그램. 나는 전형적인 '45킬로그램짜리 약골' 보다도 더 볼품없었다. 내게 맞는 풋볼 장비는 하나도 없었다. 팀에서 가장 작은 헬멧을 받았지만, 그것도 커서 양쪽에 귀보호대를 3개씩 더 붙여야 했다. 내 모습은 머리에 풍선을 단 모기 같았다.
나는 풋볼 연습이 두려웠다. 특히 2학년과 머리를 부딪쳐야 할 때는 더욱 그랬다. 우리는 1학년과 2학년이 약 1미터 정도 간격을 두고 일렬로 늘어서 있다가 코치가 호루라기를 불면 다음 호루라기 소리가 날 때까지 상대와 힘껏 부딪쳐야 했다.
난 내 차례가 언제가 될지 우리 쪽 선수들을 세어보고, 또 나를 날려버릴 특권을 누가 갖게 될지 반대편 2학년 선수들을 차례로 세어보았다. 항상 제일 크고 잔인한 선수가 나를 상대하는 것 같았다. '이젠 죽었다'는 생각이 매번 들었다. 나는 줄 서서 호루라기 소리를 기다리다가, 어느 순간 하늘 위로 멀리 날아가고 있는 내 자신을 보곤 했다.
그해 겨울 나는 레슬링팀에 지원했다. 나는 45킬로그램급에서 경기를 했다. 배가 터지도록 먹고, 옷을 다 껴입고 쟀는데도 45킬로그램이 되지 않았다. 사실 그때 레슬링을 하기 위해 살을 뺄 필요가 없는 선수는 나밖에 없었다. 형은 풋볼과 달리 레슬링에서는 몸무게가 비슷한 상대와 겨루게 되어 있으니까 잘 선택한 것이라고 했다. 하지만 짧게 결론만 말해, 나는 거의 모든 경기에서 졌다.
봄에는 육상경기에 도전했다. 안타깝게도 나는 팀에서 가장 느린 선수 중 한 명이었다.

놀랄 일도 아니지, 연필만큼 가는 내 다리를 보고 나면.

트랙을 열심히 돌고 난 어느 날, 나는 더 이상 참을 수 없었다. "이제 끝났어. 지겨워, 모든 것이." 그날 밤 나는 홀로 방에 앉아 고등학교 시절에 성취하고 싶은 목표를 써 내려갔다. 운동을 잘하기 위해서는 크고 강해야 한다는 것을 알고 있었으니까, 먼저 이 부분에 목표를 세웠다. 대학교 1학년이 될 때까지 180센티미터에 80킬로그램의 몸을 만들고, 115킬로그램의 역기를 들어 올린다. 풋볼에서는 대학 풋볼팀의 주전 와이드 리시버(재빨리 달려가 쿼터백이 던진 패스를 받는 선수 : 옮긴이)가 되고, 육상에서는 단거리고 장거리고 가리지 않기로 했다. 나는 또 풋볼이나 육상팀 모두에서 주장이 되는 모습을 그려보았다.

꿈 같은 소리라고? 그러나 그때 나는 현실을 냉철하게 바라보고 있었다. 나는 기껏해야 40킬로그램이 조금 넘었다. 하지만 고등학교 1학년 때부터 대학교 1학년 때까지 이 계획을 충실히 지켜나갔다.

어떻게 했는가 하면, 우선 체중을 불리기 위해 위장을 절대로 비우지 않는다는 원칙을 세웠다. 그래서 나는 끊임없이 먹었다. 아침, 점심, 저녁은 하루 여덟 끼 중 겨우 세 끼에 지나지 않았다. 나는 학교 풋볼팀 주전 라인백커(몸집이 큰 수비수 : 옮긴이)였던 캐리(Cary)라는, 185센티미터에 110킬로그램짜리 아이와 몰래 계약을 맺고 수학 숙제를 도와주는 대신 체중도 늘려주고 보호도 해줄 겸해서 날마다 함께 점심을 먹었다.

나는 그와 똑같이 먹기로 했고 매일 점심 2인분에 우유 3개, 롤빵 4개를 먹었다. 우리 둘이 붙어 다니는 모습은 정말 우스꽝스러웠을 것이다. 또한 점심 때 체중 증가용으로 단백질이 함유된 분말도 먹었다. 우유에 타서 먹었는데, 먹을 때마다 거의 토할 지경이었다.

2학년 때에는 나만큼 몸을 키우길 바라는 친구 에디(Eddie)와 함께 공동 전선에 섰다. 그는 내 음식 리스트에 1가지를 더했다. 매일 밤 자기 전에 땅콩 버터 10스푼에 우유 3잔. 매주 우리는 1킬로그램씩 늘리기로 했다. 이 목표치를 채우지 못하는 날에는 물을 마셔 보충하기로 했다.

엄마는 신문에서 어떤 기사를 읽고 하루 10시간씩 어두운 방에서 잠자고 매일 우유를 3잔씩 더 마시면 보통 자라는 것보다 3~6센티미터는 더 큰다고 말해 주었다. 나는 그 말을 믿고 그대로 따랐다. 나는 "아버지, 집에서 제일 어두운 방을 쓸게요"라고 말했고 아버지는 허락했다. 그 방의 창문과 문틈에는 수건을 끼워 넣어 햇빛이 들어오지 못하도록 했다.

다음으로 나는 자는 시간을 정했다. 저녁 8시 45분에 자고 아침 7시 15분에 일어나기로 한 것이다. 이렇게 해서 나는 10시간 반을 자게 되었고 마실 수 있는 만큼의 우유를 마셨다.

또한 웨이트, 달리기, 풋볼 캐치 연습을 시작했다. 매일 적어도 2시간은 했다. 에디와 나는 웨이트 룸에서 운동을 할 때마다 XL 사이즈의 티셔츠를 확인해 두었다. 언젠가 그걸 입게 될 테니까. 역기를 들 때는 겨우겨우 35킬로그램을 1, 2번 들어 올릴 정도였다.

몇 달이 지나고 결과가 나타나기 시작했다. 천천히 나오긴 했지만 결과는 결과다. 2학년이 되기까지 나는 166센티미터, 55킬로그램에 이르렀다. 8센티에 14킬로그램이 는 것이다. 그리고 힘도 훨씬 세졌다. 가끔씩 나는 세상이 모두 적인 외로운 사람 같은 느낌이 들었다. 나는 사람들이 "넌 어떻게 이렇게 말랐니? 왜 좀더 먹지 않고?"라고 말할 때가 정말 싫었다. 나는 이렇게 말하고 싶었다. "이 바보야, 그래서 내가 어떻게 하고 있는지 안 보이니?"

3학년이 끝나기 전에는 170센티미터, 66킬로그램이 되었다. 나는 체중 늘리기, 달리기, 웨이트, 기술 훈련에 계속 박차를 가했다. 한 번을 달려도 절대 빈둥거리지 않기로 결심했다. 아플 때도 연습을 거르지 않았다. 이런 노력이 어느 순간 진정한 효력을 보이기 시작했다. 나는 정말 크고 정말 빨라졌다. 사실 나는 너무 빨리 자라 마치 곰한테 찢긴 것처럼 가슴에 살이 터진 듯한 표시가 있다.

대학교 1학년이 되었을 때 나는 목표치만큼 키가 자랐고 몸무게는 단지 2킬로그램이 모자랐다. 나는 풋볼팀의 주전 와이드 리시버가 되었고 팀의 주장이 되었다. 육상에서는 더했다. 나는 팀의 주장이 되었고 팀에서 가장 빠른 선수였으며, 전국에서도 제일 빠른 축에 속했다.

그해 말에는 몸무게가 82킬로그램이 되었고 역기도 115킬로그램이나 들어 올릴 수 있게 되었다. 여학생들의 인기 투표에서 "최고의 몸" 상을 수상했다. 난 그 상을 너무나도 사랑했다.

해냈다. 정말 해낸 것이다. 몇 년 전 내 방에서 세운 목표 대부분을 성취해 낸 것이다. 정말로 나폴레옹 힐(Napoleon Hill)의 말처럼, "마음으로 품고 믿을 수 있는 것은 손으로도 쥘 수 있다."

■ 약점을 강점으로 바꾸기

데이비드가 목표를 확립하는 5가지 중요한 점을 어떻게 이용했는지 보자. 그는 비용을 생각했다. 그는 목표를 글로 적었고, 에디 같은 친구들과 로프로 연결했고, 중요한 순간(약골이라는 말에 질렸을 때)에 목표를 세웠다. 그리고 "하는 거야"라는 강한 태도를 보여주었다. 데이비드처럼 몸에만 관심을 쏟자는 것은 아니다. 키 좀 커야겠다고 생각한다고 정말 크는 것도 아니다. 다만 목표가 인생에 얼마나 커다란 힘을 불어넣을 수 있는지 보여주려는 것이다.

데이비드가 이야기해 주었듯이 41킬로그램 약골이라는 사실은 숨어 있는 축복이었던 것 같다. 겉으로 보이는 약점(빼빼 마른 것)은 결국 그의 강점(규율과 참을성의 원동력)이 되었다. 원하는 만큼의 신체적, 사회적, 혹은 정신적 자산이 부족한 사람일수록 그만큼 더 노력해야 한다. 그리고 그런 불리한 전쟁은 부족한 상태만이 가져올 수 있는 힘과 능력을 만들어 낸다. 이것이 바로 약점이 강점이 될 수 있는 방법이다.

아름다움, 근육, 돈, 머리가 모자란다고? 축하한다! 그런 게 오히려 운이 좋은 것이다. 더글러스 말록Douglas Malloch도 이렇게 노래했다.

해와 하늘과 공기와 빛을 얻기 위해
싸워본 적이 없는 나무,
빗속에 홀로 서서
맘껏 비를 맞을 수 있는 그 나무는
숲의 왕이 될 수 없다.
작달막하게 태어나 작달막하게 죽을 수밖에.
좋은 나무는 쉽게 자라지 않는다.
바람이 셀수록, 나무가 강하다.

독특한 인생 인생은 짧다. 톰 슐만Tom Schulman이 쓴 《죽은 시인의 사회Dead Poet's Society》가 말하는 것도 바로 이것이다. 전통에 충실한 기숙학교인 웰턴 아카데미Welton Academy의 수업 첫날, 새 영어 선생님인 키팅Keating은 25명의 아이들을 데리고 나가, 반세기 전 이 학교를 졸업한 젊은이들의 흑백 사진 틀 앞에 선다.

"여러분, 우리는 모두 벌레의 먹이가 될 겁니다. 믿거나 말거나, 우리 모두는 어느 날 숨쉬기를 멈추고 차갑게 식어갈 것입니다. 과거에 이 학교를 다녔던 얼굴들을 잘 들여다보십시오. 늘 지나치지만 한 번도 제대로 본 적이 없을 것입니다.

여러분과 그렇게 다르지 않지요? 비슷한 머리 모양에, 생기가 넘치고. 여러분과 꼭 같죠. 여러분처럼 천하무적으로 보이죠. 세상은 그들의 장난감이었을 겁니다. 그들은 자신들이 위대한 일을 하기 위해 태어났다고 여겼을 겁니다. 여러분처럼 말이죠. 눈은 희망으로 가득 차 있습니다, 여러분처럼. 그런데 이들이 너무 기다리기만 하다가 할 수 있는 일을 전혀 하지 못하게 된 건 아닐까요? 이제 여러분들이 이들을 보고 있으니, 그들은 땅을 기름지게 하는 수선화가 된 셈입니다. 가까이 와서 귀기울여 보세요. 그들이 여러분에게 남겨둔 말을 들을 수 있을 것입니다. 자, 한번 와서 귀기울여 보세

Car-pe. Car-pe.
Carpe diem.

요. 들립니까?"

아이들이 유리 속에 귀를 기울이는 동안 키팅 선생은 아이들에게 속삭인다. "까르페 디엠Carpe diem, 세월을 붙잡아라. 너만의 독특한 삶을 살아라."

우리의 운명은 아직 정해지지 않았다. 남다른 인생이 되지 못할 이유도, 오래도록 지속되는 유산을 남기지 못할 이유도 없다.

인생은 경력이 아니다. 사명이다. 경력은 곧 직업이고, 사명은 곧 대의大義이다. 경력은 "나한테 도움이 될 만한 게 뭐가 있을까?"라고 묻지만, 사명은 "어떻게 해야 더 좋게 만들 수 있을까?"라고 묻는다. 마틴 루터 킹Martin Luther King 목사의 사명은 인류의 인권을 신장시키는 것이었다. 간디Mahatma Ghandi의 사명은 3억에 이르는 인도인들에게 자유를 가져다주는 것이었다. 테레사 수녀Mother Teresa의 사명은 벌거벗은 자들에게 옷을 주고 굶주린 자들에게 음식을 주는 것이었다.

앞의 예들은 극단적인 경우이다. 세상을 변화시키는 것만이 모두의 사명은 아니다. 마렌 모리첸Maren Mouritsen이라는 교육학자는 이렇게 말했다. "우리는 대부분 위대한 일을 하지 못한다. 하지만 작은 일을 위대하게 해낼 수는 있다."

다음 개봉작
세상에는 2가지 일이 있다. 할 일과 안 할 일. 다음 얘기는 그것에 관한 것이다.

① 직업적으로 성공하기 위해 필요한 3가지 중요한 기술을 생각해 보라. 더 잘 정리하고, 사람들 앞에서 더 자신있게 말하고, 글을 더 잘 써야 할 필요가 있는가?

직업적으로 성공하기 위해 필요한 중요한 기술 3가지 :

②  30일 동안(습관이 몸에 배는 데는 이 정도의 시간이 걸린다) 매일 사명서를 검토하라. 사명서를 기준으로 모든 결정을 내려라.

③ 거울 속을 들여다보고 "나는 나 같은 사람하고 결혼하고 싶을까?"라고 질문하라. 만일 결혼하고 싶은 생각이 들지 않는다면, 모자라는 부분을 개선하기 위해 노력하라.

④ 학교 지도교사나 취업상담교사를 찾아가 진로 선택에 대해 이야기를 나누어 보라. 적성검사를 받고 자신의 재능, 능력, 관심이 어떤지 알아보라.

⑤ 지금 내 앞에는 어떤 갈림길이 놓여 있는가? 장기적으로, 어떤 길이 최선의 길인가?

내 앞에 놓인 갈림길 :

최선의 길 :

⑥ "위대한 발견"을 복사하라. 친구, 가족들과 위대한 발견을 하나씩 해보라.

⑦ 자신의 목표에 대해 생각해 보라. 목표를 적어놓았는가? 적어놓지 않았다면 적어라. 적어놓지 않은 목표는 소원에 지나지 않는다.

⑧ 다른 사람들이 내게 붙여두었을지 모르는 부정적인 꼬리표가 무엇인지 알아보라. 그 꼬리표를 떼기 위해 어떤 일을 할 수 있는지 생각해 보라.

부정적 꼬리표 :

꼬리표를 떼는 방법 :

소중한 것을 먼저 하라

할 일과 안 할 일 구별하기

자동차 경주를 보다가, '차들이 좀더 일찍 출발했더라면, 저렇게 빨리 달릴 필요가 없을 텐데…' 라고 생각했다.
―스티븐 라이트Steven Wright, 코미디언

라디오를 듣다가, 오늘날의 10대와 150년 전의 10대들을 비교하는 연설자의 말이 나와서 유심히 들어보았다. 그의 말에 대부분 공감할 수 있었는데, "150년 전에 10대들이 헤쳐 나가야 할 일들은 오늘날에 비해 훨씬 더 힘든 것이었다"라는 부분에서는 의아해졌다.

잠깐! 속으로 중얼거렸다. '힘든 일이 없다고? 무슨 소리야?' 나는 오늘날의 10대들이 그 어느 때보다도 바쁘고 힘들게 지내고 있다고 생각하고 있고, 매일 두 눈으로 그것들을 직접 확인하고 있다. 학교생활, 심부름, 학원, 학생회, 운동부, 아르바이트, 어린 동생들을 돌보는 일 등 숨 돌릴 틈조차 없다. 그런데 힘든 일이 없다고? 소젖이나 짜고 담장이나 고치는 일이 복잡한 현대사회에 갇혀 있는 오늘날의 10대들이 처한 상황보다 더 힘들어 보이지는 않는다.

한번 살펴보자. 할 일은 많은 데 시간이 없다. 수업이 끝나면 보충수업을 해야 하고, 그 뒤에는 또 학원에 가야 한다. 내일 있을 시험준비도 해야 한다. 친구에게 전화도 해야 하고, 운동도 해야 한다. 개를 산책시켜야 하고 방 정리도 해야 하는데, 무엇부터 시작해야 할까?

습관3 "소중한 것을 먼저 하라"가 도움이 될 것이다. 이 습관은 우선순위를 정하는 방법을 배우는 것이고, 소중한 일을 제일 먼저 할 수 있도록 시간표를 짜는 것이다. 하지만 시간표를 짜는 것 이상의 무엇이 있다. 소중한 것을 먼저 하는 습관은 두려움을 극복하고 힘든 순간에 강하게 대처할 수 있는 법을 배우는 것이기도 하다.

습관 2에서 소중한 것이 무엇인지를 정해보았다. 이제 그것을 먼저 하면 된다.

목표나 좋은 생각들의 목록을 잘 만드는 것은 쉽게 할 수 있지만, 그것을 실행에 옮기는 것, 그러니까 소중한 것을 먼저 하는 것은 쉬운 일이 아니다. 습관 3은 할 일(가장 중요하다고 생각하는 일을 하려는 힘)과 안 할 일(덜 중요한 일을 하지 않는 힘)을 구별하여 이것을 가능하게 해준다.

이처럼 처음 3가지 습관은 서로를 보조해 주고 있다. 습관 1은 "우리는 운전석에 앉아 있지 승객이 아니다"라고 말하고 있고, 습관 2는 "어디로 가야 할지를 정하고, 그곳으로 가기 위한 지도를 그려라"라고 말한다. 그리고 습관 3은 "그곳으로 가라. 방해가 되는 것들은 모두 치워버리고"라고 말하고 있는 것이다.

■ 삶을 풍부하게 하는 방법

여행 가방을 싸다 보면, 옷들을 그냥 쑤셔 넣지 않고 차곡차곡 접어서 넣으면 옷이 더 많이 들어간다. 참 신기한 일이다. 삶도 마찬가지다. 조직적으로 생활하면 삶은 더 풍부해진다. 가족들이나 친구들과 더 많은 시간을 보낼 수 있고, 학교에서도 여유가 생기며, 소중한 일을 더 열심히 할 수 있다.

삶을 풍부하게 하는 데 있어(특히 중요한 일을 하는 데 있어) 좋은 본보기가 될 표가 있다. 이 표는 크게 2가지 요소 '중요성'과 '긴급성'으로 구성되어 있다.

중요성—가장 중요한 일, 소중한 것, 맡은 바 임무와 목표에 도움이 되는 활동

긴급성—급한 일, 목전에 놓인 일, 즉각적인 행동을 요구하는 활동

일반적으로, 사람들은 다음 표에 나와 있는 4가지 사분면 안에서 시간을

보낸다. 각각의 사분면은 서로 다른 활동방식을 나타내며, 그에 따라 사람들의 유형도 크게 4가지로 나타난다.

시간을 보내는 방식

	급한 일	덜 급한 일
중요한 일	**① 미루는 사람** • 시험이 내일이다 • 친구가 다쳤다 • 지각이다 • 오늘까지 내야 할 과제물 • 자동차가 고장났다	**② 우선순위를 정해 일하는 사람** • 계획, 목표 설정 • 일주일 안에 제출해야 하는 과제 • 운동 • 인간관계 • 휴식
덜 중요한 일	**③ 무조건 "그래"라고 하는 사람** • 중요하지 않은 전화 • 쓸데없는 참견 • 다른 사람의 사소한 문제 • 동료압력	**④ 게으른 사람** • TV를 너무 많이 본다 • 끝없는 전화 • 밤새도록 컴퓨터 게임을 한다 • 길거리 배회 • 시간 낭비

우리는 긴급함에 중독된 사회에 살고 있다. 지금은 '바로바로' 시대인 것이다. 즉석 빵, 3분 요리, 패스트푸드, 주문형 비디오, 호출기, 휴대전화 같은 것들이 다 무엇을 위한 것인가?

긴급함이 꼭 나쁜 것만은 아니다. 문제는 급한 일에만 쫓긴 나머지, 중요한 일임에도 불구하고 급하지 않다는 이유로 그것을 미루는 데 있다. 이를테면 보고서를 미리미리 준비한다든가, 등산을 간다든가, 친구에게 편지를 쓴다든가 하는 일 말이다. 이런 중요한 일들이 급한 일 때문에 뒷전으로 밀려나고 있다. 급한 일이란 전화, 참견, 여기저기 들르는 것, 마감일, 다른 사람의 문제, 그 밖의 '목전에 있는' 일 등이다.

각각의 사분면을 살펴보면서 "나는 몇 사분면에서 대부분의 시간을 보내고 있는가?"라고 스스로에게 물어보기 바란다.

1사분면 : 미루는 사람

1사분면부터 살펴보자. 중요하기도 하고 급하기도 한 일들이다. 아픈 아이를 돌보는 일이나 마감일을 지키는 일처럼 감당하기 어려운 일이 있는 것이 사실이다. 하지만, 숙제를 안 하고 있다가 시험날이 되어서야 밤샘을 한다거나, 평소에 자동차 관리를 소홀히 하다가 고장이 나서야 정비소를 찾아갈 때처럼, 해야 할 일을 미루었기 때문에 문제가 발생하는 경우도 있다. 이런 종류의 일은 항상 생기게 마련이지만, 이런 일에만 매달린다면 항상

스트레스를 받게 되고 잠재력도 발휘할 수 없게 된다.

미루는 사람이 있다고 하자. 항상 "이제 그만 미뤄야지"라고 다짐하지만, 이런 사람은 대부분 시험 전날이 되어서야 공부를 시작하는 사람이다. 항상 바쁘게 움직이는 이런 사람들에게 재충전 시간을 기대하기는 어렵다.

미루는 사람은 긴급함에 중독된 사람이다. 이런 사람은 미루고 미루다가 위기가 닥쳐야만 행동하는 사람이다. 이 방식을 좋아하고 있는지도 모르는데, 왜냐하면 닥쳐서 일을 해야 빨리 할 수 있기 때문이다. 이런 사람들은 긴급상황이 아니면 행동할 생각조차 하지 않는다. 쫓기는 상황에서만 일을 하는 사람들인 것이다.

미루는 사람들은 미리 계획을 세우는 것은 생각도 하지 않는다. 그렇게 하면 급하게 일할 때 느끼는 긴장감이 사라지기 때문이다.

미루는 사람들을 보면 한 코미디언이 생각난다. 그의 말⋯.

"엄마는 항상 내가 자라면 모든 것을 미루기만 하는 사람이 될 거라고 말했었죠."
"그러면 나는, 좀 기다려봐요"라고 대답했습니다.

이 글을 쓰는 나도 한때는 미루는 사람에 속해 있었다. 고등학교에 다닐 때 나는 '벼락치기 도사'였다. 한 학기 동안 전혀 공부를 안 해도 시험 전날에만 밤을 새우면 학점을 얻을 수 있을 거라고 생각했다. 얼마나 어리석은가? 물론 학점을 얻을 수는 있었지만, 남는 게 없었고 결국 대학에서 그 대가를 치러야 했었다. 어떤 의미에서는 아직까지도 대가를 치르고 있는지도 모르겠다.

미루기를 좋아하는 한 학생이 다음과 같이 말했다.

"한 학기 내내 빈둥거리다가 마지막 2주 동안만 죽어라 하는 거죠. 그래도 성적은 그런 대로 나오거든요. 다른 아이들은 과제물도 제때 내고 노력한 만큼 성적을 받으니까 스트레스 안 받아요. 저 같은 경우에는 제대로 된 성적이라고 할 수도 없고⋯. 저도 다른 아이들처럼 여유 있게 공부하면 좋겠어요."

1사분면에서 많은 시간을 보냈을 때의 결과
- 스트레스와 짜증
- 피로와 탈진
- 중간 정도의 성적

2사분면 : 우선순위를 정해 일하는 사람

가장 좋은 것이므로 맨 나중에 이야기하기로 하자.

3사분면 : 무조건 "그래"라고 하는 사람

3사분면의 일은 급하기는 하지만 중요하지는 않은 일들이다. 여기에 속한 사람은 다른 사람들을 즐겁게 해주려고 애쓰는 사람이고, 그들의 요구를 다 들어주는 사람이다. 급한 일은 대부분 중요한 일인 것처럼 보이지만 항상 그런 것은 아니다. 예를 들어, 전화벨이 울릴 때 그것을 받는 것은 급한 일이긴 하지만, 전화 내용은 별로 중요하지 않을 수도 있다. 3사분면에 속하는 일은 자기자신이 아니라 남들에게 중요한 활동이다. 그러니까 하지 않을 수만 있다면 안 했으면 좋겠는데, 남들한테 상처를 주기 싫어서 하는 일들이다.

무조건 "그래"라고 말하는 사람이 있다고 하자. 이런 사람은 절대로 남에게 싫은 소리를 못 한다.

그는 모든 사람을 즐겁게 해주려고 애쓰기 때문에 결국 그 자신을 포함해, 아무도 즐겁게 해주지 못한다. 또 인기 있는 사람이 되고 싶어하고 튀어 보이려 하지 않기 때문에, 종종 다른 사람들의 눈치를 보며 물러서기도 한다. 이런 사람은 항상 말끝에 단서를 붙인다. "내일부터는 좀더 적극적으로 변해야지. 다른 사람만 괜찮다면."

어느 날 저녁, 친구가 약속도 없이 나타나서는 배 타러 가자고 하면, 이런 사람은 거절할 수가 없다. 친구를 실망시키고 싶지 않은 것이다. 다음날 아침에 아주 중요한 시험이 있어서 공부를 해야 한다는 사실은 더 이상 중요하지 않다.

여동생의 숙제를 도와주겠다고 했지만, 별로 중요하지도 않은 전화를 하느라 밤을 꼬박 새운다.

수영이 아니라 미술에 관심이 있지만, 수영선수였던 아버지를 실망시킬 수가 없어서 어쩔 수 없이 수영부에 들어간다.

모든 사람이 어느 정도는 이 3사분면의 일들로 시간을 보낸다. 하지만 중요한 일에 집중하지 못하고 모든 일을 무비판적으로 다 수용한다면 큰 성과를 거둘 수가 없다. 코미디언 빌 코스비 Bill Cosby가 이것에 대해 아주 잘 말했다. "성공의 비결이 무엇인지는 잘 모릅니다. 하지만 모든 사람을 즐겁게 해주려고 애쓰면 실패할 수밖에 없다는 것은 압니다." 3사분면에서 시간을 보내는 것은 중심이 없는 생활태도이기 때문에 가장 나쁜 생활습관 중의 하나이다. 그것은 안정적이지 못하고 바람 부는 대로 떠다니는 생활습관이다.

3사분면에서 많은 시간을 보냈을 때의 결과
- 남들만 즐겁게 하는 사람
- 자제력 상실
- 남들 뒤치다꺼리만 하게 됨

4사분면 : 게으른 사람

4사분면의 일들은 아무짝에도 쓸모없는 것들이다. 이것들은 중요하지도 급하지도 않다.

4사분면에서 빈둥거리는 사람들은 게으른 사람들이다. 텔레비전을 너무 많이 보고, 항상 컴퓨터 게임이나 인터넷에 빠져 있다. 주말이면 서너 시간

씩 전화통만 붙들고 앉아 있거나, 쓸데없이 길거리를 배회한다.

빈둥거리는 데는 도사다. 따지고 보면 12시까지 자는 것도 보통사람은 쉽게 할 수 없는 일이다. 만화책을 너무 좋아해서 일주일에 수십 권씩 읽어대고, 아르바이트라는 것은 한 번도 해본 적이 없다. 젊고 건강한데 일은 뭐 하러 하나? 학교도 별 생각 없이 그냥 다닌다. 아예 학교에 다니는 것조차 귀찮아할 수도 있다.

영화 보러 가고, 컴퓨터 통신을 하고, 그냥 돌아다니는 것은 건강한 생활일 수도 있다. 하지만 그런 일은 남는 시간에 심심풀이로 할 때나 그렇다. 절제할 줄 알아야 한다. 텔레비전은 기분전환이 될 만큼만 보면 된다. 절제하지 않고 새벽 2시까지 계속 텔레비전만 본다면 그것은 기분전환이 아니라 시간낭비이다.

4사분면에서 생활했을 때의 결과
- 책임감 없음
- 죄의식
- 자폭!

2사분면 : 우선순위를 정해 일하는 사람

되돌아가서 2사분면의 일들을 살펴보자. 2사분면의 일들은 중요하기는 하지만 급하지는 않은 일들 그러니까 휴식, 우정을 쌓는 일, 운동, 미리 계획하기, 숙제 제때 하기 등이다. 이는 아주 훌륭한 생활방식으로 이런 방식으로 생활하기 위해 애써야 한다. 2사분면의 활동은 중요하다. 하지만 급하게 해야 할 일들은 아니다. 바로 이런 이유 때문에 이런 일은 막상 하기가 망설여진다. 예를 들어, 여름방학에 좋은 아르바이트 자리를 구하는 것은 중요한 일이지만, 방학까지는 아직 몇 주 더 남아 있어서 급한 일은 아니라고 생각하고 미루다 보면, 막상 방학이 시작되었을 때에는 이미 좋은 일자리는 다 나가고 없을 것이다. 두 번째 방식으로 생활했다면, 미리 계획을 세워 좋은 일자리를 차지할 수 있었을 텐데 말이다. 이렇게 하기 위해서는 시간이 많이 드는 것도 아니다. 계획만 잘 세우면 된다.

순서를 정해 일하는 사람이 완벽한 사람이라는 법은 없다. 그런 사람은 기본적으로 정리를 잘하는 사람이다. 해야 할 일들이 무엇인지 살펴보고 순서를 정해서 소중한 일을 먼저하고 사소한 일은 나중에 하는 것이다. 숙제를 제때에 하고, 미리미리 과제물을 준비함으로써 자신의 능력을 최대한 발휘할 수 있고 밤샘공부의 스트레스를 피할 수도 있다. 다른 일을 미루는 한이 있더라도 운동과 재충전을 위한 시간을 따로 정해놓는다. 가족이나 친구같이, 자신에게 가장 소중한 사람들을 다른 사람들보다 먼저 생각한다. 쉬운 일은 아니겠지만 균형 잡힌 삶을 살아가는 것은 중요하다.

이런 사람은 자동차에 기름을 규칙적으로 넣기 때문에, 달리는 도중에 기름이 떨어지는 경우가 없다. 영화도 보러 다니고 인터넷 서핑도 하고 추리소설 같은 것도 읽지만 결코 지나치게 거기에 빠지지는 않는다.

이런 사람은 듣는

사람이 기분 나쁘지 않게 거절하는 방법을 알고 있다. 친구들이 느닷없이 나타나 파티에 가자고 하면, "고맙지만 안 되겠어. 내일 중요한 시험이 있거든. 금요일은 괜찮은데 그때 함께 가자"라고 대답한다. 친구들은 동의하고 심지어 거절할 수 있는 용기를 은근히 부러워하기까지 한다. 이런 사람은, 다른 사람들의 눈치를 살피지 않고 행동하면, 처음에는 기분 나쁘게 보일 수도 있지만 결국에는 다른 사람도 그런 면을 우러러보게 된다는 것을 알고 있는 사람이다.

2사분면에서 생활했을 때의 결과
- 삶에 대한 통제력
- 균형
- 높은 성과

지금까지 살펴본 4가지 사분면 중 여러분은 대부분의 시간을 어디에서 보내나요? 1사분면? 2사분면? 3사분면? 4사분면? 사실 모든 사람이 4가지의 사분면 모두에서 어느 정도씩 시간을 보낸다. 중요한 것은 가능한 한 2상한에서 많은 시간을 보내려고 노력하는 것이다. 그러기 위해서는 다른 사분면에 속해 있는 시간을 줄여 나가는 수밖에 없다. 어떻게 할 수 있을까?

미루는 것을 줄여 나가면서 1사분면의 일들을 축소시켜라. 우리가 1사분면에서 생활한다면 항상 할 일이 산더미처럼 쌓이게 된다. 그거 하나는 확실하다. 중요한 일을 먼저 함으로써 미루는 것을 반만 줄일 수 있다면, 1사분면의 일들이 줄어들 것이다. 그렇게 되면 스트레스도 적게 받게 된다.

3사분면의 일에 대해서는 "안 돼"라고 말하라. 중요한 일을 할 수 없게 만드는 사소한 일에 대해서는 "안 돼"라고 말할 수 있어야 한다. 사소한 일에 너무 많이 신경 쓰지 않도록 하자. 모든 사람을 즐겁게 하려고 애쓰는 것은 자신의 꼬리를 쫓아 뱅뱅 도는 개와 같다. "안 돼"라고 말하는 것이 사실은 더 중요한 일을 하기 위한 것임을 명심하라.

4사분면의 일을 줄여 나가자. 그런 활동을 하지 말라는 이야기가 아니라, 조금만 적게 하라는 이야기다. 시간낭비할 틈이 없다. 그 시간을 2사분면의 일에 투자하라. 물론 가끔씩은 휴식을 취해야 한다. 하지만 적당한 휴식은 2사분면에 속하지만, 지나친 휴식은 4사분면에 속한다는 것을 명심하라.

2사분면의 일을 하는 데 더 많은 시간을 투자하는 것 이외에, 소중한 일을 먼저 할 수 있도록 시간을 배분하는 것을 도와줄 방법이 한 가지 있다. 플래너를 만들어 주간계획을 세워라.

■ 플래너를 사용하라

우선, 플래너는 날짜 옆에 약속, 해야 할 일, 목표 등을 적을 수 있는 빈칸이 있는 것이 좋겠다.

직접 만들어서 사용해도 괜찮다. '플래너'란 말만 들어도 "책이 또 한 권 더 생기면 무거워서 싫어요"라고 말하는 사람이 있을지 모르겠다. 하지만 플래너는 다양한 크기로 만들 수 있으니까 걱정하지 않아도 된다. 아주 무거운 것으로 만들 수도 있고, 들고 다닐 수 있을 만큼 가볍게 만들 수도 있다.

"계획에 맞추어 사는 건 싫어. 자유로운 게 좋아"라고 말하는 사람도 있을 수 있다. 하지만 플래너는 생활을 속박하는 것이 아니라, 더욱 자유롭게 하기 위해 만든다는 것을 명심해야 한다. 플래너가 있으면 약속을 잊어버릴 일도 없고, 약속이 겹칠 일도 없다. 과제물은 언제까지 내야 하고 시험이 언제인지도 금방 확인할 수 있다. 중요한 정보들(전화번호, 인터넷 주소, 생일)을 여기저기 적지 않고 한곳에 모두 담아 보관할 수도 있다. 플래너는 생활을 구속하는 것이 아니라, 생활을 편하게 하는 훌륭한 도구이다.

일주일 단위로 계획하라

일주일에 15분만 시간을 내서 플래너를 짜도록 하라. 많은 변화가 일어날 것이다. 왜 하필 주간계획이어야 할까? 일주일 단위로 생각을 하는 게 편하다. 매일매일 계획을 짜는 것은 너무 협소하고, 한 달 단위로 계획을 짜는 것은 너무 광범위하기 때문이다. 플래너가 생겼으면, 다음 세 단계에 따라 주간계획을 세워보도록 하자.

1단계 : 큰일들이 무엇인지 정하라

주말이나 주초에, 다음 주에 해야 할 일을 생각해 보고 스스로에게 "제일 중요한 일들이 뭐지?"라고 물어보라. 그것이 그 주의 큰일들이다. 그것들은 아마도 작은 목표들처럼 보일 텐데, 그런 것들이 모여서 장기적인 큰 목표가 되는 것이다. 이 큰일들이 대부분 앞의 두 번째 부류에 속하는 일들인 것은 당연하다.

아마 아래와 비슷한 큰일들이 있을 것이다.

이번 주에 할 큰일들
- 과학시험 준비
- 읽고 있는 책 마치기
- 할아버지께 놀러 가기
- 웅변대회에 지원서 내기
- 환경보호 표어 제출
- 운동 세 번

큰일들을 정하는 또 다른 방법으로, 자신이 맡고 있는 역할에 따른 일들을 생각해 볼 수 있다. 학생, 친구, 가족구성원, 특별활동반원, 나 자신 등.

이러한 역할 각각에 요구되는 중요한 일이 1, 2가지씩 있을 것이다.

다양한 역할들에 따른 할 일을 계획함으로써 균형 잡힌 생활을 유지할 수 있다.

큰일들을 정하는 데 있어서 할 일을 지나치게 많이 써놓는 것은 좋지 않다. 해야 할 일이 수십 가지나 있다고 느껴질 때는, 좀더 현실적으로 범위를 줄여서 10개에서 15개 사이의 큰일들을 정하도록 해야 한다.

역할	이번 주에 할 큰일들
학생	역사 과제물
친구	마리오 생일
	좀더 친절해지기
가족구성원	콜린이랑 공원에 가기
	할머니께 전화드리기
특별활동반원	지각하지 않기
나 자신	자선 콘서트 가기
	매일 일기 쓰기
토론 그룹 일원	조사 완료
	토론 시작

2단계 : 큰일들을 위한 시간을 배분하라

큰 돌 실험을 해 본 적이 있는가? 양동이에 작은 돌과 큰 돌을 같이 넣을 때, 작은 돌들을 먼저 넣고 나서 그 위에 큰 돌을 넣으면 큰 돌을 다 넣을 수가 없다. 하지만 반대로 큰 돌을 먼저 넣어 놓고 작은 돌들을 넣으면, 작은 돌들이 큰 돌들 사이사이에 들어가기 때문에, 돌들을 다 넣을 수가 있다. 큰 돌과 작은 돌을 넣는 순서만 다를 뿐이다. 작은 돌들을 먼저 넣으면 큰 돌들이 다 들어가지 않는다. 하지만 큰 돌들을 먼저 넣으면 큰 돌과 작은 돌 모두 다 들어간다. 이제, 큰 돌이 중요한 일이고 작은 돌이 매일매일의 사소한 일 그러니까 전화 받기, 잡일, 쓸데없는 참견 등이라고 생각해 보자. 이 이야기의 교훈은, 큰일들에 대한 계획을 먼저 세우지 않으면 그 일을 할 수 없다는 것이다.

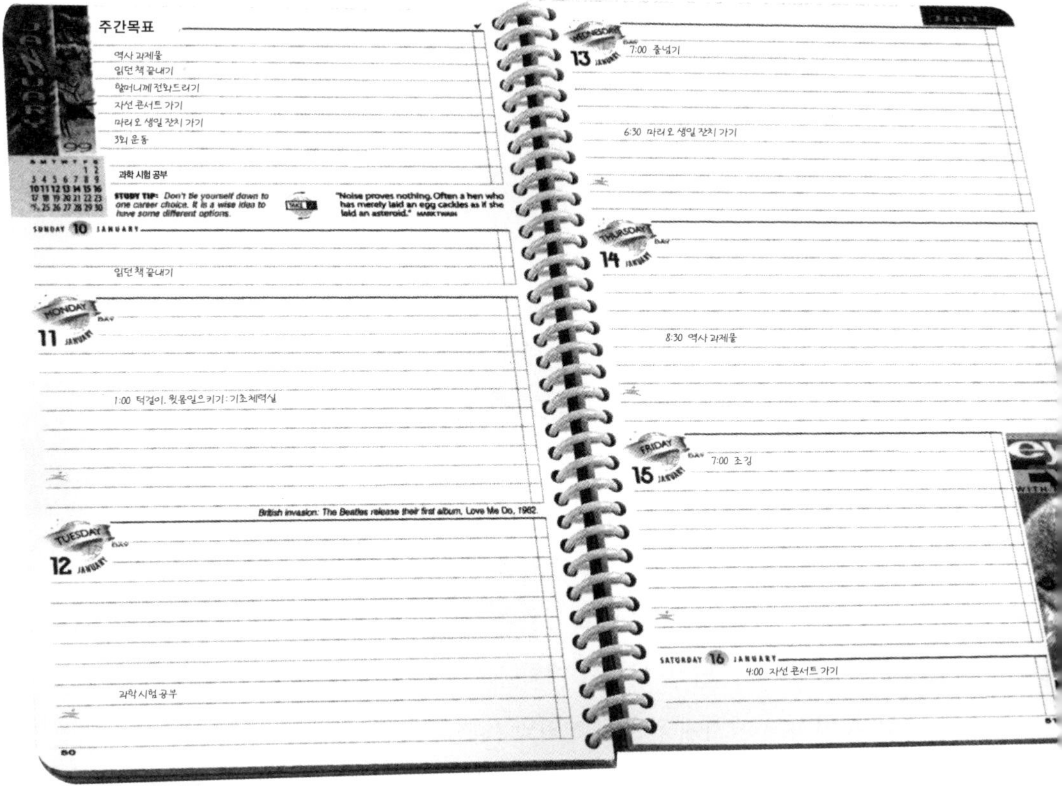

주간계획을 세울 때에는 플래너에 적어가면서 큰일들을 위한 시간을 배분하라. 예를 들어, 역사 과제물을 하기에는 목요일 밤이 좋고, 할머니께 전화드리는 것은 일요일 오후에 하는 것이 좋겠다면, 그 날짜와 시간에 그렇게 적어넣으면 된다. 예약하는 것과 비슷하다.

'하루에 세 번씩 남을 칭찬하기' 라는 주간목표를 정했다면, 그 일은 시간을 별로 잡아먹지 않는 것이니까 플래너의 아무 곳에나 적어놓으면 된다.

큰일들을 다 적고 나면, 다른 사소한 일들을 할 시간도 생길 것이다. 혹시

나 시간이 생기지 않더라도 신경 쓸 필요가 없다. 큰 돌들을 위해 작은 돌들을 치우는 것쯤으로 생각하면 된다.

3단계 : 나머지 계획

큰일들에 대한 계획이 끝나면, 그 밖의 잡다한 일이나 약속 등에 대한 계획을 세워야 한다. 작은 돌들을 넣는 것이다. 달력의 다음 장을 보면서 방학, 콘서트, 생일 등 앞으로 다가올 일을 살펴볼 수도 있다.

매일 실행하라

계획이 세워졌으면, 정해진 대로 매일 실행하라. 아마 몇몇 계획이 바뀔 수도 있을 것이다. 하지만 한번 세운 계획은 꼭 지킬 수 있도록 최선을 다해야 한다. 하기로 했던 일을 하나도 빠짐없이 다 하지 못했다고 해서 큰 문제가 되는 것은 아니다.

하기로 했던 일을 3분의 1밖에 못했다 하더라도, 아무 계획 없이 일을 하는 것보다는 3분의 1만큼 많이 한 셈이니까 말이다.

이런 주간계획이 너무 엄격하고 복잡하게 보인다고 해서, 없었던 일로 해서는 안 된다. 그냥 좀 가볍게 계획을 세우면 된다. 예를 들면, 큰일을 2, 3가지만 정하고 거기에 관계된 계획만 세워도 괜찮다.

요점은, 한 주를 시작하기 전에 미리 계획을 세우면 큰일에 집중할 수 있게 되고, 결국 더 많은 것을 얻을 수 있다는 것이다.

정말 효과가 있을까?

이런 시간계획이 정말 효과가 있을까? 대답은 "물론!"이다. 위의 제안들을 통해 큰 성공을 거둘 수 있었다는 내용을 담은 청소년들의 편지를 수도 없이 받아보았다. 4가지 부류의 일들에 대해 배운 후에 주간플래너를 작성하게 된 청소년들의 편지를 보자.

제이콥Jacob의 편지

시간 보내는 방식에 관한 표를 보았을 때, '그래 맞아, 나는 꼭 목전에 닥쳐야만 일을 한단 말이야'라고 생각했습니다. 숙제도 그랬고, 월요일에 내야 할 과제물은 꼭 일요일 밤이 돼서야 했으며, 시험이 금요일에 있으면 목요일 저녁에야 허겁지겁 준비를 했습니다. 위험천만했던 때가 한두 번이 아니었습니다.
저한테 있어 중요한 것이 무엇인지 정하고 난 후에, 우선순위를 정하고 플래너를 사용하기 시작했습니다. 낚시를 하고 싶어질 때면 '아냐, 다른 일이 더 중요하니까 먼저 하자. 그리고 나면 내일은 하루 종일 낚시를 할 수 있을 거야'라고 생각했습니다. 시간이 지나면서 효율성 있게 공부할 수 있었고 성적도 따라서 오르더군요. 모든 일들이 제자리를 찾아가고 있다는 느낌이 들기 시작했습니다. 시간을 효율적으로 사용하는 방법을 좀더 일찍 알았더라면, 스트레스를 많이 받지 않을 수도 있었을 겁니다.

브루크Brooke의 편지

해야 할 일에 대해 며칠 전부터 고민하지 않아도 되었기 때문에 스트레스가 많이 줄었습니다. 그때그때 플래너를 펴 보면 거기 모든 것이 다 정리되어 있으니까요. 우울해지거나 스트레스를 받을 때면 플래너를 꺼내 봅니다. 그러면 아직 시간이 충분하다는 것을 알게 되어 기분이 좋아집니다. 이 모든 일들이 다 나에겐 소중한 일들입니다.

한번 낭비한 시간은 되돌릴 수 없다. 모든 순간을 소중히 다루도록 하라. 엘리자베스 1세의 유언 중에 다음과 같은 말이 있다. "잠깐이라도 더 살 수 있다면 내 전재산을 내놓겠다."

■ 나머지 반쪽

시간관리를 잘하는 것은 세 번째 습관의 전부가 아니라 반이다. 나머지 반은 두려움과 동료압력을 극복하는 것을 배우는 일이다.

어떤 압력에 직면했을 때, 가치나 원칙 등의 소중한 것을 지켜 나가기 위해서는 용기와 기백이 필요하다. 아이들에게 "가장 소중한 것이 뭐니?"라고 물어본 적이 있다. 대답은 "가족" "친구들" "자유" "재미" "어른이 되는 것" "믿음" "안정" "외모" 등 다양했다. 대답을 듣고 나서 이번에는 "그런 소중한 것들을 지켜나갈 수 없게 방해하는 게 뭐지?"라고 물어보았다. 여러 가지 대답 중 "두려움"과 "다른 사람들의 눈치"가 제일 많았다.

안전지대와 도전지대

소중한 것을 먼저 하는 일은 용기를 필요로 하는 일이며, 때때로 안전지대 밖으로 나갈 것을 요구하기도 한다. 다음 안전지대와 도전지대를 나타내는 그림을 보자.

안전지대는 익숙한 것, 잘 아는 장소, 편한 친구, 즐겁게 할 수 있는 일 등을 나타낸다. 그곳은 위험이 없고, 일이 쉽다. 사람들은 그 안에서 안전하게 보호받고 있다고 느낀다.

반면에, 새로운 친구를 사귀는 일, 많은 청중 앞에서 이야기하는 일, 소중

한 가치를 옹호하는 일은 긴장되는 일이다. 이런 일들이 바로 모험과 위험, 그리고 도전정신을 포함하는 도전지대에 속하는 일들인데, 사람들을 불안하게 만드는 것은 전부 여기에 속한다. 이곳에는 불확실성, 압력, 변화, 실패할 가능성 등이 도사리고 있다. 하지만 이곳은 기회의 땅이기도 하고 잠재적인 능력을 실현할 수 있는 유일한 장소이기도 하다. 이것 하나는 확실한데, 안전지대에서만 맴도는 사람은 결코 이곳에 도달할 수 없다.

"안전지대에서 편안히 즐기는 게 뭐가 어때서요?"라고 반박하는 사람이 있을지도 모르겠다. 물론 그래서 안 될 것은 없다. 사실, 사람들은 대부분의 시간을 안전지대에서 보낸다. 하지만, 알려지지 않은 영역으로는 절대 들어가지 않는 생활태도는 분명 잘못된 것이다. 새로운 것을 시도해 보지 않고 사는 사람은 안전하게 사는 사람일지는 모르지만, 결국 지루한 삶을 사는 사람이라는 사실에 모두들 동감할 것이다. 지루한 삶을 원하는 사람은 아무도 없다. 아이스하키의 황제 웨인 그레츠키Wayne Gretzky는 "슛을 시도하지 않으면 절대로 골을 넣을 수 없다"고 말했다. 스스로에 대해 믿음을 가져라. 그리고 가끔씩은 위험을 무릅쓰고라도 도전지대로 자신을 내던져보라. 아무런 위험도 감수하지 않고 살아가는 삶이야말로 가장 위험한 삶이라는 점을 명심하자.

절대로 두려움 때문에 포기하지 마라

좋지 않은 감정들이 많이 있는데, 그중에서 가장 나쁜 것이 두려움이다. 나는 살아오면서 두려움 때문에 못했던 일을 되돌아볼 때 가장 가슴 아프다. 고등학교에 다닐 때 세리라는 예쁜 여학생이 있었는데, 한 번도 그녀에게 데이트 신청을 해보지 못했다. 매번 두려움이 "걔는 널 별로 안 좋아할 거야"라고 나에게 속삭였던 것이다. 시합에서 지는 것이 두려워 풋볼팀에서 자진해서 나온 적도 있다. 무엇보다도, 학생회장에 출마하고 싶었지만 전체 학생들 앞에서 이야기하는 것이 두려워 그만두었을 때를 기억하면 제일 크게 후회가 된다. 지금까지 살아오면서 그 잘난 두려움 때문에 배울 수 있는 것을 못 배웠고, 사귈 수 있었던 친구를 못 사귀었고, 뛸 수 있었던 시합을 못 뛰었던 것이다. 셰익스피어Shakespeare가 《앙갚음 Measure for Measure》에서 적은 다음과 같은 상태와 비슷했던 것이다.

"의심은 우리의 배신자다. 의심은 두려운 마음을 일으켜, 좋은 것을 얻으려는 우리들의 시도를 방해하고, 결국 그것을 얻을 수 없게 만든다."

아버지가 해준 이 말을 결코 잊지 못할 것이다. "숀, 잘 들어라. 절대 두려움 때문에 포기해서는 안 된다. 결정은 자기 자신이 내리는 거야." 훌륭한 말이라고 생각하지 않는가? 두려움에 맞서 행동함으로써 훌륭한 일을 해낸 영웅들을 한번 생각해 보자. 넬슨 만델라Nelson Mandela는 남아프리카공화국에서 인종차별 정책을 폐지하는 데 결정적인 기여를 한 사람이다. 하지만 그는 남아프리카공화국 최초의 흑인대통령이 되기 전에는, 인종차별 정책에 반대하는 연설을 했다는 이유만으로 27년이나 감옥에 있어야 했다. 그가 두려움 때문에 인종차별 정책에 반대하기를 포기했다면 어떤 결과가 있었을까? 오랜 투쟁 끝에 결국에는 미국에서 여성의 참정권을 얻어낼 수 있었던 수잔 앤터니Susan B. Anthony의 경우도 마찬가지다.

2차 세계대전 당시 나치 독일로부터 서방의 자유국가들을 지켜낸 영국 수상 윈스턴 처칠은 또 어떤가? 그가 자신을 믿지 못하고 약한 모습을 보였더라면 어떻게 됐을까? 유명한 사람에 의한 것이든 평범한 사람에 의한 것

> 우리가 정복한 것은 산이 아니라 우리 자신이다.
>
> _ 에드먼드 힐러리
> (Edmund Hillary,
> 최초의 에베레스트 정복자)

이든, 훌륭한 행동은 모두 위험에 맞서 이루어낸 것이다.

위험에 맞서 행동하는 것이 결코 쉬운 일은 아니다. 하지만 나중에 가서는 뿌듯함을 느낄 수 있을 것이다. 대학 졸업반일 때 학점이 남아서, 들을 만한 과목이 없나 살피다가 '발성법 개인지도'라는 음악수업을 발견했다. '도전지대로 들어가서 한번 시도해 보자'고 생각했다.

친구들이 알면 놀릴까봐 조용히 그 수업을 신청했다.

학기말까지는 잘 지냈는데, 학기말 시험을 앞두고 담당교수가 와서는 "그런데, 숀. 다른 학생들 앞에서 무슨 노래를 부를 건지 정했나?"라고 물었을 때 나는 깜짝 놀랐다.

"무슨 말씀이시죠?" 두려움에 떨며 내가 물었다.

"수업계획서에 보면, 이 수업을 받는 다른 학생들 앞에서 한 번 이상 노래를 불러야 한다고 적혀 있다네."

"꼭 그래야만 할까요? 그러지 않아도…." 다급해진 내가 말했다.

"별거 아니야. 잘 해낼 걸세."

나에겐 별거 아닌 게 아니었다. 다른 사람들 앞에서 노래를 부르는 것을 상상하는 것만으로도 온몸이 아파왔다. "어떻게 피해 갈 수 있을까?" 하지만, 친구들에게 두려움 때문에 포기하지 말라고 늘 이야기해 왔기 때문에 나 자신이 그런 식으로 피해 갈 수는 없었다. 그렇다면… 한번 해보기로 했다.

"힘내, 숀." 머릿속으로 항상 연습했다. "한번 해보기나 하자."

마침내 운명의 날이 밝아왔다. 노래를 부르기로 되어 있던 '운명의 방'에 들어섰을 때, 나 자신에게 확신을 가지려고 계속 애썼다. "진정해, 숀. 형편없이 나쁘지는 않을 거야."

하지만 상태가 점점 더 나빠졌다. 방 안에 있는 사람들이 대부분 음대나 연극영화과 학생들인 것을 보고 어안이 벙벙해졌다. 그들은 모두 노래를 잘하는 사람들로, 어릴 때부터 음악을 하면서 자라왔던 것이다. 첫 번째 학생이 나와서 '레 미제라블 Les Miserables'에 나오는 노래를 실제 뮤지컬 배우보다 더 잘 부르는 것을 보고 두려움은 더욱 커졌다.

그 학생은 믿을 수 없을 만큼 노래를 잘 불렀는데도, 앉아 있는 사람들은 그 학생에 대한 비판을 하기 시작했다. "톤이 좀 단조로운 것 같은데." 누군가가 말했다. '아, 안 돼! 나한테는 뭐라고 그럴까?'

"숀, 자네 차례야."

관중들 앞에 서니, 나는 안전지대로부터 수백만 광년쯤은 벗어나 있다는 느낌이 들었다. 계속해서 나 자신에게 말했다. "힘내. 할 수 있어. 힘내. 할 수 있어."

"저는 '마이 페어 레이디 My Fair Lady'에 나오는 '당신의 집 앞에서 On the Street Where You Live'를 부르겠습니다." 떨리는 목소리로 말했다.

전주가 시작되고 모든 사람들의 시선이 나에게 집중되었다. '도대체 어쩌다가 내가 이 지경이 되었나?'라는 생각밖에 안 들었다. 사람들이 웃고 있는 게 벌써부터 나를 비웃는 것 같았다.

"가끔씩 이 길을 걷곤 했지…." 노래를 시작했다.

두 번째 소절을 시작하기도 전에, 관중들의 얼굴에는 짜증난 표정이 역력했다. 나는 너무 불쾌했다. 억지로 한 소절 한 소절을 불러나갔다.

노래의 마지막 부분에 고음으로 불러야 하는 부분이 있었다. 연습하면서도 애를 먹었던 부분인데, 지금은 두려움에 떨면서 그 부분을 불러야 한다. 하지만 그 부분에 거의 다 가서는 '제기랄, 될 대로 되라지'라고 생각했다.

그 부분을 제대로 불렀는지는 기억이 잘 나지 않는다. 기억나는 것이라곤 몇몇 학생들이 민망한 나머지 나에게서 고개를 돌려버렸다는 것뿐이다.

노래를 마치고 얼른 자리에 앉았다. 침묵이 이어졌다. 무슨 말을 해야 할지 아무도 몰랐던 것이다.

"잘했어, 숀."

"감사합니다." 나는 머쓱해졌다. 하지만 이 점만은 알아주었으면 한다. 비록 내가 지옥 같은 시간을 보내기는 했지만, 그 방을 나와 차를 타러 정류장까지 걸어가는 동안 내가 너무나 자랑스러웠다는 것 말이다. 나는 대단한 성취감을 맛보았다. 나의 고음에 대해 다른 사람들이 어떻게 생각할지는 조금도 신경 쓰지 않았다. 나 자신이 견뎌냈다는 사실이 자랑스러울 뿐이었다. 맨 처음 에베레스트를 정복한 에드먼드 힐러리Hillary가 그랬듯이 말이다. "우리가 정복한 것은 산이 아니라, 우리 자신이었다."

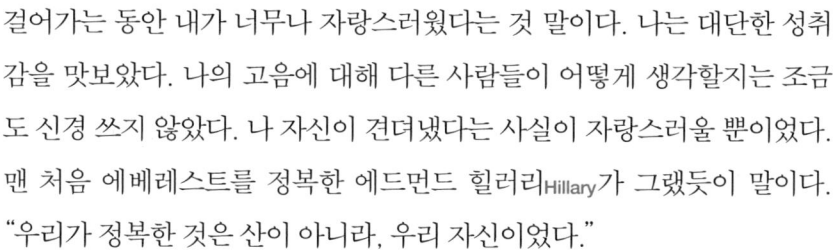

만약,

- 새 친구를 사귀고 싶거나
- 다른 사람들의 눈치를 극복하고 싶거나
- 오래된 습관을 고치고 싶거나
- 새로운 기술을 익히고 싶거나
- 운동부에 지원하고 싶거나
- 연극 오디션에 참가하고 싶거나
- 직업을 바꾸고 싶거나
- 무슨 일이 하고 싶거나
- 스스로에게 솔직해지고 싶거나

아니면, 많은 사람 앞에서 노래를 한번 부르고 싶을 때에는… 하면 된다. 두려움이나 의심이 "뭐 하는 거야?" "실패할 거야!" "하지 마!"라고 말하더라도 포기해서는 안 된다. 결정은 직접 내리는 것이다.

쓰러져도 다시 일어나는 것이 곧 승리하는 것이다

사람들은 모두 공포를 느낀다. 그러나 그건 별 문제가 아니다. "공포를 느끼더라도, 아무튼 해라"라는 속담도 있다. '쓰러져도 다시 일어나는 것이 곧 승리하는 것이다'라는 생각을 항상 염두에 두는 것은 두려움을 극복하는 한 방법이 될 수 있다. 실패에 대한 걱정은 조금만 하고, 시도하지 않으면 놓쳐버릴지도 모르는 기회에 대해서 많이 생각하라. 따지고 보면, 존경받는 많은 사람들도 모두 여러 번의 실패를 경험했던 사람들이다.

예를 들어, 홈런 왕 베이브 루스Vave Ruth는 삼진도 1,330번이나 당했고, 앨버트 아인슈타인Albert Einstein은 네 살 때까지 말을 못했다. 베토벤Beethoven의 스승은 그를 두고 말하기를 "작곡가로서는 별로 희망이 없다"고 했고, 루이 파스퇴르Louis Pasteur는 화학에서 '보통' 성적을 받았다. 로켓 과학자인 베르너 폰 브라운Wernher von Braun은 수학에서 낙제했고, 화학자 퀴리부인Madame Marie Curie은 핵화학을 창시해 혁명적인 과학의 발전을 이룩하기 전에는 파산할 뻔한 적도 있었다. 그리고 마이클 조던Michael Jordan도 고등학교에 다닐 때 농구부에서 탈락한 적이 있었다.

다음은 수많은 실패를 거듭하면서 그때마다 다시 맞서 싸웠던 한 사람의 인생역정이다. 누구인지 한번 생각해 보라.

- 22세—사업 실패
- 23세—주의원 선거 낙선
- 25세—또 사업 실패
- 26세—사랑하는 연인의 죽음

- 27세-신경쇠약 와병臥病
- 29세-대변인 선거 낙선
- 34세-국회의원 공천 탈락
- 37세-국회의원 당선
- 39세-의원직 상실
- 46세-상원의원 선거 낙선
- 47세-미국 부통령 선거 낙선
- 49세-상원의원 선거 낙선

이 사람은 바로 51세에 미국 대통령에 당선된 에이브러햄 링컨Abraham Lincoln이다. 그는 쓰러질 때마다 다시 일어나서 결국 자신의 목표를 달성했고, 모든 사람들로부터 존경을 받았다.

힘든 때일수록 용기를 가져라

시인 로버트 프로스트는, "길이 갈라지는 곳에서, 나는 인적이 드문 길을 택했다. 그 이후로 모든 것이 달라졌다"고 노래했다. 우리 인생에는 이 시의 갈림길처럼 힘든 때가 있다. 그런데 이 순간에 용기를 가지고 대처하느냐 그러지 못하느냐에 따라 남은 인생이 결정되기도 한다.

그렇다면, 힘든 때란 구체적으로 어떤 때를 말하는 것일까? 힘든 때란 바로 옳은 길을 택할 것인가, 아니면 쉬운 길을 택할 것인가를 놓고 갈등할 때를 의미한다. 이는 아주 중요한 순간으로 인생을 결정하는 그런 찰나이다. 이런 순간에 하는 행동은 말 그대로 우리 인생을 결정하는 행동인 것이다. 이런 힘든 때도 크게 힘든 때와 조금 힘든 때로 나뉜다.

조금 힘든 때는 매일매일 일어나는 것으로 자명종 소리에 맞춰 일어나는 것, 숙제를 꼬박꼬박 하는 것 등이다. 스스로를 제어하며 이런 순간들에 용

> 길이 갈라지는 곳에서,
> 나는 인적이 드문 길을 택했다.
> 그 이후로 모든 것이 달라졌다.
>
> _ 로버트 프로스트
> (Robert Frost), 시인

기 있게 대처하면 하루가 훨씬 잘 풀려 나간다. 이런 순간에 약한 모습을 보이고 계속 편안함만을 택한다면, 곧 계획은 걷잡을 수 없이 흐트러져버리고 하루를 망치게 되기 쉽다. 하지만 계획했던 대로 일어난다면 남은 일과도 성공적으로 보낼 수 있는 것이다.

조금 힘든 때와 달리 크게 힘든 때는 가끔씩 생겨난다. 좋은 친구를 사귀는 일, 주변 사람들의 부정적인 시선을 극복하는 일, 실패 후에 다시 일어서는 일 등이 여기에 속한다. 팀에서 탈락할 수도 있고, 가족 중 누군가가 사망할 수도 있다. 이런 일들은 삶에 적지 않은 영향을 미치게 된다. 어느 정도 이런 일들을 예상할 수 있다면 미리 대비할 수 있고, 직접 닥쳤을 때에도 용감하게 맞서 승리할 수가 있다.

이런 중요한 순간에 용기를 가지도록 하자. 하루저녁이나 일주일 동안 즐겁기 위해서 남은 인생 전부를 희생해서는 안 된다.

혹시나 그런 어리석은 생각이 들 때면 다음 셰익스피어의 대사를 되새겨 보자(이번 장에서만 벌써 두 번이나 셰익스피어를 인용하고 있군).

내가 찾는 것을 가지기 위해 나는 무엇을 극복해야 할 것인가?
꿈, 목숨, 부질없는 유희
누가 한순간의 기쁨을 위해 한 주 동안 슬퍼할 것이며,
순간의 장난을 위해 영원을 바칠 것인가?
누가 포도 한 알을 먹기 위해 온 포도밭을 망칠 수 있을 것인가?

이 글은 한순간의 기쁨을 위해 미래를 포기하는 것에 관한 이야기이다. 장난감 하나 때문에 남은 인생 전체를 포기할 사람이 어디 있겠는가? 한순

간 기쁜 대신 다음 한 주 동안 괴로워야 한다면 누가 그 기쁨을 택하겠는가? 포도 한 알 먹겠다고 온 포도밭을 망치려는 사람이 있을까?

동료압력 극복하기

동료압력 때문에 몹시 힘이 들 때가 있다. 다른 사람들이 모두 "예"라고 말하는데, 혼자서 "아니오"라고 할 수 있으려면 용기가 있어야 한다. 하지만, 이런 주변 동료압력을 극복하는 것은 개인감정은행계좌에 도움이 되는 일이다.

고등학교에서 일하는 상담교사가 다음과 같은 글을 보내왔다.

> 수업이 시작되기 전에 한 신입생이 눈물을 줄줄 흘리면서 제 방으로 들어와서는, "애들이 저만 싫어해요!"라고 말했습니다.
> 전날 친구들이 수업도 빼먹고 공원에 놀러 가자고 했을 때 가지 않았더니 그 친구들이 오늘 나타나서는 "넌 빠져"라고 했다더군요. 그 아이도 처음에는 따라가려고 했는데, 학교를 빼먹은 것을 엄마가 알면 실망할 것 같아서 가지 않았다고 했습니다.
> 엄마는 자기를 위해 너무 많은 것을 희생하고 있기 때문에 엄마를 실망시킬 수는 없는 일이었죠.
> 아이는 일어서서 "안 돼"라고 말했고 친구들은 자기들끼리 갔습니다. 그 아이는 다음날 아무 일도 없을 줄 알았는데, 일이 그렇지가 않았어요. 아이들이 와서는 이제 자기와 놀지 않을 테니 다른 친구들을 찾아보라고 했던 것입니다.
> 그 아이는 눈물을 흘리면서도 자기의 행동이 잘못된 것이라고는 생각하지 않았습니다. 단지 외로웠던 모양입니다. 친구들이 자기를 받아주지 않으니까요. 나중에 그녀는 결국 자신이 옳았다는 확신을 가지고, 스스로를 존중하기로 했습니다. 마음도 안정되었고요. 인생의 소중한 경험을 한 것이죠. 자기 자신을 위해 용감해지는 것 말입니다.

어떤 때는 동료압력이 너무 심해, 어디론가 도망가 버리고 싶어질 때도 있다. 불량 서클에 가입해 있거나 결속력이 강한 친구들 사이에서 특히 그렇다. 아래에 있는 헤더 Heather의 경우, 거기서 뛰쳐나온 것은 최선의 선택이었다.

사귀고 있는 친구들과 그만 만나야 한다는 것은 오래전부터 알고 있었습니다. 하지만 방법을 몰랐어요. 친구들은 내가 자기네들처럼 외박도 하고, 술도 마시기를 바랐습니다. 머지않아 선생님들이 저를 두고 문제아라고 불렀지만 나는 여전히 그 친구들과 친하게 지내고 싶었습니다. 걔들과 함께했던 즐거운 일들이 자꾸만 생각이 나서 그랬어요. 하지만, 그 친구들과 밤에 만나서 나쁜 짓을 하면서도, '해서는 안 되는 일을 하고 있구나'라고 생각했습니다.

내 주변환경을 완전히 바꾸기 위해서 우선 거기서 빠져나오기로 결심했습니다. 이모가 있는 곳으로 이사가서 거기서 새출발을 하고, 좋은 친구들도 사귀고 싶다고 엄마에게 말했더니 엄마도 동의했습니다. 그래서 그 이후로 전 이모와 함께 살고 있어요.

지금은 새로 사귄 친구들 사이에서 좀더 제 느낌에 솔직해진 것 같습니다. 다른 사람이 뭐라 해도 신경 쓰지 않아요. 다른 사람이 저를 싫어하는 건 아무렇지도 않아요. 저는 저니까요. 그들 눈치에 맞추어서 살지는 않을 거예요. 내가 생각하는 대로 행동할 겁니다.

동료압력을 극복하기 위해서는, 그들 눈에 비친 자신의 모습이 아니라 스스로의 눈에 비친 자신의 모습에 신경을 쓰도록 애써야 한다. 포티아 넬슨 Portia Nelson의 다음 시처럼 말이다.

언제나

다른 사람들 틈에서 벗어나

나 자신 안에 있으려 한다.

나 자신에서 벗어나

다른 사람들 안에 있는 것이 아니라.

동료압력을 극복하는 것이 왜 어려운 일일까? 소속감을 느끼고 싶어하기 때문이다. 바로 이런 이유 때문에 10대들은 거창한 신입회원 환영식을 하기도 하고, 불량 서클에 들기 위해 환각제나 폭력에 물들기도 한다. 한 번만 정신을 차리고 되돌아보면 이런 것에서 빠져나올 수가 있다. 라이언Ryan의 이야기를 들어보자.

> 다른 사람들의 시선이나, 최신유행 옷을 입는 것은 저에게 무척이나 중요한 일이었습니다. 그러다가 신장이 나빠져서 입원을 하는 바람에 새 옷을 사지 않았어요. 퇴원할 때쯤이면 그 옷들은 유행이 지나 있을 테니까요.
> 그러고는 옷 사는 것보다 더 중요한 일을 해야겠다고 생각했습니다. 친구들과 놀러 가지 않는 대신 가족들을 위한 일에 돈을 썼고, 친구들이 저에 대해 무슨 생각을 하는지는 신경 쓰지 않았습니다. 비로소 나 자신에게 돌아온 느낌이었습니다.

주변 사람들의 시선이 항상 나쁜 것은 아니고, 긍정적인 영향을 줄 수도 있다. 도움이 되는 조언을 해주는 친구가 있다면, 아주 감사히 생각해야 한다. 그런 친구는 아주 소중한 친구니까 말이다.

동료압력을 극복하고 싶기는 한데, 쉽게 할 수 없는 경우에는 다음 2가지 방법을 써보도록 하라.

첫째, 개인감정은행계좌에 저축하라. 스스로에 대한 확신과 애착 없이는 동료압력에 맞설 수 없다. 어떻게 하냐고? 오늘부터 시작해서 조금씩 저축하는 것이다. 자신과 약속을 하고 그것을 지키도록 하라. 도움이 필요한 사람은 도와주고, 기술을 익히며, 자신을 새롭게 다듬어가면 된다. 시간이 지남에 따라, 남들이 닦아놓은 길을 그냥 따라가지 않고 스스로를 위한 길을 만들 수 있을 만큼 힘이 생길 것이다(개인감정은행계좌에 대해 살펴보았던 장을 다시 한 번 보는 것도 좋을 것이다).

둘째, 해야 할 일이나 목표를 적어보라. 소중히 여기는 가치가 무엇인지 정하지도 못한 상태에서 어떻게 가치를 지키기 위한 일들을 할 수 있을 것인가? 추구하는 목표가 분명해지면 어떤 일을 받아들이고 어떤 일을 거부할 것인지도 분명해진다. 예를 들어, 공부를 열심히 해서 대학에 꼭 가야겠다는 목표가 생기면 수업을 빼먹자는 친구들의 제안을 거부하기가 훨씬 쉬워진다("끝을 생각하며 시작하라"는 습관 2를 다시 한 번 살펴보도록 하라).

■ 성공 요소

마지막으로, 소중한 것을 먼저 하기 위해서는 훈련이 필요하다. 시간관리 훈련, 두려움 극복 훈련, 힘든 때 용기를 가질 수 있게 도와주는 훈련, 그리고 동료압력을 극복하는 훈련 말이다. 앨버트 그레이 Albert E. Gray 라는 사람이 성공을 위한 특별한 요소가 있는지 알아보려고 성공한 사람들을 연구한 적이 있다. 연구결과가 어땠을까? 그것은 성공하는 옷차림도, 특별한 식단도, 긍정적인 마음자세도 아니었다. 결과는 다음과 같다. 유심히 살펴보자.

| 앨버트 그레이가 찾아낸 성공 요소 |

성공한 사람들은 모두 실패한 사람들이 하기 싫어하는 일을 하는 사람들이다. 억지로 하는 것이 아니다. 다만, 하기 싫은 마음보다 목표를 달성하려는 마음이 크기 때문에 하는 것이다.

무슨 뜻일까? 성공한 사람들은 가끔 하기 싫은 일도 기꺼이 할 자세가 되어 있는 사람들이라는 말이다. 그렇게 하는 것이 목표를 달성하는 데 도움이 된다는 것을 알기 때문에 그렇게 할 수 있는 것이다.

다시 말해, 가끔씩은 좋든 싫든 의지력을 발휘해야 할 필요가 있다는 말이다. 연주회를 준비하는 피아니스트가 항상 즐거운 마음으로 연습에 임하지는 않을 것이다. 또 자비로 대학을 다니는 사람에게 아르바이트하는 것이 항상 즐거울 리가 없다.

전미 대학 레슬링 챔피언에게 가장 기억에 남는 순간이 언제였느냐고 물어보았더니 "연습계획이 취소된 날"이라고 대답했다고 한다. 그는 연습하기 싫었지만, 더 큰 목표를 위해 그것을 견뎌냈다. 최고가 되기 위해 그랬던 것이다.

■ **끝내는 말**

7가지 습관 모두를 두고 어느 것이 가장 실천하기 어려운지 물어보았을 때, 세 번째 습관이 가장 어렵다고 대답한 사람이 제일 많았다. 그러니 이 습관을 가지기가 너무 힘들다고 기가 죽을 필요는 없다. 다른 사람도 마찬가지다.

만일 어디서부터 시작해야 할지 모르겠다면, '걸음마'를 살펴보라. '걸음마' 부분은 출발을 도와줄 것이다.

10대는 일생에서 가장 재미있고 흥미진진한 시기이다. 그러니 매 순간을 소중히 보내도록 하라. 다음 시에서 말하는 것처럼 말이다.

1년의 소중함을 알고 싶으면,

입학시험에 떨어진 학생들에게 물어보라.

1달의 소중함을 알고 싶으면,

미숙아를 낳은 산모에게 물어보라.

1주의 소중함을 알고 싶으면,

주간잡지 편집장에게 물어보라.

1일의 소중함을 알고 싶으면,

아이가 여섯 명이나 딸린 일일 노동자에게 물어보라.

1시간의 소중함을 알고 싶으면,

약속장소에서 애인을 기다리고 있는 사람에게 물어보라.

1분의 소중함을 알고 싶으면,

기차를 놓친 사람에게 물어보라.

1초의 소중함을 알고 싶으면,

간신히 교통사고를 모면한 사람에게 물어보라.

1,000분의 1초의 소중함을 알고 싶으면,

올림픽에서 은메달을 딴 사람에게 물어보라.

다음 개봉작

잠시 후에는 삶이 어떤 것으로 구성되어 있는지를 살펴볼 겁니다. 그게 어떤 것인지 알고 나면 꽤 놀랄걸? 꾸준히 읽어나가자고요! 아무튼, 이 책의 반을 읽은 셈입니다. 축하합니다!

1. 한 달 동안 플래너를 사용하겠다는 목표를 세우고 그것을 실행하라.

2. 어디에 시간을 가장 많이 낭비하는지 확인하라. 전화로 두 시간 동안 잡담하고, 밤새도록 인터넷을 하고, 연속극 재방송을 볼 필요가 있는가?

   내가 시간을 가장 많이 낭비하는 활동 : _____
   _____

3. 나는 모든 사람, 모든 일에 "예스"라고 말하며 다른 사람을 즐겁게 하는 사람인가? 그렇다면 오늘 용기를 내서 소중하지 않은 일에 "노"라고 말하라.

4. 중요한 시험이 일주일 남았다면 미루다가 시험 전날 밤새워 공부하는 일이 없도록 하라. 매일 조금씩 준비하라.

5. 대단히 중요한데 오랫동안 미뤄왔던 일을 찾아내라. 이번 주에 그 일을 하기 위한 시간을 정하라.

   내가 계속 미뤄왔던 일 : _____
   _____

6. 이번 주에 해야 할 중요한 일 10가지를 적어라. 그 일들의 일정을 잡아라.

7. 목표를 이룰 수 없게 하는 두려움이 무엇인지 생각하라. 지금 당장 안전지대에서 나와 두려움을 극복하라.

   나를 붙잡고 있는 두려움: _____

8. 친구들로 부터 동료압력을 얼마나 받고 있는가? 나에게 가장 큰 영향을 미치는 사람들은 누구인가 자신에게 물어보라. "나는 내가 원하는 일을 하고 있는가? 아니면 그들이 원하는 일을 하고 있는가?"

   나에게 가장 많은 영향을 미치는 사람(들) : _____
   _____

3부

대인관계의 승리

관계감정은행계좌
삶을 구성하는 요소

습관 4-승-승을 생각하라
삶이란 모두가 배불리 먹을 수 있는 뷔페와 같다

습관 5-먼저 이해하고 다음에 이해시켜라
우리는 귀가 둘이고, 입이 하나다

습관 6-시너지를 내라
'더 좋은' 방법

관계감정은행계좌
삶을 구성하는 요소

"죽음을 맞이한 순간, 일을 너무 적게 했다고 후회하는 사람은 없다"라는 말이 있다. 이 말을 되풀이할 때마다 죄책감이 드는 이유는 뭘까?

가끔 나 자신에게 물어본다. 그렇다면 일 말고 다른 무엇을 아쉬워하느냐고. 사랑하는 사람과 더 많은 시간을 함께 보내지 못한 것을 아쉬워하는 게 정답일 거다. 그렇다. 중요한 건 관계고, 삶은 관계로 만들어진다.

우리의 인간관계는 어떨까? 우리에게 중요한 사람들과 인간관계를 유지하는 능력에 점수를 매긴다면, 몇 점이나 받을 수 있을까?

관계	형편없음 ←──→ 훌륭함				
친구	1	2	3	4	5
형제	1	2	3	4	5
부모님	1	2	3	4	5
남자친구, 여자친구	1	2	3	4	5
선생님	1	2	3	4	5

점수는 높을 수도 있고 낮을 수도 있다. 어쨌든 이번 장에서는 좋은 관계를 유지하는 방법에 대해 이야기를 나눌 것이다. 그럼 시작하기 전에 지금

까지의 내용을 한번 정리해 볼까?

'개인의 승리'에서 개인감정은행계좌와 그와 관련된 3가지 습관을 살펴보았다. 대인관계의 승리에 관한 부분에서는 관계감정은행계좌와 그와 관련된 습관 4, 5, 6을 보게 될 것이다. 인간관계에서 성공하기 위해서는 먼저 스스로를 잘 알아야 한다. 이 말 기억하지? "완벽할 필요는 없다. 발전하고 있다는 사실이 중요하다"라는 말.

삶에 있어 가장 중요한 질문은,
"다른 사람을 위해 무엇을 하고 있습니까?"라는 질문이다.
_ 마틴 루터 킹(Martin Luther King Jr.)

왜 스스로를 잘 아는 것이 남들과의 관계에서 성공하기 위한 조건이 되는 걸까? 그것은 우리 자신이 관계에 있어 중요한 축이 되기 때문이다. 작가이자 철학자인 랄프 왈도 에머슨Ralph Waldo Emerson은 이렇게 말했다. "당신의 인간성이 너무 잘 나타나서 말로 설명하지 않아도 잘 알아들을 수 있다." 좋은 관계를 유지하느라고 힘들다고? 멀리 볼 것 없이 먼저 자신을 들여다보자.

개인의 승리를 쟁취한 사람은 독립적인 사람이다. 그런 사람은 "나는 내 행동에 책임을 질 것이며, 내 운명은 스스로 개척해 나갈 것이다"라고 말할 수 있는 사람이다. 굉장한 경지가 아닐 수 없다. 대인관계의 승리는 사람들을 상호보완적으로 만들고, 서로 협력할 수 있도록 해준다. 대인관계의 승리를 쟁취한 사람은, "나는 팀에 소속되어 있으며, 다른 사람들에게 영향력을 행사할 수 있다"고 말하는 사람이다. 이는 개인적 승리보다 더 큰 성취감을 가져다준다. 다른 사람들과 얼마나 조화를 이루어가느냐에 따라, 일에서의 성공과 개인적인 만족감의 정도가 결정된다.

이제 관계에 대한 이야기로 다시 돌아가보자. 이해를 돕기 위해 '관계감정은행계좌'라는 말을 사용하자. 앞에서 살펴보았던 개인감정은행계좌가 자기 자신에 대한 믿음과 확신을 나타내는 것이었다면, 관계감정은행계좌는 인간관계에 대한 믿음과 확신을 나타내는 것이다.

관계감정은행계좌도 일반 은행계좌와 비슷하다. 저축을 통해 관계를 개선할 수도 있고, 인출을 해서 관계를 약화시킬 수도 있는데, 튼튼하고 건강한 관계는 오랜 기간을 두고 꾸준하게 저축한 결과로 나타나는 것이다.

반면에, 다음 3가지 면에서는 일반 은행계좌와 다르다. 직장 동료 주디 헨릭스Judy Henrichs가 그 차이점을 알려주었다.

① 일반 은행계좌는 1, 2개밖에 가질 수 없지만, 관계감정은행계좌는 새로운 사람을 만날 때마다 하나씩 늘어난다. 이웃에 사는 아이를 처음 만났을 때 웃으면서 먼저 인사하면, 그것으로 계좌가 하나 더 생기는 셈이다.

그 아이를 무시하고 지나쳐도 관계감정은행계좌가 생기지만, 이런 경우에 그 계좌는 적자가 된다. 모든 새로운 만남에는 관계감정은행계좌가 뒤따른다.

② 일반 은행계좌와 달리, 한번 개설된 관계감정은행계좌는 끝내고 싶다고 끝낼 수 있는 것이 아니다. 몇 년 만에 만난 친구들과도 아무 일 없었다는 듯이 지낼 수 있는 것은 바로 이런 이유 때문이다. 저축해 놓은 것은 한 푼도 없어지지 않는다. 사람들이 원한을 쉽게 버리지 못하는 것도 마찬가지 이유 때문이다.

③ 일반 은행계좌에 들어있는 1만 원은 항상 1만 원이다. 하지만 관계감정은행계좌에 예금한 것들은 점점 사라지는 경향이 있고, 오래 내버려두면 없어져버린다. 중요한 관계에 대해서는 얼마 안되는 양이라도 계속해서 꾸준히 저축을 해야 한다는 이야기이다. 적자가 되지 않게 하기 위해서 말이다.

그렇다면 어떻게 하면 좋은 관계를 유지하고, 나빠진 관계를 회복할 수 있을까? 간단하다. 한 번에 하나씩 차근차근 하는 것이다. 코끼리 한 마리를 먹으려면 한 입씩 먹어야 하는 것과 똑같다. 지름길은 없다. 누군가와의 관계에서 10만 원이 적자라면 경우, 그것을 흑자로 만들기 위해서는 10만 원 이상을 만들어야 한다.

10대들에게 "어떻게 했을 때 관계감정은행계좌의 금액이 불어났지?"라고 질문한 적이 있다. 그들은 이렇게 말했다.

- "나를 격려해 주는 가족들의 지속적인 관심"
- "친구나 선생님, 애인, 혹은 아르바이트 가게 주인 아저씨가 해주는 '오늘 멋있는데!', '잘했어' 같은 말"
- "생일날 친구들이 즐겁게 해줬을 때"
- "남들에게 자랑할 일이 있을 때"
- "실수를 했는데도 용서하고, 더 잘 대해줬을 때"
- "내 시를 읽어본 친구가 굉장히 잘 썼다면서 책으로 내도 되겠다고 했을 때"
- "캘리포니아에 있는 엄마와 동생들이 전화로 내 생일을 축하해 주었을 때"
- "형이 친구들과 야구 경기 보러 가면서 나도 데리고 갔을 때"
- "친한 친구가 4명 있는데, 그들과 함께 만나서 즐겁게 놀 때"
- "내가 참 진지한 사람이라고 친구가 말해 줄 때, 나를 알아보는 사람이 있음을 느낄 수 있을 때"

이처럼 관계감정은행계좌에 예입하는 방법은 여러 가지가 있는데, 그중에서도 항상 거론되는 것은 다음 6가지이다. 물론 각각의 경우마다 관계에 해가 되는 경우도 있다.

관계감정은행계좌 예입	관계감정은행계좌 인출
약속 지키기	약속 어기기
작은 친절	이기적인 행동
신의를 지킴	소문을 내고 신의를 깨트림
경청하기	흘려듣기
미안하다고 말함	거만하게 행동함
기대하는 것을 분명하게 함	기대하는 것을 불분명하게 함

■ **약속 지키기**

"손, 두 번 말하지 않게 해주렴. 아빠 차 트렁크에 어제 파티에서 나온 쓰레기들이 있는데, 그것 좀 버리고 오렴."

"예, 아버지."

학교 다닐 때 나는 주의력이 부족해서, 아버지 차의 쓰레기 치우는 것을 까먹곤 했다. 한번은 토요일 저녁에 데이트가 있어서 아버지에게 차를 써도 되겠느냐고 물어보았더니, 그 차는 빌린 차이고 다른 사람이 곧 사 가기로 되어 있기 때문에 곤란하다고 말했다. 하지만 아버지가 바쁜 틈을 타 몰래 차를 타고 나갔다. 아버지는 눈치채지 못할 거라고 생각했다.

끝내주는 데이트였다. 그러나 … 돌아오는 길에 다른 차와 부딪치고 말았다. 사람이 다치지는 않았지만, 차는 심하게 찌그러졌다. 내 생애 가장 비참한 전화를 할 수밖에 없었다.

"아버지."

"그래."

"사고가 났어요."

"뭐라고? 너 괜찮냐?"

"추돌사고인데, 다친 사람은 없어요."

"차는 어디서 났냐?"

"아버지 찬데요."

"안 돼— !!!"

목소리가 어찌나 컸던지 깜짝 놀라 수화기를 귀에서 얼른 떼야 했다. 지금도 아버지의 그 목소리만 생각하면 가슴이 아프다.

차를 고치러 정비소에 갔는데, 마침 토요일이라 월요일 아침까지는 차를 수리할 수 없다고 했다. 월요일이 되자 정비소에서 전화가 왔다. 수리하려고 트렁크를 열었더니 (내가 깜빡하고 치우지 않았던) 쓰레기 썩는 냄새가 진동해서 차를 수리할 수 없다는 내용이었다. 화가 머리끝까지 난 아버지.

다음 몇 주 동안 나는 가시방석에 앉아 있는 것 같았다. 아버지는 사고 때문에 화가 난 것이 아니었다. 약속을, 그것도 2가지나 어겼기 때문이었다. "차 안 타고 나갈게요"라는 약속 하나, "걱정 마세요, 쓰레기 치울게요"라는 약속 하나. 이 사건은 아버지와의 관계감정은행계좌에 있어 엄청난 인출이었던 셈이다. 그 관계를 다시 회복하기까지는 꽤 오랜 시간이 걸렸다.

신뢰를 쌓는 데는 작은 약속 하나하나를 모두 지키는 것이 중요하다. 하기로 한 일은 아무리 작은 일이라도 반드시 해야 한다. 엄마와 11시까지 집에 돌아오기로 약속했다면, 그 약속을 지키고 관계감정은행계좌에 예입을 해야 한다. 약속은 여유 있게 하고, 일단 한 약속은 최선을 다해서 지켜야 한다. 피치 못할 사정이 생겨서 약속을 지킬 수 없게 되었다면, 그 이유를 충분히 납득시켜야 한다. "미안하지만 오늘 저녁에 함께 놀 수 없게 됐어. 내일 토론 모임이 있는 걸 깜빡했지 뭐야." 약속을 지키려고 애쓰고 있다는 모습을 진지하게 보여주면 모든 일이 잘 풀린다. 다들 잘 알고 있겠지?

■ **작은 친절 베풀기**

하루 종일 일이 안 풀려서 시무룩해 있는데, 난데없이 누군가가 듣기 좋은 말을 해줘서 다시 기분이 좋아지는 때가 있다. 가벼운 인사나 쪽지, 미소, 칭찬, 안아주고 다독거려 주는 것 같은 작은 일들이 그런 차이를 가져올 수 있는 것이다. 우정을 돈독히 하고 싶다면 이런 작은 일들을 많이 해야 한다. 인간관계에서는 작아 보이는 일들이 큰 결과를 가져오기 때문이다. 마크 트웨인은 다음과 같이 말했다. "칭찬 한마디로 석 달 동안 기분이 좋다."

친절한 행동을 하겠다고 기회를 엿볼 필요까지는 없다. 관계감정은행계좌에 대해 배운 적이 있는 리Lee라는 학생이 보낸 다음 편지를 보자.

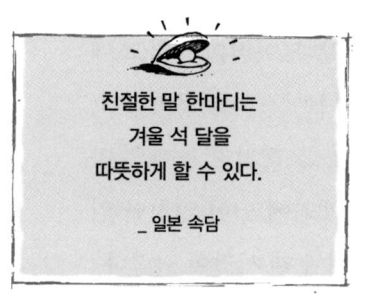

친절한 말 한마디는
겨울 석 달을
따뜻하게 할 수 있다.

_ 일본 속담

저는 학교에서 학생회 부회장을 맡고 있는데, 어느 날 학생회실에 있는 작은 상자에 쪽지를 넣으면서 작은 친절을 실천해 보기로 마음먹었습니다. 쪽지에는 학생회 임원들에게 감사한다는 내용의 글을 적었는데, 그 글을 쓰는 데는 5분이면 충분했습니다.
다음날, 편지를 보낸 아이들 중 한 명이 다가와서 쪽지 잘 받았다며 제 등을 토닥여주었습니다. 그러고는 사탕과 함께 편지를 한 장 주었습니다. 편지에는 어제 하루 종일 일이 안 풀려서 기분이 안 좋았는데, 제 편지를 받고 나서 우울했던 기분이 싹 사라져버려 남은 일을 즐겁게 할 수 있었다고 적혀 있었습니다. 신기한 것은 쪽지를 쓰기 전까지 우리는 잘 모르던 사이였다는 것입니다. 제 쪽지가 그녀에게 그렇게 큰 영향을 미쳤다는 사실이 믿어지지 않았습니다.

"친절한 말 한마디는 겨울 석 달을 따뜻하게 할 수 있다"는 일본 속담이 사실이라면, 이런 친절한 행동은 그해 겨울 그들을 충분히 따뜻하게 해 주었을 것이다.

작은 친절이 항상 일대일로 이루어지는 것은 아니다. 여러 사람이 함께 할 수도 있다. 시카고 근처의 졸리엣 타운십 중앙고등학교Joliet Township Central High School에서는 아이들끼리 힘을 합쳐, 로리Lori라는 장애인 여학생을 동창회 여왕으로 선발하는 이야기를 읽은 적이 있다.

다른 장애인 학생들과 마찬가지로, 로리는 특별반 학생이었고 휠체어를 타고 학교에 다녀야 했다. 뇌성마비 때문에 말을 할 때 아주 힘들어했고, 몸동작도 자연스럽지 못했다.

동창회 여왕 후보에 오른 로리는 최종 10명 안에 들어갈 수 있었고, 곧 이어 열린 회의를 통해 여왕으로 선출되었다. 2,500명의 전교생이 "로리! 로리!"라고 외쳤다. 아이들은 다음날도 로리네 집까지 찾아와 축하해 주었고, 장미꽃을 선물하는 아이들도 있었다.

얼마나 오랫동안 여왕으로 남고 싶으냐는 질문에 로리는 "영원히"라고 대답했다.

황금률을 따르자. 다른 사람이 나에게 대해주었으면 하고 바라는 대로 다른 사람을 대하도록 하자. 남이 무엇을 해줄 것인지를 생각하지 말고, 내가 남에게 무엇을 해줄 수 있는지 생각하자. 누군가에게 선물을 받는 것은 내 계좌에 저축이 일어나는 것이지만, 남들의 말을 경청하는 것은 그들의 계좌에 저축하는 것이다.

칭찬을 하고 싶어질 때는, 머릿속으로만 생각하지 말고 말로 해야 한다. 켄 블랜차드 Ken Blanchard는 자신의 책 《1분의 관리 The One Minute Manager》에서, "말하지 않은 좋은 생각은 좋은 생각이 아니다"라고 했다. 때를 놓치지 말고 그때그때 칭찬해 주도록 하자.

■ 신의 지키기

고등학교 다닐 때, 한번은 친구 에릭 Eric과 함께 우리 학교 농구부 시합을 보러 갔다. 경기장에서 나는 벤치만 지키고 있는 한 선수를 놀렸다. 그 아이는 착한 아이였고, 나한테도 잘해주었지만, 다른 학생들이 전부 그를 놀려

대기에 생각 없이 나도 그렇게 했다. 그런데 에릭이 그런 나를 보고 자꾸만 웃는 것이었다. 몇 번이나 그 친구를 놀리고 나서 잠깐 뒤를 돌아보았더니, 세상에! 그 친구의 형이 바로 내 뒤에 앉아 있는 것 아닌가. 그는 우리 이야기를 다 들었던 것이다. 나는 조용히 앉아서, 남은 시합을 아무 말 없이 지켜보았다. 온몸에 쥐가 나는 것 같았다. 그날 저녁, 신의를 지키는 것이 얼마나 중요한 것인지를 진지하게 생각해 보았다.

관계감정은행계좌에 저축할 수 있는 가장 좋은 방법은 다른 사람들과의 신의를 지키는 것이다. 특히 그 사람이 없는 자리에서 충실하게 행동하는 것이 중요하다. 당사자가 없는 자리에서 그 사람에 대해서 흉을 보는 것은 2가지 면에서 자신에게 손해가 된다.

첫째, 그 말을 듣고 있는 모든 사람과의 관계에서 인출이 일어나게 된다. 친구에게 그 자리에 없는 다른 친구 욕을 하면, 이야기를 듣는 친구는 무슨 생각을 할까? 당연히 '자기가 없을 때는 자기 욕을 하겠구나' 라고 생각하게 된다.

둘째, 다른 사람에 대한 험담을 하면, 그 사람으로부터 소위 '보이지 않는 인출'이 일어나게 된다. 내가 없는 자리에서 내 욕을 한 것을 눈치채는 경우가 있다. 직접 듣지는 않았지만 대충 분위기는 파악할 수 있는 것이다. 보이는 데서는 입에 발린 소리를 하고 눈에 띄지 않는 곳에서 욕을 한다고 해도 결국에는 욕을 먹은 사람이 그 사실을 알게 된다.

10대들, 특히 여학생들에게 있어 수다는 아주 큰 문제다. 남학생들은 남을 공격하는 데 있어 폭력 같은 방법을 사용하지만, 여학생들은 말하기를 더 좋아한다. 왜 그럴까? 우선 수다를 떠는 동안은 다른 사람들의 평판을 좋게 만들 수도 있고 나쁘게 만들 수도 있다는 점이 큰 매력이다. 다른 한편, 수다를 떠는 사람들은 자기 자신에 대해 불안하고, 무언가를 두려워하고, 위협을 느끼고 있는 경우가 많다. 그래서 대부분의 경우 수다의 대상은 자신들과 다른 종류의 사람, 그러니까 생각이 다르거나, 자신에 대한 확신이 있거나, 무언가 특별한 데가 있는 사람이 되는 수가 많다. 하지만 다른 사람을 깎아 내린다고 해서 스스로가 더 잘난 사람이 될 수 있다고 생각하는 것은 어리석은 짓이다.

뒤에서 흉보는 것, 혹은 나쁜 소문은 다른 무엇보다도 대상이 되는 사람의 평판을 깎아 내리는 것이다. 내 친구 애니Annie가 들려준 다음 이야기는 그러한 행동의 나쁜 점을 극명하게 보여주고 있다.

고등학교를 졸업한 다음 해 여름, 제일 친한 친구 타라(Tara)와 나는 정말 멋있는 두 남학생과 데이트를 하고 있었다. 그들도 둘도 없는 단짝이었기 때문에 가끔씩은 넷이서 함께 모여서 놀기도 했다. 어느 주말엔가 타라와 내 남자친구 샘(Sam)이 가족들과 여행을 떠났을 때, 타라의 남자친구 빌(Bill)이 내게 전화를 했다. "타라도 없고 샘도 없으니, 우리끼리 영화나 보러 가자. 할 일도 없잖아."
우리는 그냥 친구 사이로 영화를 보러 간 것이었다. 빌도 그걸 알고 있었고, 나도 알고 있었다. 그런데 누군가가 우리를 보고 오해를 했던 것이다. 그런 작은 마을에선 작은 소문도 곧 과장되게 마련이었다. 샘과 타라가 돌아왔을 때, 내가 뭐라고 하기도 전에 그들은 소문을 먼저 듣게 되었다. 해명을 하고 말고 할 겨를도 없었던 것이다. 내가 그들에게 전화를 했을 때는 싸늘한 분위기만 느껴질 뿐, 얘기가 되지 않았다. 제일 친한 여자친구와 남자친구는 소문을 믿고 있었고, 분을 삭이지 못하고 있었다. 그해 여름, 신뢰라는 것이 얼마나 중요한 것인지 배웠다. 지금도 타라는 나를 믿지 못하고 있다.

위와 같이 난처한 경우는, 약간의 신뢰만 있으면 피할 수 있다. 신의를 지키는 사람이 되기 위한 조건에는 어떤 것이 있을까?

신의를 지키는 사람은 비밀을 지킬 줄 안다. 누군가 "너한테만 하는 말인데…"라고 하면서 비밀을 지켜달라고 부탁하면, 그 비밀을 꼭 지켜라. 곧장 달려가서 만나는 사람마다 그 비밀을 이야기해서는 안 된다. 비밀 이야기를 듣고 싶다면, 비밀을 지킬 마음의 자세가 있어야 하는 것이다.

신의를 지키는 사람은 없는 사람 흉을 보지 않는다. 내가 없는 데서 욕을 할까봐 자리를 뜨지 못하고 머뭇거려본 적이 있는가? 모든 사람이 그런 걱정을 한다. 치사하게 뒤에서 욕하는 짓은 하지 마라. 다른 사람을 좋게 생각해야 한다. 남에 대한 비판을 전혀 하지 말라는 이야기가 아니다. 건설적인 비판만 하라는 것이다. 건강한 정신 상태를 가진 사람은 사람에 대한 비판이 아니라 그 사람의 의견에 대해 비판을 가하는 사람이라는 것을 명심하라.

신의를 지키는 사람은 남을 변호해 줄 줄 아는 사람이다. 혹시 다음에 다른 사람을 흉보는 자리에 있게 되면, 덩달아 욕하지 말고 그 사람 편을 들도록 하라. 꼭 의협심이 강해야만 그런 일을 할 수 있는 것은 아니다. 고등학생인 케이티Katie가 보내온 다음 편지를 보자.

> 하루는 영어시간에 매트(Matt)가 우리 집 근처에 사는 한 여학생에 대해 이야기했습니다. 친구 중 하나가 그 아이랑 같이 댄스파티에 갔었다고 하면서 "그렇고 그런 애라면서? 날라리래"라고 말하더군요.
> 나는 돌아보면서 "킴(Kim)이랑 나는 한동네에서 같이 자랐는데, 내가 만났던 애 중에 제일 괜찮은 애야"라고 얘기했습니다. 그렇게 말한 저 자신에 저도 놀랐어요. 사실 그 애와 친해지는 게 쉬운 일은 아니었거든요. 킴은 내가 그렇게 얘기했다는 것을 모르겠지만, 그 이후로 그 아이와의 관계는 180도 달라졌고, 우린 정말로 친한 사이가 되었답니다.
> 매트랑도 아직 친하게 지내요. 매트는 내가 믿을 만한 친구라는 사실을 알게 되었죠.

남을 흉보는 자리에 함께 끼지 않기 위해서는 용기가 필요하다. 하지만 처음의 쑥스러움만 극복하면, 사람들은 우리를 신뢰할 만한 사람이라고 생각하게 되고 존경하게 된다. 특히 가족에 충실하게 행동하는 것은 아주 중요하다. 가족관계는 평생 동안 지속되기 때문이다.

'곰돌이 푸우Winnie-the-Pooh'라는 만화의 한 장면에서 잘 나타나듯이, 사람들은 안전하게 보호받고 있다는 느낌을 갖고 싶어한다.

아기 돼지 피글렛Piglet이 곰돌이 푸우Pooh 옆으로 슬쩍 다가온다.

"이봐, 푸우." 피글렛이 속삭인다.

"왜 그래, 피글렛?"

"아무것도 아냐." 푸우의 손을 잡으며 피글렛이 말한다. "그냥 네가 내 옆에 있다는 걸 확인하고 싶었어."

■ 경청하라

남의 말을 경청하는 것도 다른 사람과의 관계감정은행계좌에 저축하는 일이다. 하지만 마음의 상처를 치유해 주는 효과가 있음에도 불구하고, 남의 말을 경청하는 사람은 그리 많지 않다. 열다섯 살 소년 타우니Tawni가 보내온 다음 편지를 보자. 남의 말을 경청하는 것이 그 사람의 상처를 치유할 때도 있음을 알게 될 것이다.

> 신년 초에 부모님과 대화가 되지 않아 애를 먹었습니다. 부모님은 제 말을 듣지 않으셨고 저는 부모님 말씀을 듣지 않았으니까요. 항상 '자기만 옳고 상대방은 잘못됐다' 는 식의 대화만 있었습니다. 저는 집에 늦게 들어와서는 곧바로 잠자리에 들곤 했습니다. 아침에도 아무 말 없이 밥 먹고 학교 가는 일이 많았습니다.
> 하루는 사촌언니를 찾아가서 이야기를 나누었습니다. 언니와 나는 차를 타고 단 둘이서 도심 밖으로 나갔어요. 거기서 언니는 두 시간 반 동안 맞장구를 치면서 제 말을 주의 깊게 들어주었습니다. 그렇게 내 말을 들어주는 것만으로도 제게는 큰 도움이 되었어요. 언니는 곧 괜찮아질 거라고 하면서, 부모님의 신뢰를 회복할 수 있는 방법을 한번 생각해 보라고 이야기해 주었습니다.
> 나중에야 부모님의 입장에서 생각을 해볼 수 있었습니다. 그러자 더 이상 싸울 일이 없었고, 정상적인 가족관계로 돌아올 수 있었습니다.

우리에게 밥이 중요한 만큼, 경청해 주는 사람도 중요하다. 경청해 주는 곳에서 엄청난 우정이 솟아난다. 경청하는 것에 관해서는 습관 5 "먼저 이해하고 다음에 이해시켜라"에서 자세히 다룰 것이다.

■ 미안하다고 말하라

소리를 질렀거나, 과장된 행동을 했거나, 실수를 했을 때, "미안해"라는

말 한마디가 적자가 난 관계감정은행계좌를 복구시킬 수 있다. 하지만 "내가 잘못했어" "사과할게" "미안해" 같은 말을 하는 것이 쉬운 일은 아니다. 특히 부모님에게 사과하는 것이 어려운데, 왜냐하면 부모님들은 아이들이 무슨 생각을 하고 있는지 모르고 있는 경우가 많기 때문이다. 열일곱 살 여학생 레나Lena가 다음과 같은 글을 보내왔다.

저의 사과 한마디가 부모님께 무엇을 의미하는지 경험을 통해 알고 있습니다. 제가 실수를 인정하고 사과하기만 하면 부모님은 모든 것을 용서해 준답니다. 하지만 그렇게 하는 것이 쉽지만은 않아요.
최근에 엄마가 제 행동이 마음에 들지 않는다고 말한 적이 있습니다. 저는 엄마에게 잘못을 시인하지는 않고, 상관하지 말라고 소리지르고는 제 방으로 돌아와 문을 꽝 닫고 나와버렸습니다.
하지만 마음이 편치 않았습니다. 모든 것이 제 잘못인데 엄마에게 너무한 것이 아닌가 하는 생각이 들었어요. 그냥 잠자리에 들어가 모든 것이 지나가버리기를 바라야 하는 건지, 아니면 올라가서 사과를 해야 하는지 갈등했습니다. 2, 3분 정도 기다린 후에, 곧장 안방으로 올라가서 엄마를 꼭 껴안았습니다. 그러고는 버릇없이 굴어서 죄송하다고 말했습니다. 제가 했던 일 중에 그 일이 제일 잘한 일이 아니었나 생각합니다. 곧 아무 일도 없었다는 듯이 모든 것이 정상이 되었어요. 저는 다시 기분이 좋아져서 다른 일을 할 수 있었습니다.

자존심 때문에, 혹은 용기가 없어서 미안하다는 말을 못해서는 안 된다. 생각만큼 두려운 일이 아니다. 미안하다는 말만 하고 나면 마음이 가벼워질 것이다. 사과 한마디는 또한 상대방의 마음도 누그러뜨려 준다. 한번 상처를 받은 사람은 다음 번에는 공격적으로 변하게 마련인데, 먼저 사과하면, 상대방의 공격성을 완화시킬 수 있는 것이다.

살다 보면 실수는 하게 마련이다. 그때마다 미안하다는 말을 하는 습관을 들이도록 하라.

■ 기대하는 것을 분명하게 하라

"이제 그만 만나는 게 좋을 것 같아." 갑자기 애인이 이런 말을 할지도 모른다.

"계속 만났으면 좋겠는데…."

"난 그렇게 생각하지 않아."

"나를 어떻게 생각하는지 있는 그대로 얘기해 봐."

"그런 게 아냐."

사람들에게는 일반적으로 다른 사람을 즐겁게 해주고 싶은 경향이 있기 때문에, 가끔씩은 막연하거나 비현실적인 기대를 하기도 한다.

잠시 아버지를 기쁘게 해주기 위해, "아빠, 주말에 세차하시는 걸 도와드릴게요"라고 말했는데, 알고 보니 주말에 약속이 잡혀 있었다면 결과적으로는 아버지를 실망시키게 된다. 처음부터 현실적으로 가능한 이야기를 했으면 좋았을 것이다.

신뢰를 쌓아가기 위해서는 막연한 암시를 하거나 비현실적인 이야기를 해서는 안 된다.

제프Jeff와 데이트를 하고 난 뒤 재클린Jacqueline은 "재미있었어, 제프. 다음 주에도 만나서 재미있게 놀자"라고 말했지만, 진짜 생각은 '나쁘지 않았어, 제프. 우리 그냥 좋은 친구로 지내자' 정도였다.

그녀는 의사표명을 명확히 하지 않았기 때문에, 제프로 하여금 잘못된 기대를 가지게 한 셈이다. 이제 제프는 계속해서 만나자고 그럴 것이고, 재클린은 "오늘은 안 돼, 다음 주에 보자"라는 말만 되풀이할 것이다. 처음부터 재클린이 솔직히 말했으면 두 사람 다 편해질 수 있었을 텐데 말이다.

새로운 직장이나, 새로운 관계, 새로운 환경이 시

작될 때에는 자신이 기대하는 것을 솔직하게 다 이야기하고 시작하는 것이 좋다. 그러지 않으면, 사람들이 서로 다른 것을 기대하는 바람에 관계감정 은행계좌에서 인출이 일어날 수 있다.

"이번 화요일에는 야근 좀 해야겠어"라고 아르바이트 가게 주인이 이야기를 하는데, "화요일 저녁에는 엄마 대신 제가 동생을 돌봐야 하는데요"라고 대답한다면, 가게 주인은 당연히 "그런 얘기는 미리 말했어야지. 이제 어떡하냐?"라고 물을 것이다.

사실을 있는 그대로 이야기하자. 사실에 바탕을 두고 기대 사항을 분명하게 하는 것을 통해 신뢰를 쌓아가도록 하자.

개인적 도전 각자 개인적인 도전을 한번 해보는 것이 어떨까? 자신의 삶에 있어 중요하다고 생각은 하지만 현재 원만치 않은 관계를 하나 떠올려보자. 부모님과의 관계일 수도 있고 친구와의 관계일 수도 있다. 이제 한 번에 한 가지씩 그 관계에 대한 저축을 시작해 보자. 상대방은 처음에는 의심을 하면서 무슨 일인지 궁금해할 것이다.

"웬일이야? 나한테 바라는 게 뭐야?"

이런 때일수록 인내심을 가지고 계속 저축을 해야 한다. 관계가 소원해지는 데 걸린 시간만큼 관계를 회복시키는 데도 시간이 필요하다는 점을 명심하라.

하지만 1가지씩 실천해 가는 과정에서 상대방은 우리의 진심을, 우리가 정말로 관계를 회복시키고 싶어한다는 것을 알게 될 것이다. 쉬운 일이라고 말하지는 않겠다. 하지만 가치 있는 일인 것은 분명하다.

다음 개봉작
뷔페를 좋아하나요? 좋아한다면, 다음 장도 좋아하실 거예요.

약속을 지켜라

① 저녁에 외출할 일이 있을 때는 몇 시까지 돌아오겠다고 부모님께 말씀드리고 꼭 지키도록 하라.

② 오늘 하루, 약속을 하기 전에 먼저 그 약속을 지킬 수 있을지 생각해 보라. 지키지 못하겠으면 "밤에 전화할게" "오늘 점심 같이 먹자"라고 말하지 말라.

작은 친절을 베풀어라

③ 이번 주에 결식아동에게 빵를 사줘라.

④ 오래전부터 고마움을 표시하고 싶었던 사람에게 감사의 편지를 써라.

신의를 지켜라

⑤ 사람들이 언제 어디서 남을 흉볼 때 피하기가 어려웠는지 생각해 보라. 특정한 친구와 함께 있을 때? 탈의실에서? 점심시간에? 그것을 피할 수 있는 행동계획을 세워라.

⑥ 다른 사람에 대해 좋은 생각만 하면서 하루를 보내려고 노력하라.

경청하라

⑦ 하루쯤 말을 조금만 하고 남의 이야기를 열심히 들어라.

⑧ 막내동생, 큰형, 할아버지 등 가족들 중 평소에 이야기를 잘 안 들어줬던 사람을 생각해 보라. 시간을 내서 그 사람의 이야기를 들어보라.

미안하다고 말하라
⑨ 잠자리에 들기 전에 오늘 상처를 주었던 사람에게 사과의 편지를 써라.

기대하는 것을 분명하게 하라
⑩ 나와 다른 사람이 서로 다른 기대를 하고 있었던 경우를 생각해 보고 어떻게 같은 기대를 가질 수 있을지 생각해 보라.

그들의 기대 : _____
_____

나의 기대 : _____
_____

습관 4

승-승을 생각하라

삶이란 모두가 배불리
먹을 수 있는 뷔페와 같다

> **서로의 삶**을 수월하게 해주기 위해 살지 않는다면, 무슨 보람으로 사는가?
> ―조지 엘리엇 George Eliot

나는 악명 높은 상대평가제도를 적용하는 경영학 학교에 다닌 적이 있다. 학급마다 90명의 학생이 있었는데, 그중 10퍼센트, 그러니까 9명의 학생은 3등급을 받게 되어 있었다. 3등급이란 낙제나 마찬가지였기 때문에, 학급의 평균 점수가 높든 낮든 한 학급에서 9명은 낙제를 하는 것이고 여러 번 낙제를 받은 학생은 퇴학을 당했다. 이런 상황에서 학생들이 받는 압박감은 대단했다.

문제는, 그 학교에 지원한 학생들은 모두 똑똑한 학생들이었다는 사실이었다(아무래도 학교를 잘못 지원했던 것 같다). 경쟁이 장난이 아니었는데, 이런 경쟁심이 나와 다른 학생들로 하여금 이상한 행동을 하게 만들었다.

고등학교에서나 대학교에서처럼 좋은 성적을 내는 것이 목표가 아니라, 낙제를 하게 될 9명에 들지 않는 것이 목표가 되었다. 이기는 것보다는 지지 않는 것이 더 중요했던 것이다. 두 사람이 곰에게 쫓기고 있었는데, 그중 한 사람이 다른 사람을 돌아보면서 "생각해 봤는데 말이야, 곰보다 더 빨리 뛸 필요는 없을 것 같아. 너보다 빠르게 뛰면 되는 거 아니겠어?"라고 했다는 이야기가 생각났다.

어느 날 수업시간에 교실을 돌아보면서 누가 나보다 공부를 더 못하는 9명인지 세어본 적이 있다. 누군가 엉뚱한 답을 말할 때면, 나는 속으로 '음, 저 친구는 낙제야, 이젠 8명 남았군' 하고 생각하곤 했다. 가끔씩은 친구들이 좋

> 자존심은 단순히 무언가를 가지고 있다는 사실로부터 생기는 것이 아니다. 그것은 옆 사람보다 더 많이 가지고 있다는 사실로부터 생기는 것이다.
> _ C. S. 루이스(C. S. Lewis), 작가

은 성적을 내는 것이 두려워서 알고 있는 것을 말해 주지 않은 적도 있다. 이 모든 것들이 내 속을 갉아먹고 있었다. 내 자신이 왜소해 보였다. '승-패'의 방법을 생각하고 있었던 것이 문제였다. 그 방법 때문에 항상 내 마음은 부정적인 생각으로 가득 차 있었다.

하지만 그런 문제를 해결하는 방법이 있다. 그것이 바로 네 번째 습관, "승-승을 생각하라"이다.

승-승을 추구하는 태도는 나도 이기고 남도 이길 수 있다는 자세를 가지고 삶을 대하는 것을 말한다. '나 아니면 너'가 아니라 '둘 다 함께'인 것이다. 승-승을 추구하는 것은 원만한 인간관계를 유지하기 위한 초석이다. 그것은 모든 사람은 평등하고, 더 나은 사람도 모자란 사람도 없으며, 또 그렇게 되어서도 안 된다는 믿음에서 출발한다.

"현실적으로 생각해 봐, 손. 현실은 평등하지가 않아. 요즘은 경쟁사회야. 모두 다 승자가 될 수는 없는 거라고" 하며 누군가 항변할지도 모르겠다.

나는 그렇게 생각하지 않는다. 인생은 원래가 평등한 것이지, 경쟁이 아니다. 항상 남보다 앞서야 하고, 시험에서 항상 95점 이상을 받아야 하는 것이 아닌 것이다. 사업이나 운동시합, 혹은 학교에서 경쟁이 있을 수는 있지만, 그런 것들은 모두 만들어놓은 제도일 뿐, 실제 관계에서까지 경쟁적이 될 필요는 없다. 앞장에서 살펴보았듯이 관계는 우리 삶을 구성하는 요소이다. "네 친구와의 관계에서는 누가 이겼니? 너, 아니면 친구?"라고 묻는 것은 얼마나 어리석은 행동인가?

그렇다면, 이 이상하게 생긴 "승-승을 생각하라"는 것에 대해

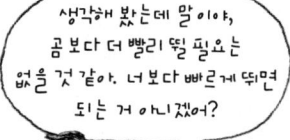

한번 살펴보기로 하자. 나의 경험에 비추어볼 때, 승-승을 생각하는 것이 어떤 것인지 알기 위해서는, 승-승을 생각하지 않는 것이 어떤 것인지를 살펴보는 것이 좋겠다. 승-승을 생각하는 것은, 승-패가 아니며 패-승도 아니다. 물론 패-패도 아니다. 삶에 대한 자세는 여러 가지가 있을 수 있다. 그것들을 하나하나 살펴보도록 하자.

■ **승-패 : 인간 사다리**

"엄마, 토미네 집에서 오늘 저녁에 굉장한 모임이 있는데, 밤 12시나 돼야 돌아올 수 있어요. 저 좀 데리러 나오세요."

"안 돼. 넌 왜 그렇게 항상 늦니? 10시까지 돌아와라. 그러면 버스를 타고 오면 되잖니?"

"다른 집 엄마들은 안 그런다는데 엄마는 왜 맨날 저를 그렇게 못살게 하세요?"

"너무 늦게 다니면 위험해서 안 된다. 미안하지만, 밤 12시는 안 돼."

"사실은 하나도 안 미안하죠? 정말로 미안하게 생각한다면 왜 제가 원하는 대로 하지 못하게 하는 거죠? 불공평해요. 내 생각은 조금도 안 하세요?"

"알았다, 알았어. 그 시간에 너를 데리러 가마. 대신 다음부터는 아예 모임에 나가려고는 생각지도 말아라."

이긴 사람은 마리Marie이고, 진 사람은 엄마인데, 이것이 바로 승-패의 경우이다. 하지만 정말 마리가 이긴 것일까? 겉보기엔 그렇다. 그렇지만 엄마 기분은? 다음에는 엄마가 마리에게 서운하게 할 것이다. 결국 장기적으로 보면 승-패의 행동은 득이 되지 않는다.

승-패적 생활태도는 파이 크기는 똑같은데 남이 먹어버리면 내가 먹을 양이 줄어드니까, 남이 먹기 전에 내가 먹을 것을 더 많이 챙기겠다는 태도이고, 이는 곧 경쟁적인 태도이다. 이런 것을 나는 '인간 사다리 신드롬 totem pole syndrom'이라고 부르는데, 이는 '인간 사다리에서 남보다 좀더 높은 위치에 오르기 위해서라면, 좋지 못한 방법도 불사하겠다'는 마음 상태를 이르는 말이다. 최고가 되기 위해서는 관계도, 우정도, 신뢰도 다 필요 없다는 것이다.

승-패의 태도는 자존심으로 가득 찬 생활태도이다. C. S. 루이스c. s. Lewis에 따르면 "자존심은 단순히 무언가를 가지고 있다는 사실로부터 생기는 것이 아니다. 그것은 옆 사람보다 더 많이 가지고 있다는 사실로부터 생기는 것이다…. 항상 비교하는 마음에서 자존심이 생긴다. 자존심은 남보다 내가 낫다고 생각하는 마음이다."

자신이 승-패의 태도를 가지고 있다고 해서 너무 낙담할 필요는 없다. 우리는 어린 시절부터 그런 행동을 하도록 배워왔기 때문이다.

로드니Rodney의 성장과정을 한번 살펴보자. 로드니가 처음 경쟁이라는 것을 경험한 것은 초등학교 3학년 운동회 때였다. 달리기에서 3등 안에 든 학생만 리본을 받을 수 있었다. 로드니는 달리기를 잘 못했지만, 참가자들 모두에게 주는 리본을 받은 것만으로도 기뻤다. 그런데 한 친구가 다가와서는 "그 리본은 쓸모없는 거야. 아무나 다 주는 건데 뭐"라고 말했다.

중학교에 다닐 때, 부모님은 최신 유행 청바지와 신발을 사줄 수 있을 만큼 여유가 없었기 때문에 로드니는 항상 낡고 유행에 뒤진 옷을 입고 다녀야 했다. 그는 돈 많은 집 친구들이 입고 다니는 옷을 보면서, 자기가 입고 있는 옷은 형편없다고 생각했다.

고등학교에 입학해서는 바이올린을 배워서 교내 오케스트라에 들어갔다. 하지만 실망스럽게도 제1바이올리니스트는 한 명밖에 될 수 없다는 사실을 알게 되었다. 로드니는 제2바이올리니스트가 된 것에 실망했지만, 한편으로는 제3주자가 아닌 것이 다행스럽기도 했다.

집에서는 어땠을까? 어렸을 때 그는 엄마의 사랑을 독차지하는 아이였다. 하지만 이제 어린 동생이 있어서, 엄마의 사랑을 다 빼앗기고 있었다. 게다가 동생은 달리기도 잘해서 운동회가 있을 때면 리본도 많이 타 온다. 로드니는 자기가 공부만 잘하면, 엄마가 동생보다 자기를 더 좋아할 거라고 생각하면서 열심히 공부했다.

고등학교를 졸업하고 4년 만에 로드니는 대학에 진학하기로 결심하고, 수능시험SAT을 봤는데, 성적이 정확하게 딱 중간이었다. 전체 학생 중 반은 그보다 공부를 잘하고 반은 못하는 셈이었다. 안된 일이지만, 원하는 대학에 갈 수 있는 점수는 아니었다.

로드니가 다닌 대학은 상대평가를 하는 대학이었는데, 화학 수업 첫 시간에 들어갔더니 30명의 학생 중 A와 B는 각각 5명뿐이고, 나머지는 C나 D를 받게 될 거라고 했다. 로드니는 C나 D를 받지 않으려고 애를 썼고, 겨우 B를 받을 수 있었다.

이런 예는 끝도 없다.

이런 환경에서 자란 로드니를 비롯한 우리 모두가 삶을 경쟁의 장으로 보고, 일단 이기고 봐야 한다고 생각하는 것은 당연하다. 인간 사다리에서 꼭대기로 올라가고 싶은 마음이 생긴다고 해서 조금도 이상할 것은 없다. 하지만, 희생자로 남아 있을 수만은 없다. 우리에겐 이러한 승-패적 조건들을 극복할 수 있는 힘이 있기 때문이다.

승-패를 바라는 태도는 여러 가지 형태로 드러난다. 다음은 그 일부이다.

- 자신의 이익을 위해 감정적으로든 물질적으로든 남을 이용하는 것
- 다른 사람을 희생시키면서 출세하려는 태도
- 다른 사람에 대한 나쁜 소문을 퍼뜨리는 것(마치 그 사람을 끌어내려야 내가 올라갈 수 있다는 듯이)
- 다른 사람의 감정은 생각하지 않고, 자기 생각만 주장하는 것
- 다른 사람에게 생긴 좋은 일을 두고 질투하는 것

승-패적 태도는 반드시 그 대가를 치르게 되어 있다. 인간 사다리에서 제일 높은 곳에 오를 수 있을지는 모르지만, 친구들이 하나도 없어서 외로울 수도 있다. "생쥐들의 경주에서 문제는 무엇이냐 하면, 이기더라도 생쥐일 수밖에 없다는 것이다"라고 여배우 릴리 톰린Lily Tomlin이 말했다.

■ 패-승 : 신발 털개

한 학생이 다음과 같은 편지를 보내왔다.

"저는 싸우는 게 싫습니다. 무슨 일이 있을 때 말싸움을 하기보다는 그냥 제가 욕먹고 마는 게 더 편해요. 항상 '미안해, 내가 못나서 그래' 라고 이야기합니다."

이와 같이 생각하는 사람은 '패-승' 의 함정에 빠진 사람이다. 이런 태도가 보기에는 좋을지 모르지만, 이것 역시 승-패를 바라는 태도만큼이나 위험한 것이다. 이런 태도는, 집에 들어가기 전에 신발의 흙을 닦으라고 깔아 놓은 '신발 털개 신드롬' 이라고 볼 수 있다. 내가 지고 남이 이기기를 바라는 사람은 "이리 와서 네 발에 묻은 흙을 닦아. 다른 사람들도 다 그래"라고 말하는 사람이다.

패-승을 바라는 태도는 약한 모습이다. 남들에게 밟히는 것을 통해 '좋은 아이'라는 말을 듣기는 쉽다. 쉽게 굴복하고, 좀처럼 싸우지 않고, 부모님에게 자신의 생각을 말하지 않고 그저 부모님이 시키는 대로만 하는 일은 모두 쉬운 일들이다.

이런 생활태도를 가지고 있으면 다른 사람에 대해 낮은 기대만을 하게 되고, 스스로의 기준을 자꾸만 낮추어가게 된다. 남의 눈치를 살피는 것이 바로 패-승을 바라는 태도이다. 사실은 수업을 빼먹기가 싫지만, 친구들이 놀러 가자고 하면 그들을 따라 나서는 것이다. 그게 바로 패-승이다.

제니Jenny라는 아이는 8학년에 다닐 때 패-승적 태도를 가지고 지냈다고 말한다. 제니는 나중에야 그런 태도를 극복할 수 있었다.

어느 날 엄마에게 "너 엄마한테 말버릇이 그게 뭐니?"라고 심하게 꾸중 듣고 난 다음부터 문제는 시작되었습니다. 저는 그 말을 액면 그대로 받아들였고, 다음부터 겉으로는 엄마가 바라는 대로 따르는 척했지만, 사실은 제 마음을 닫아버리고 엄마가 하는 말에는 귀를 기울이지 않았어요. 엄마가 뭐라고 할 때마다, 제 본심은 아니었지만, "예, 엄마 말이 맞아요"라고 대답했습니다. 제가 말을 안 했기 때문에 엄마는 그 일이 저를 괴롭히고 있다는 사실을 몰랐죠.
엄마가 친구들을 잠시만 만나고 몇 시까지는 꼭 들어오라고 하실 때도, "엄마 말씀대로 할게요"라고 대답했습니다. 엄마가 시키는 대로 하는 게 편했어요. 내가 무슨 말을 해도 엄마는 진지하게 받아들이지 않을 거라고 생각했으니까요.
하지만 시간이 지나면서 점점 더 불만이 쌓여갔습니다. 그러던 어느 날 저녁 "학교에서 일이 있다"고 했더니, 엄마는 "그래? 잘 됐구나"라고만 말하고는, 하던 일을 계속했습니다.
'무슨 일인지 궁금하지도 않아요?' 저는 생각했습니다. 하지만 아무 말도 할 수가 없었어요. 엄마는 제가 화가 났다는 것도 모르고 있는 것 같았으니까요. 엄마라면 저녁에 있을 일이 저에게 얼마나 중요한 일인지 물어봐야 하는 것 아닌가요?
마침내 저는 폭발했습니다. "엄마, 이대로는 안 돼요. 저도 더 이상은 못 하겠어요. 항상 엄마가 시키는 대로 하는 게 편하다고 생각하고 그대로 따랐는데, 이젠 지긋지긋하단 말이에요." 저는 마음속에 있던 말을 다 쏟아내면서, 제가 그 동안 얼마나 가슴앓이를 했는지 알려주었습니다. 엄마가 많이 놀라더군요.
그 일이 있은 후 얼마 동안은 많이 힘들었습니다. 관계를 완전히 새로 시작하는 것 같았으니까요. 하지만 점차 나아져서 이제는 모든 일에 대해 서로 대화합니다. 이젠 엄마와 공감할 수 있게 되었어요.

패-승적 태도를 생활의 기본 자세로 택하게 되면, 남들의 더러운 발을 닦아주어야 하는데, 이것만큼 불쾌한 일은 없다. 또한 스스로의 감정을 감추게 되어 건강에도 좋지 않다.

져주는 게 편할 때도 있다. 어느 쪽 서랍을 사용할 것인가를 놓고 동생과 실랑이를 벌이거나, 엄마가 젓가락질하는 걸 가지고 뭐라고 할 때처럼, 사소한 문제에 있어서는 져주는 것도 괜찮다. 그런 문제에 있어서 다른 사람이 이기도록 내버려두는 것은 오히려 관계감정은행계좌에 득이 될 것이다. 하지만 중요한 문제에 있어서는 자신의 입장을 분명히 밝혀야 한다.

학대를 받고 있는 경우라면, 패-승적 태도가 갈 때까지 간 경우이다. 학대란 상처 주고 화해하고, 또다시 상처를 주는 과정이 끊임없이 반복되는 것이다. 관계가 진전될 희망은 없어 보인다. 이렇게 이길 가망이 전혀 없는 관계는 그만두는 것이 상책이다. 관계가 그렇게까지 나빠진 데는 자신의 책임도 어느 정도 있다거나, 자신이 학대받을 짓을 했다고 생각해서는 안 된다. 그런 생각이 바로 '신발 털개'다운 생각이다. 누군가로부터 짓밟힘을 당할 만큼 큰 잘못은 없다.

■ 패-패 : 끝없는 추락

패-패를 바라는 사람은, "내가 떨어지니까 너도 같이 떨어져야 돼. 이 망할 놈아"라고 말하는 사람이다. 그러니까 혼자 비참해지지는 않겠다는 심보인 셈인데, 전쟁이 아주 좋은 예다. 생각해 보자. 전쟁에서는 다른 사람을 많이 죽여야 승리할 수 있는데, 그것을 진정한 승리라고 할 수 있을까? 복수도 마찬가지다. 복수를 통해서 이겼다는 기분이 들 수도 있겠지만, 결국 당하는 것은 자기 자신뿐이다.

패-패는 승-패를 바라는 두 사람이 맞부딪쳤을 때 주로 일어난다. 어떤 대가를 치르고서라도 이기고야 말겠다는 생각으로 달려들었는데 상대방도 똑같은 생각을 가지고 있다면, 결과적으로는 둘 다 지게 마련이다.

누군가를 너무 싫어하는 경우에도 패-패가 일어나는데, 가끔은 가까이 있는 사람이 미움의 대상이 되기도 한다.

"우리 형이 잘못될 수만 있다면 나는 어떻게 되어도 좋아."

"제프Jeff랑 사귀지 못할 바에야, 사라Sarah도 제프랑 못 사귀게 방해해야지."

주의를 기울이지 않으면 남녀관계도 패-패가 될 가능성이 있다. 선남선녀가 데이트를 시작하고 처음에는 모는 것이 잘 풀려나간다. 이런 경우는 승-승이다. 하지만 두 사람은 점점 더 감정적으로 서로에 의지해 가면서 결국은 상대방에게 집착하게 되어 질투를 하게 된다. 마치 상대방이 자신의 소유물인 것처럼 매일 만나서 확인하고, 안정감을 느끼고 싶어한다. 이런 의존을 통해 서로의 나쁜 점이 드러나게 되고, 결국에는 다투는 것이다. 그러고는 헤어져서 '자기 자신에게로 돌아가는' 데, 이것이 바로 패-패이자, 끝없는 추락이다.

■ **승-승 : 모두가 배불리 먹을 수 있는 뷔페!**

승-승을 추구하기 위해서는 모두가 같이 승리할 수 있다는 믿음이 필요하다. '나는 널 밟고 올라서지 않겠다. 그렇다고 너의 신발 털개가 되어주지도 않겠다'는 자세라고 할 수 있겠는데, 멋진 모습이기도 하지만 힘든 일이기도 하다. 그러기 위해

서는 다른 사람들을 배려해 주고 그들이 잘되기를 바라는 동시에, 스스로에 대해서도 신경을 쓰고 성공할 수 있어야 한다. 또한 성공에 이르는 길은 아주 다양하다는 믿음이 있어야 한다. '너 아니면 나'가 아니라 '둘이 함께'라는 정신 상태가 중요하다. 누가 파이를 더 많이 먹느냐가 중요한 것이 아니다. 모두가 배불리 먹을 수 있을 만큼 충분한 음식이 준비되어 있다. 뷔페인 것이다.

돈 미브스Dawn Meeves라는 친구는 승-승의 위력을 깨달았던 이야기를 들려주었다.

고등학교에 다닐 때 저는 농구선수였어요. 또래의 다른 아이들보다 실력도 뛰어났고, 키도 컸기 때문에 2학년 때부터 주전으로 뛸 수 있었죠. 같은 반 친구인 팜(Pam)이라는 애도 2학년이면서 주전으로 뛰었습니다.
내 주무기는 중거리 슛이었어요. 매 경기마다 3점 슛을 5개 정도는 성공시켰는데, 그걸로 주목을 받았죠. 그런데 팜은 내가 그렇게 주목받는 게 싫었는지, 나한테 패스를 해주지 않는 거예요. 공도 못 만져보는데 어떻게 슛을 던질 수 있겠어요.
한번은 시합을 마친 후에, 화가 머리끝까지 나서 몇 시간 동안 아버지한테 다 이야기했습니다. 팜은 동료가 아니라 적이라고 이야기했어요. 한참 동안 대화를 한 후에, 아버지는 다음부터는 네가 공을 잡으면 꼭 팜에게 패스를 해주는 것이 좋을 것 같다고 말씀하셨습니다. 세상에 그런 어리석은 말이 또 있을까 하고 생각했어요. 하지만 아버지는 그렇게 하는 게 효과가 있을 테니 한 번 생각해 보라고 하셨습니다. 그래도 나는 이해할 수가 없었어요. 아버지의 말은 생각할 가치도 없다고 생각했죠.
다음 시합에서 나는 팜을 완전히 망쳐놓기로 결심하고 계획까지 다 세워놓았습니다. 그런데 처음 공을 잡았을 때, 관중들 사이에서 아버지의 목소리가 들리는 것 아니겠어요? 아버지 목소리는 워낙 쩌렁쩌렁했기 때문에, 아무리 시합에만 열중하려고 해도 그 소리가 들렸어요. 공을 잡자 아버지는 "패스, 패스해!"라고 외쳤습니다. 잠깐 머뭇거렸지만 결국은 패스했어요. 직접 슛을 할 수도 있었는데 팜에게 패스를 한 것이죠. 팜은 흠칫 놀라더니 곧 멋진 터닝슛을 성공시켜서 득점을 올렸어요. 수비를 위해 백코트하면서, 이전에는 느끼지 못했던 기분이 들었어요. 남이 잘되는

습관 4 승-승을 생각하라

것을 보았을 때 느끼는 진정한 기쁨이었죠. 게다가 그 패스 때문에 시합에서도 앞설 수 있었습니다. 전후반 내내 계속해서 팜에게 패스를 해주었고, 약속된 플레이를 할 때나 완전한 찬스에서만 직접 슛을 했습니다.

결국 우리는 시합에서 이겼어요. 그리고 다음 시합부터는 팜이 나에게 패스를 하기 시작했습니다. 팀워크가 살아날수록 우리들의 우정도 튼튼해졌고, 그해에 있었던 시합에서 우리 팀은 좋은 성적을 올릴 수 있었습니다. 우리 둘은 멋진 콤비가 되었죠. 지역 신문에는 우리 둘의 호흡이 너무 잘 맞는다는 기사까지 실렸다니까요. 그해에는 제 평균득점도 높아졌지요.

보다시피 승-승을 추구하는 태도는 항상 새로운 가치를 만들어내는, 음식이 떨어지지 않는 뷔페와 같다. 돈이 말했듯이 다른 사람이 잘되기를 바라면 자신의 기분이 좋아진다. 패스를 많이 했는데도 돈의 평균득점은 오히려 올라가지 않았는가? 그들은 개인 플레이만 고집했을 때보다 훨씬 많은 득점을 올릴 수 있었고, 더 많은 승리를 거둘 수 있었던 것이다.

승-승을 추구하는 방법은 대단히 많다. 다음 예를 보자.

- 아르바이트로 일하는 햄버거 가게에서 승진을 해서, 그렇게 될 수 있게 도와준 모든 사람들에게 감사를 표시하고 기쁨을 함께 나눈다.
- 학생회 임원으로 선출되어, 인기가 없는 학생이나 따돌림을 당하는 아이들까지 모든 아이들에게 골고루 신경을 쓴다.
- 대학 시험에 떨어졌더라도, 친한 친구가 붙었다면 그 친구를 축하해 준다.
- 저녁 먹으러 가고 싶은데, 친구는 영화 보러 가자고 한다. 그럴 때는 비디오를 빌리고, 음식을 사 와서 집에서 재미있게 논다.

승-승을 추구하는 방법

어떻게 해야 하는 걸까? 자기는 대학에 떨어졌는데, 어떻게 합격한 친구를 축하해 줄 수 있단 말인가? 항상 좋은 옷만 입고 다니는 옆자리 여학생에게 기죽지 않으려면 어떻게 해야 하는 걸까? 양쪽 모두 승리하기 위해서는 도대체 어떻게 해야 하는 걸까?

2가지 힌트를 주겠다. 첫째, 개인의 승리를 거둘 것. 둘째, 쌍둥이 종기가 번지지 않게 할 것.

■ 먼저 개인의 승리를 거두어라

모든 것은 자신에게서 나온다. 극도로 불안정한 상황에 처해 있어서 개인의 승리를 추구하기에 급급한 상황이라면, 승-승을 생각하기란 쉽지 않은 일이다. 다른 사람이 위협적으로 느껴지는 상황에서, 그들의 성공을 바란다는 것은 어려운 일이다. 마찬가지로 남을 칭찬하고 기쁨을 함께 나눌 수 있는 여유를 가지는 것도 어렵다. 불안정한 사람은 쉽게 질투심을 느끼게 마련이다. 더그Doug와 그녀의 여자친구 사이의 다음 대화는 그와 같은 불안정한 상태를 전형적으로 보여준다.

"에이미(Amy), 방금 너와 이야기한 저 남자애는 누구야?" 더그가 물었다.
"그냥 좋은 친구야, 어릴 때 한동네 살았어." 에이미가 대답한다.
"앞으로는 저 친구 만나지 마." 투정부리듯 말하는 더그.
"더그, 그냥 오랫동안 알고 지낸 친구일 뿐이라니까. 초등학교도 같이 다녔단 말이야."
"얼마나 오랫동안 알고 지냈는지는 궁금하지 않아. 앞으로는 친하게 지내지 마."
"대단한 얘길 한 것도 아닌데 왜 그래? 친구가 필요하다고 해서 만나서 이야기 좀 들어준 것뿐인데."
"나한테만 잘해주기로 했잖아, 안 그랬어?"
"알았어. 네가 원한다면 앞으로는 만나지 않을게."

더그는 불안정한 상태에서 여자친구에게 감정적으로 너무 집착하고 있기 때문에 너그럽게 대할 수 있는 여유가 없다. 이 경우에 더그는 자기 자신부터 시작해서 문제를 해결해 나가야 한다. 자신의 개인감정은행계좌에 저축을 하고, 스스로의 삶에 대한 책임감을 가지고, 계획을 세워 추진하는 과정을 통해 자신에 대한 확신과 안정감을 가지게 될 때, 비로소 다른 사람을 위협적으로 생각하지 않고 그들과 함께 즐길 수 있게 된다. 개인의 안정성이 상호이익을 모색할 수 있는 기반이 되는 것이다.

■ **쌍둥이 종기가 번지지 않게 하라**

종기처럼 서서히 사람의 내부로 파고 들어가 모두를 썩게 만드는 2가지 버릇이 있다. 그것들은 쌍둥이처럼 항상 함께 다니는데, 바로 '경쟁'과 '비교'다. 경쟁과 비교가 있는 곳에서는 상호이익을 생각할 수가 없다.

경 쟁

때로는 경쟁도 도움이 된다. 건전한 경쟁은 스스로를 발전시키고, 더 멀리 뻗어나가게 하는 원동력이 될 수도 있다. 경쟁이 없다면, 사람들은 자신의 능력이 얼마나 되는지 알아볼 기회가 없을 것이다. 비즈니스에서의 경쟁은 나라의 살림을 풍요롭게 하고, 올림픽에서 경쟁과 승리를 빼면 아무것도 남는 게 없다.

하지만, 경쟁에는 좋지 못한 다른 면도 있다. '스타 워즈Star Wars'에서 루크 스카이워커Luke Skywalker는 세상의 모든 것에 생명력을 가져다주는 '힘'의 긍정적인 에너지에 대해 배운다. 그리고 나중에는 사악한 다스 베이더Darth Vader를 통해, 그 힘의 '부정적인' 면도 보게 된다. 다스 베이더는 이렇게 말한다. "너는 어둠이 가진 힘을 아직 모르고 있구나." 거기에서 경쟁이 생긴다. 밝은 면과 어두운 면이 있고 양쪽 모두 힘을 가지고 있는 것이다. 차이점이 뭔지 살펴보자. 자신과 경쟁을 벌일 때, 그를 통해 자기가 이를 수 있는 최고의 단계에 오르려고 애쓸 때, 그 경쟁은 건강한 것이다. 반면에 이기는 것만 염두에 두고 다른 사람을 딛고 올라서기 위한 수단으로 경쟁을 사용할 때, 그 경쟁은 나쁜 것이 된다.

팀 골웨이Tim Galwey가 쓴 《자기 안의 테니스 게임The Inner Game of Tennis》을 읽다가 이런 생각을 아주 정확히 표현한 부분을 찾았다. 그것은 다음과 같다.

경쟁 과정에서 다른 사람과 비교해서 스스로의 모습을 생각하게 되면, 자신의 나쁜 점만 두드러져 보이게 된다. 평상시에 가지고 있던 두려움과 좌절이 과장되어 나타나는 것이다. 최고가 되고 승자가 되어야만 그들이 원하는 사랑과 명예를 획득할 수 있다고 생각하는 사람들이 그렇다. 이런 식으로 교육을 받고 자란 아이들은 성공에 중독된 나머지, 다른 면을 보지 못하는 어른이 되기 쉽다.

한 유명한 미식축구 코치는, 운동 선수에게 있어 가장 나쁜 성격은 실패를 두려워하는 것과 비정상적으로 승리에 집착하는 마음, 그러니까 어떤 대가를 치르더라도 반드시 이기고 싶어하는 마음이라고 했다.

언젠가 동생과 농구 시합에서 지고 난 후 이야기를 나눈 적이 있다.

"너희 팀이 이겼다는 게 믿어지지가 않아."

"뭘 그렇게 못 믿겠어? 형이 나보다 운동을 더 잘한다고 생각해?"

"당연하지. 운동은 항상 내가 더 잘했잖아."

"그건 형이 생각하는 운동이지. 내 생각엔 내가 형보다는 뛰어난 운동선수인 것 같아. 내가 형보다 더 빠르고, 점프도 더 높이 하잖아."

"무슨 소리, 네가 나보다 더 빠르다고? 그리고 달리기와 점프가 무슨 상관이야? 마음만 먹으면 어떤 운동을 하건 너는 상대도 안 돼."

"정말?"

"그럼!"

둘 다 진정이 된 후에는 몸둘 바를 몰랐다. 우리는 경쟁의 어두운 면의 유혹에 빠졌던 것이다. 어두운 면에 빠지고 나면 항상 뒤끝이 안 좋은 법이다.

애인이나 친구, 유명인, 인기, 지위 따위를 위해 경쟁을 사용하지 말고 자신의 발전을 위한 수단으로만 사용하도록 하라. 그러면 인생이 즐거워질 것이다.

비교

비교는 경쟁과 단짝이며, 경쟁만큼이나 해로운 것이다. 다른 사람과 비교하면 기분만 나빠질 뿐 아무런 도움도 되지 않는다. 왜냐고? 사람마다 사회적으로나 정신적으로, 심지어 육체적으로 발전하는 속도가 다르기 때문이다. 서로 다른 빵을 구우면서 옆 사람의 것과 비교해서 내 빵이 얼마나 구워졌는지 살펴보는 것은 어리석은 짓이다. 씨를 뿌리자마자 쑥쑥 자라는 포플러처럼 발전하는 사람이 있는가 하면, 처음 4년간은 조금도 자라지 않다가 5년째 되는 해에 갑자기 90센티미터나 자라는 대나무 같은 사람도 있는 것이다.

이런 얘기를 들은 적이 있다. 삶은 굉장히 긴 장애물 경주와 같다. 사람마다 자기가 달려야 할 코스가 있고, 코스와 코스 사이는 높은 담으로 막혀 있다. 장애물은 그 코스를 달리는 사람의 성장 속도에 맞춰 특별하게 제작된 것이라서, 담을 기어올라가 옆 사람의 장애물은 무엇인지, 또 그 사람은 얼

마나 잘하고 있는지를 살펴보는 것은 무의미한 일이다.

다른 사람과 비교해서 스스로의 기준을 정하는 것은 결코 좋은 출발이 될 수 없다. 남보다 평균성적이 높고, 인기 있는 친구들도 더 많다는 사실에서 안정감을 느끼고 있었는데, 어느 날 다른 아이들이 성적도 좋아지고 인기 있는 친구들도 사귀게 되면 어떡해야 할까? 자신을 남과 비교하는 것은 바람 부는 대로 떠돌아다니는 것과 같다.

이리저리 떠밀려 다니며, 어떤 때는 열등감을 느끼고 어떤 때는 우월감을 느낀다. 또 어떤 때는 확신을 가지고 어떤 때는 어쩔 줄 몰라하기도 한다. 유일하게 나쁘지 않은 비교는 자기 자신이 목표했던 자기 모습과 현재의 자기 모습 사이의 비교다.

작가 폴 던Paul H. Dunn은 《열등감에 대하여On Feeling Inferior》에서 좋은 말을 남겼다.

> 살아가다 보면 가끔씩은 자신감이 없어지는 때가 있게 마련이다. 잡지를 보면 자신보다 건강하고, 잘생기고, 옷도 더 잘 입는 사람들이 있다. 또 주위를 둘러보면 더 똑똑해 보이고, 더 자신감 있고, 재능도 있는 그런 사람들이 있다. 사실, 우리는 우리가 재능 없고, 실수를 하며, 뭐 하나 잘하는 게 없다는 것을 매일매일 발견하게 되고, 이런 와중에 큰일을 할 인물이 못 된다고 생각해 스스로에 대해 열등감을 느끼기도 한다. 자기 성격이나 재능에 맞지 않는 어떤 기준에 못 미친다고 해서 자신감이나 자기애를 잃어버리는 것은, 시작부터가 잘못된 것이다. 완벽한 사람은 없다. 그건 문제가 되지 않는다.

수년 동안 비교하는 버릇을 버리지 못했던 앤Anne이라는 여학생과 이야기를 나눈 적이 있다. 다음은 그녀가 아직까지 그 버릇을 버리지 못하고 있는 사람들에게 보내는 메시지다.

> 클레이턴 밸리 고등학교(Clayton Valley School) 신입생 시절부터 문제는 시작되었습니다. 학교에는 돈 많은 집 아이들이 많았기 때문에, 애들 사이에서는 옷 입는 게 제일 큰 화젯거리였어요. 만나기만 하면 "오늘은 누가 무슨 옷을

입었더라"라는 얘기뿐이었죠. '같은 옷은 두 번 입지 않는다, 다른 아이가 입고 있는 옷은 입지 않는다' 따위의 암묵적인 규칙까지 있었답니다. 유명 브랜드의 비싼 청바지는 필수품이었죠. 색깔이나 스타일별로 모두 갖추고 있어야 했습니다.

1학년 때, 선배 오빠와 사귀었는데, 부모님은 그 오빠를 별로 좋아하지 않으셨죠. 처음에는 오빠와 사이좋게 지냈는데, 점차 저를 다른 여학생과 비교하는 게 아니겠어요? 그 오빠는 자주, "너는 왜 저 아이처럼 옷을 입지 않는 거니?" "너 살쪘구나." "조금만 변화를 주면 더 예쁘겠는데" 같은 말을 했습니다.

저는 남자친구 말을 믿기 시작했어요. 다른 여학생들과 비교하면서 '왜 나는 저 여학생들처럼 예쁘지 않은 걸까' 하고 생각했습니다. 옷장에는 옷이 많았지만 무슨 옷을 입을지 정할 수 없었어요. 유행하는 옷이 입고 싶어서 옷을 훔치기까지 했습니다. 시간이 지나자, '누구를 닮고 싶다' '누구와 함께 지내고 싶다' '내 모습이 어떻게 보일까' '무슨 옷을 입을까' 같은 것들에 대해서만 신경을 쓰게 되었습니다.

그러다가 언제부터인지 먹고 토하는 일을 반복하게 되었습니다. 원래 마른 편이지만, 살이 찌는 건 정말 싫었으니까요. 하루에 서른 번에서 마흔 번 정도 토한 적도 있었습니다. 학교에서, 화장실에서, 아무 데서나 토했답니다. 부모님이 아시면 혼나게 될까봐 말씀드리지는 않았어요.

한번은 멋있는 남학생들이 저에게 축구시합을 같이 보러 가자고 했습니다. 저보다 한 학년 높은 오빠들이었는데, 저는 아주 기분이 좋았어요. 엄마와 나는 근사하게 보이기 위해 갖은 노력을 다 기울였습니다. 그런데, 창밖을 내다보며 몇 시간을 기다려도 그들이 나타나지 않는 거예요. 저 자신이 보잘것없는 존재로 느껴졌습니다. '못 생겨서 나랑 놀지 않으려는 거야'라고 생각했죠.

그러다가 큰일이 났어요. 무대에서 연극공연을 하던 도중에 정신을 잃고 쓰러진 것입니다. 깨어보니 대기실이었는데, 옆에 엄마가 앉아 계셨어요. 나는 "엄마, 도와줘요"라는 말만 간신히 할 수 있었어요.

나 자신에게 문제가 있다는 것을 인정하기까지는 몇 년이 걸렸습니다. 이제 와서 되돌아보면, 그런 생각을 했던 때가 있었다는 게 믿어지지가 않아요. 행복해질 수 있는 조건을 모두 갖추고 있으면서도 비참하게 지냈던 겁니다. 나는 귀엽고 재능 있는 아이였지만 '비교'라는 덫에 걸린 나머지 행복하게 지낼 수 없었어요. 다른 사람들에게 "절대로 자신과 다른 사람을 비교하지 마세요. 그건 아무런 가치도 없는 일입니다"라고 이야기해 주고 싶어요.

입고 있는 옷이 아니라 나 자신을 소중히 생각하는 소중한 친구들을 통해 달라질 수 있었습니다. 그 친구들은 "그 옷은 너한테 필요 없어. 지금 입고 있는 것도 예쁜걸?"이라고 말해 주었어요. 그때부터 저는 다른 사람의 기호에 맞춰 저를 변화시키지 않게 되었어요. 저 자신을 위해 변했던 것이죠.

이 이야기가 전하는 바는 다음과 같다. 비교하는 습관을 버려야 한다. 비교는 마약이나 술처럼 중독성이 강한 것이다. 모델처럼 옷을 입어야 할 필요는 없다. 진짜로 중요한 게 무엇인지 생각해 보자. 비교의 함정에 빠지지 말아라. 너무 인기를 중요시하지 마라. 우리 앞에는 아직 많은 시간이 있다.

■ 승-승 정신의 열매

승-승을 추구하는 자세가 가지고 올 결실을 과소평가해서는 안 된다. 앤디Andy의 경험을 들어보자.

> 처음에는 왜 승-승을 추구해야 하는지 이해할 수 없었습니다. 하지만 아르바이트를 할 때 그런 자세로 임하다 보니, 2년이 지난 지금은 그 결과가 엄청나다는 것을 알게 되었습니다. 좀더 일찍 알았더라면 얼마나 좋았을까요? 저는 리더십을 발휘하는 방법을 배우게 되었고, '좀더 즐겁게 일해 보자. 나와 동료들이 함께 승리할 수 있는 방법을 찾아보자' 라는 자세로 일에 임하게 되었습니다. 한 달에 한 번씩 사장님과 면담을 할 때면, 가게에 좀 미흡한 점이 있는 것 같으니 제가 그 일을 한번 처리해 보겠다고 합니다.
> 지난번에는 사장님이 "그동안 미흡했던 것들이 말끔히 정리됐어. 대단하군. 자네가 스스로 기회를 만들어서 자발적으로 일하는 모습이 참 인상적이었어"라고 하면서, 주급을 3,000원이나 인상해 주었습니다.

승-승을 추구하는 행동은 다른 사람에게도 그런 자세로 임하고 싶은 마음이 들도록 한다. 넓은 아량으로 남이 잘되기를 빌어주고 기쁨을 함께 나누면, 주변에 친구들이 모이게 마련이다. 생각해 보라. 잘되기를 바라고 관심을 가져주는 사람에게 끌리는 것은 당연하다. 그리고 그런 사람에게 뭔가 보답해 주고 싶은 마음이 생기게 된다. 당연하지 않을까?

승-승을 추구하는 자세는, 커다란 갈등을 해결하는 것부터 강아지 산책을 누가 시킬 것인가 하는 사소한 문제에 이르기까지 거의 모든 상황에서 가능하다. 존Jon의 편지를 보자.

저와 여동생은 강아지 산책시키는 것과 설거지하는 것을 놓고 항상 다투었습니다. 둘 다 설거지가 더 편한 일이라는 것은 알고 있었지만, 누군가가 산책을 시켜야만 했어요. 결국 제가 그릇을 씻으면 동생이 그것을 말리고, 산책은 함께 시키기로 했습니다. 문제를 그렇게 해결할 수 있어서 기뻤습니다. 해결해야 할 문제를 깔끔히 처리했을 뿐만 아니라, 그 일을 함께 함으로써 즐거움도 생겼으니까요.

가끔씩은 아무리 애를 써도 승-승을 추구하는 방법이 생각이 나지 않을 수 있다. 혹은 상대쪽에서 승-패의 태도를 고수함으로써, 어떤 시도도 해 볼 수 없을 때도 있다. 그럴 때는 추한 모습(승-패의 자세)을 보이지 말고, 그렇다고 남에게 밟히지도(패-승의 태도) 말아라. 승-승을 추구하든지, 아니면 관계 자체를 그만두어야 한다. 다른 말로 하자면, 승-승을 추구할 수 없는 상황에서는 아예 아무것도 하지 않는 편이 낫다는 것이다. 예를 들어 친구를 만났는데 하고 싶은 일이 서로 다르다면, 그날은 아무것도 하지 말고 헤어지고, 함께 무언가를 할 수 있을 때 다시 만나라는 이야기다. 연애에 있어서도, 양쪽 모두가 승리하는 쪽으로 진행되지 않는다면, 차라리 헤어지는 게 낫다. 그렇게 하지 않으면, 승-패나 패-승으로 나아가게 되고, 최악의 경우에는 패-패에 이르기도 한다.

브라이언Bryan이라는 열다섯 살 난 학생이 아버지에게서 승-승을 추구하는 자세를 배웠다는 이야기를 보내왔다.

작년에, 저와 제 친구 스티브(Steve)는 여름 방학 동안 돈을 좀 벌어볼까 하고 창문 닦는 일과 정원 청소하는 일을 시작했습니다. 회사 이름은 '그린 앤드 클린(Green and Clean)'이라 지었습니다.
스티브 아버지의 친구분 중 한 분이 창문 청소를 하고 싶어한다는 말을 듣고, 일을 시작했습니다.
아버지의 컴퓨터를 이용해서, 소위 '승-승' 계약서라는 것을 만들어서 청소를 하러 갔습니다. 청소를 해야 할 집에 도착해서 집을 한번 둘러본 후에, 견적을 내보고는, 집주인에게 그 가격에 창문을 말끔히 청소해 주겠다고 했어요. 계약서에는 집주인이 서명하는 칸이 있었는데, 만약 청소상태가 마음에 들지 않으면, 다시는 우리를 쓰지

않을 것이라고 적혀 있었습니다. 청소를 마치면 청소가 얼마나 잘되었는지 집주인에게 보여주었습니다. 우리가 열심히 일했다는 것을 보여주고 싶었거든요. 그런 행동들이 우리에 대해 좋은 인상을 심어주었습니다.

돈을 벌기 시작하자, 우리는 '그린 앤드 클린 기금'을 만들어서, 번 돈의 일부를 적립했습니다. 창문 청소 용구를 사기 위해서는 돈이 필요했으니까요. 깨끗한 창문을 가지게 된 것은 집주인에게 좋은 일이었고, 우리는 또 우리 나름대로, 용돈을 벌 수 있어서 좋았습니다.

어떤 기분이 드는지 확인해 보라

승-승을 추구하는 자세를 가지는 것이 쉬운 일은 아니지만, 불가능한 일도 아니다. 지금 현재 열 번에 한 번 정도만 그런 자세를 갖고 있다면, 조금씩 그 횟수를 늘려보자. 시간이 지나면, 어느새 습관으로 자리를 잡을 것이고, 의식적인 노력 없이 자연스럽게 행동할 수 있게 된다. 그러면 그런 자세가 어느새 자신의 일부가 되어 있음을 느낄 수 있을 것이다.

승-승을 추구하면 우선 기분이 좋아진다. 자크 뤼세랑Jacques Lusseyran의 자서전 《그리고 빛이 있었다 And There was Light》는 승-승을 추구하는 태도의 장점을 잘 보여주고 있다. 이 자서전의 서문을 쓰기도 했던 〈파라볼라

〈Parabola〉지 편집자는 뤼세랑의 이야기를 다음과 같이 요약하고 있다.

"1924년 파리에서 태어난 자크는 독일이 프랑스를 점령하고 있던 시기에 10대 시절을 보냈다. 열여섯 살에 레지스탕스 단체를 조직했는데 처음에는 52명뿐이었던 회원 수가 1년이 지나자 600여 명으로 증가했다. 놀랄 만한 성과였다. 자크는 여덟 살 때부터 앞을 볼 수 없었음에도 불구하고, 이런 일을 해낸 것이다."

앞을 볼 수는 없었지만, 자크는 다른 방식으로 세상을 볼 수 있었다. 그의 말을 들어보자. "비록 맹인이었지만, 나는 어떤 빛을 볼 수 있었고, 계속해서 그 빛을 쫓았다. … 그 빛은 어디선가 나타나서 어떤 사물을 비추고는 곧 사라지곤 했다. … 나는 일생 동안 그런 빛의 흐름 속에서 살아왔다." 그는 이 빛의 흐름을 자신의 '삶의 비결'이라고 불렀다.

하지만 그런 빛이 보이지 않아 어둠 속을 헤매야 할 때도 있었으니, 그런 때란 바로 승-패를 바라는 태도를 가졌을 때이다. 그는 다음과 같이 말하고 있다.

"그리 많지 않은 동료들과 함께 활동할 때 일이었는데, 이기고 싶은 생각이 들거나, 어떤 대가를 치르고라도 최고가 되고야 말겠다는 생각이 들면, 갑자기 그 빛이 사라져버렸다. 그럴 때면 나는 말 그대로 암흑 속에 머물러 있어야 했다. 질투심을 느끼거나 비우호적으로 될 때는 어김없이 뭔가 나타나서 눈을 가렸고 손발이 얼어붙어 꼼짝할 수가 없었다. 갑자기 어둠이 내려 나는 그 안에서 아무것도 할 수가 없게 되었던 것이다. 하지만 기분이 좋고 정신이 맑을 때, 확신을 가지고 사람들을 대하고 그들을 좋게 생각할 때면 그 빛이 다시 나타났다. 그런 일을 겪으면서 나는 우정을 소중히 여기고 조화로움을 존중하는 것을 아주 어린 나이에 배울 수 있었다."

정말 승-승을 추구하고 있는지 아닌지를 알아보는 척도는 바로 자신이 느끼는 기분이다. 승-패나 패-승의 태도를 가지고 관계에 임하면, 기분이 별로 좋지 않게 마련이다. 반면에 자크가 알게 되었듯이, 승-승을 추구하는 태도는 마음을 한없는 기쁨으로 가득 채워주게 된다. 그것은 확신을 주는, 더 나아가 어떤 빛을 던져주는 생활태도이다.

다음 개봉작
다음 장에서는 다른 사람의 마음속으로 들어가는 방법을 보실 수 있습니다. 멈추지 말고 앞으로 나아가자고요.

걸음마

① 자신의 삶 속에서 남들과 비교가 돼서 신경 쓰이는 부분이 무엇인지 생각해 보라. 아마 옷, 외모, 친구, 재능 등을 생각할 수 있을 것이다.

남들과 비교가 되어 신경 쓰이는 부분 : _____

_____

② 운동을 할 때 스포츠맨십을 발휘하라. 시합이 끝나면 상대 팀의 선수를 칭찬해 줘라.

③ 누군가 돈을 빌려갔다면, 주저 없이 달라고 하라. "지난 주에 10달러 빌려갔던 거 기억하지? 나 지금 그 돈이 필요한데." 패-승이 아닌, 승-승을 생각하라.

④ 카드놀이, 보드게임, 컴퓨터게임 등을 할 때는 승부에 집착하지 말고 게임 그 자체를 즐겨라.

⑤ 중요한 시험이 있다면, 스터디그룹을 만들어서 각자 알고 있는 것을 나누도록 하라. 성적이 모두 올라갈 것이다.

⑥ 자신과 가까운 사람이 성공하면, 위협을 느끼지 말고 진심으로 기뻐하라.

⑦ 자신의 전체적인 삶의 태도를 생각해 보라. 승-패, 패-승, 패-패, 승-승 중 어느 쪽인가? 그런 삶의 태도는 자신에게 어떤 영향을 미치고 있는가?

⑧ 주변에서 승-승적 태도를 잘 보여주는 사람을 생각해 보라. 그의 어떤 점이 존경스러운가?

승-승적 태도의 본보기가 되는 사람 : _____

그의 존경할 만한 점 : _____

⑨ 이성관계에서 패-승적 관계를 맺고 있는가? 그렇다면 자신에게도 이익이 되는 관계가 되려면 무엇을 해야 하는지 생각해 보라. 그런 방법이 없다면 관계를 정리하도록 하라.

습관 5

먼저 이해하고 다음에 이해시켜라

우리는 귀가 둘이고, 입이 하나다

다른 사람의 신발을 신기 위해서는 내 신발부터 벗어야 한다.
−작자 미상

신발을 사러 갔다고 해보자. 점원이 묻는다. "어떤 신발 찾으세요?"
"글쎄요, 그러니까 어떤 건가 하면…."
"아, 어떤 건지 알겠습니다." 점원이 끼어든다. "요즘 잘나가는 스타일이 있어요. 잠깐만 기다리세요."

어디론가 사라진 점원, 지금까지 본 것 중 제일 형편없는 신발을 들고 나타난다. "자, 한번 신어보시죠."
"글쎄요, 별로 마음에 안 드는데…."
"사람들이 이 신발만 찾아요. 요즘 제일 인기 있는 신발이라니까요."
"다른 건 없어요?"
"제 말 들으세요. 신어보면 이 신발이 마음에 들 겁니다."
"그래도…."

"이것 보세요. 제가 신발 장사만 10년입니다. 척 보면 알아요."

만일 이런 일을 겪었다면, 다시 그 신발가게에 갈 수 있을까? 아니다. 상대방이 원하는 것이 무엇인지 이해하기도 전에 해결책을 강요하는 사람은 믿을 수가 없는 것이다. 하지만 실제 생활에서는 이런 일이 너무 자주 일어난다.

"안녕, 멜리사Melissa. 무슨 일 있어? 안색이 안 좋은데. 너 무슨 일 있지?"
"너는 이해 못할 거야, 콜린Colleeen. 바보 같다고 생각할걸."
"아냐, 무슨 일인데 그래? 얘기해 봐. 내가 다 들어줄게."
"나도 모르겠어."

"괜찮아. 얘기해 봐."

"그러니까… 음… 타이론 Tyrone과의 사이가 예전 같지 않아."

"내가 걔랑 사귀지 말라고 그랬잖아. 내 이런 일이 있을 줄 알았다니까."

"타이론이 문제가 아냐."

"잘 들어, 멜리사. 내가 너라면 그런 녀석은 잊어버리고, 속 편하게 지내겠다."

"하지만, 콜린. 내 생각은 그게 아냐."

"나를 믿으라니까. 네 기분이 어떤지 알아. 나도 작년에 똑같은 일을 겪어봤단 말이야. 기억 안 나? 그 일 때문에 작년 1년을 고스란히 망쳤잖아."

"없었던 얘기로 하자. 콜린."

"멜리사, 나는 도와주려는 것뿐이야. 네 심정을 이해한다고. 차근차근 이야기해 봐. 뭐가 문젠데?"

문제가 무엇인지 이해하기도 전에, 슈퍼맨처럼 날아올라서 그 문제를 시원하게 해결하고 싶은 마음은 누구에게나 있다. 문제는 주의를 기울여 듣지 않는 것이다. 인디언 속담을 빌려 표현하자면, "경청하라. 남의 말을 듣지 않고 자기 이야기만 하는 사람은 귀머거리나 다름없다."

의사소통에 있어 다른 사람에게 영향을 미칠 수 있게 하는 핵심은 다음과 같이 한 문장으로 요약할 수 있다. "먼저 이해하고 다음에 이해시켜라." 다른 말로 하자면? "먼저 듣고, 나중에 말하라." 이것이 습관 5이다. 이 습관은 확실히 효과가 있다. 이 단순한 습관을 익히고 나면, 스스로의 생각을 말하기 전에 문제를 다른 관점에서 볼 수 있게 되어, 남을 이해

할 수 있는 새로운 경지에 이르게 된다.

인간의 가장 근원적인 욕구
이 다섯 번째 습관이 왜 의사소통의 핵심이 되는 것일까? 이해를 받고 싶은 마음은 인간의 가장 근원적인 욕구이기 때문이다. 사람들은 남들과는 다른, 자기 자신의 모습 그대로 평가받고 존중받기를 바란다.

일반적으로 사람들은 진정한 사랑이나 이해를 받기 전에는 속마음을 잘 드러내지 않는다. 하지만 일단 마음만 열리면, 그 다음에는 상대방이 생각했던 것보다 훨씬 많은 이야기를 하게 된다. 식욕부진으로 고생했던 다음 여학생 이야기는 이해의 힘이 얼마나 큰 것인지 잘 보여준다.

> 대학교 1학년 때 저는 극심한 식욕부진을 겪고 있었는데, 그러던 중에 룸메이트인 줄리(Julie), 팜(Pam), 레이번(Lavon)을 만나게 되었습니다. 고등학교에 다니는 동안 운동과 식이요법을 통해 체중을 늘려보려고 애썼지만, 열여덟 살이 되었을 때에는 키가 174센티미터인 데 비해 몸무게는 45킬로그램도 되지 않았어요.
> 친구도 많지 않았습니다. 혼자 있는 시간이 많아질수록 신경이 예민해지고, 비참한 생각까지 들더군요. 결국은 가벼운 대화도 나눌 수 없게 되었습니다. 학교에서 하는 행사에는 한 번도 가본 적이 없어요. 다른 아이들과 공통점은 하나도 없다고 생각했습니다. 몇몇 친구들이 나서서 저를 도와주겠다고 했지만, 설교하는 듯한 그들의 태도가 마음에 들지 않아서 모른 척했습니다.
> 병원에도 여러 번 가보았지만 아무것도 변하지 않았고, 결국 저는 평생을 이렇게 살아야 하는 줄 알았습니다.
> 그러다가 대학에 입학해 집을 떠나게 되었습니다. 기숙사에서 줄리, 팜, 그리고 레이번과 같은 방을 쓰게 된 것은 대단한 행운이었습니다. 그 친구들이 저에게 새로운 삶을 가져다주었거든요.
> 우리는 작은 기숙사 건물에서 지냈기 때문에 저의 이상한 식사습관과 운동에 대한 강박관념은 금방 다른 아이들에게도 알려졌습니다. 다른 아이들도 저의 창백한 혈색과 조그만 머리, 깡마른 엉덩이와 앙상한 어깨를 보고는 이상하게 생각했을 겁니다. 열여덟 살 때 제 모습은 제가 보기에도 참 흉측했으니까요.
> 하지만 이 친구들은 달랐어요. 그 아이들은 저를 이상한 애로 여기지 않았습니다. 설교하듯이 이야기하지도 않았고, 뒤에서 흉보거나 못살게 굴지도 않았어요. 저는 그런

그들의 태도에 당황해서 어떻게 해야 할지를 몰랐습니다.
식사습관만은 예외였지만, 다른 면에서는 그들과 동질감을 느낄 수 있었습니다. 우리는 수업도 같이 듣고, 아르바이트 자리도 같이 찾으러 다니고, 저녁에는 조깅도 같이하고, 텔레비전도 같이 보고, 주말이면 외출도 같이했어요. 그러나 제 식욕부진에 대해서는 한 번도 이야기하지 않았습니다. 대신 우리는 가족이나 장래 희망, 불확실한 미래 같은 것에 대해 이야기했어요.
저랑 비슷한 생각을 가진 애들이 있다는 사실에 많이 놀랐습니다. 정말 난생처음으로, 저를 이해해 주는 사람을 만난 것이었으니까요. 지금까지는 저를 한 인간으로 대하기 전에 저의 문제부터 해결해 주려고 덤비는 사람들뿐이었는데, 이 세 친구는 달랐습니다. 그들에게 있어 저는 치료를 필요로 하는 식욕부진 환자가 아니라, 그저 같은 방을 쓰는 친구일 뿐이었던 것입니다.
소속감이 커지면서, 그들을 관찰하기 시작했습니다. 그 아이들은 행복하고, 매력 있고, 영리했고, 앉은자리에서 과자 한 봉지를 다 먹어치우는 그런 애들이었습니다. '내가 그 아이들과 다를 것이 없다면, 나도 그 아이들이 먹는 것처럼 먹을 수 있겠구나' 하는 생각이 들더군요.
팜이나 줄리, 레이번 중 그 누구도 나의 증세에 대해 뭐라고 한 적이 없었어요. 그들은 저를 치료해 주기 전에 저를 이해하려는 노력을 보여주었습니다. 그러다가 대학에서의 첫 학기가 끝날 때쯤, 그 아이들이 저를 위한 저녁을 차려주었는데, 저는 그 음식을 먹을 수 있었습니다.

이 이야기에 나오는 세 여학생이 나머지 한 여학생에게 미친 영향을 생각해 보라. 그들은 상대방을 판단하기 전에, 먼저 이해하려고 했다. 일단 자신이 평가되지 않고 이해를 받게 되었다고 생각을 하자, 이 여학생은 경계를 풀고 그들에게 자신을 맡길 수 있었다. 룸메이트들이 이와 같이 대하지 않고 설교하려고 했다면 어떤 결과가 나타났을까?

"상대방이 얼마나 관심을 가져주는지를 확인하기 전에는, 그 사람이 무엇을 알고 있는지 궁금해하지 않는다"라는 말을 들어본 적이 있는

가? 맞는 말이다. 누군가 자신의 말에 귀기울이지 않고, 이해하려는 노력도 보이지 않는다고 한번 생각해 보라. 그런 사람에게 마음을 열 수 있겠는가?

대학 때 미식축구를 하다가, 어깨 근육이 심하게 아팠던 적이 있다. 단순히 운동 때문에 그런 게 아닌 것 같았다. 낫게 하려고 얼음찜질, 열찜질, 마사지, 가벼운 운동, 진통제 등 갖가지 방법을 다 시도해 봤지만, 효과가 없었다. 그래서 경험이 많은 트레이너를 찾아가기로 했다. 내 증상을 말하기도 전에 그가 말했다. "이런 증상은 전에도 본 적이 있지. 이렇게 하면 돼." 나는 좀더 자세히 설명하려 했지만, 그는 이미 다 알고 있다는 것처럼 행동했다. "잠깐만요. 제 말 좀 끝까지 들어보세요. 상태가 어떤지 이해를 못하시는 것 같은데요"라는 말이 목에서 간질간질했다.

짐작했던 대로, 그의 처방은 상태를 더욱 악화시킬 뿐이었다. 그는 경청하지 않았고, 나의 증세를 이해하지 못했던 것이다. 다음부터는 아픈 일이 있어도 절대 그 의사에게는 가지 않았다. 처방을 믿을 수가 없었던 것이다. 그 의사는 진찰도 안 하는 의사니까 말이다. 그 사람이 나에게 관심을 보이지 않았으므로, 나도 그가 얼마나 알고 있는지 궁금해하지 않았다.

| 제 말 좀 들어보세요 |

제 말 좀 들어보라고 부탁했더니,
당신은 충고부터 합니다.
제 부탁은 들어주지 않는군요.
제 말 좀 들어보라고 부탁했더니,
당신은 이유부터 설명합니다.
제 느낌은 그게 아닌데
제 감정은 생각도 안 해주시는군요.

제 말 좀 들어보라고 부탁했더니,

당신이 나서서

제 문제를 해결해 주겠다고 하는군요.

저를 망치시는군요.

이상하게 들릴지 모르지만,

들어보세요, 제가 바라는 건 그것뿐.

말하거나 행동하지 말고, 제 말 좀 들어보세요.

■ 잘못된 버릇 5가지

누군가를 이해하기 위해서는 그들이 하는 말을 잘 들어야 한다. 하지만 문제는 대부분의 사람들이 듣는 법을 모른다는 데 있다.

다음 학기에 무슨 수업을 들어야 할지 결정하기 위해 강의일람표를 꺼내서 과목들을 살피고 있다고 해보자.

"음… 어디 보자. … 기하학, 작문, 영문학, 듣기. 잠깐, 듣기? 듣기를 가르친다고? 장난치나 지금?"

놀랄 만도 하다. 하지만 따지고 보면, 그렇게 놀랄 일이 아니다. 듣기는 읽기, 쓰기, 말하기와 함께 의사소통의 4가지 주된 요소를 이루는 것이니까 말이다. 생각해 보라. 태어나서 지금까지 읽기, 말하기, 쓰기에 관한 수업은 들어본 적이 있을 것이다. 하지만 듣기에 관한 수업을 한 번이라도 들어본 적이 있는가?

대화를 할 때, 사람들은 자신의 다음 말을 준비하느라 상대방의 이야기를 주의 깊게 듣지 않는 경향이 있다. 다음은 남의 말을 듣는 태도 중 전형

적인 잘못된 버릇 5가지로, 대부분의 사람들이 실제로 이런 버릇을 가지고 있다.

잘못된 버릇 5가지
- 멍하니 있기
- 듣는 척하기
- 골라서 듣기
- 단어만 듣기
- 자기 중심적으로 듣기

멍하니 있는 것이란, 마음이 전혀 다른 세계를 떠돌고 있어 다른 사람의 말을 무시하는 것이다. 상대방이 아주 중요한 이야기를 하고 있는데, 듣는 쪽에서는 자기 생각에 사로잡혀 있는 것이다. 모든 사람이 가끔씩 멍하니 있는 경우가 있다. 하지만 이런 경우가 지나치게 많으면 '정신 나간 놈' 이란 소리를 듣게 된다.

듣는 척 하는 것은, 더 일반적이다. 말하는 사람에게는 관심 없고, 건성으로 "그래서" "그렇지" 하며 맞장구를 쳐줌으로써, 듣고 있는 척하는 것이다. 하지만 말하는 사람은 곧 눈치를 채고, 자기 말에 귀를 기울이지 않고 있다는 것을 알게 된다.

골라서 듣는 것은, 대화 중에 관심 있는 부분만 집중해서 듣는 것을 말한다. 예를 들어, 친구가 능력 있는 형 덕분에 군대 생활하는 것이 얼마나 편한지를 얘기했는데, 듣는 사람은 오직 '군대' 라는 단어만 듣고는, "그렇지,

군대! 요즘 들어 생각해 봤는데 말이야…"라고 대답하는 식이다. 다른 사람이 하고 싶어하는 이야기에는 귀기울이지 않고, 자신이 하고 싶은 이야기만 하게 되면 우정이 지속될 수 없다.

단어만 듣는 것은, 집중해서 상대방의 말에 귀를 기울이기는 하지만 표정이나 몸짓, 감정을 놓치는 것을 말한다. 이런 경우에 상대방의 말에 들어 있는 숨은 뜻을 알 수 없고, 결과적으로 정말 말하려는 바가 무엇이었는지 모르게 된다. 한 친구가 "로날도Ronaldo를 어떻게 생각해?"라고 물었을 때, 단어만 들었다면 "괜찮은 앤 거 같아"라고 대답하고 말 것이다. 하지만 친구의 몸짓과 어조를 유심히 살폈다면, 그녀의 질문이 "로날도가 나 좋아하는 것 같아?"의 뜻이었다는 것을 알 수 있었을 것이다. 단어만 들어서는 상대방 마음 깊숙한 곳의 감정을 느낄 수 없다.

자기 중심적으로 듣는 것은, 자기 자신의 관점에서만 모든 것을 바라볼 때 일어난다. 다른 사람의 입장이 되어볼 생각은 하지 않는 것이다. 이런 태도를 가진 사람들이 바로 "음, 네 기분이 어떤지 알겠어" 같은 말을 하게 된다. 상대방의 감정을 정확히 알 수는 없다. 알 수 있는 것은 자기 자신의 감정뿐임에도 불구하고, 사람들은 상대방도 똑같이 생각할 거라고 제멋대로 단정해 버린다. 자기 멋대로 해석하는 사람은 넘겨짚는 사람이다. "재수 없는 날이라고 그랬냐? 내가 겪은 일에 비하면 아무것도 아닐걸 뭐"라고 말하는 사람 말이다.

자기 멋대로 해석하는 사람은 크게 3가지 반응을 보이는데, 3가지 모두 말하는 이의 마음을 닫아 버리게 만든다. 그 3가지란 판단, 충고, 그리고 탐색이다. 하나씩

살펴보도록 하자.

판단. 상대방이 말하고 있는 동안, (마음속으로) 그 사람이나 그의 말에 대한 판단을 내리는 경우가 있는데, 판단을 하는 동안은 그 사람의 말에 집중할 수가 없다. 사람들은 누군가 자신을 판단하는 것을 좋아하지 않는다. 다음 대화에서 사람들이 얼마나 경청하고 있으며, 또 어떻게 판단을 내리고 있는지를 한번 생각해 보라(괄호 안은 듣는 사람이 내리는 판단이다).

피터Peter : 어젯밤엔 캐서린이랑 아주 재미있게 놀았어.

칼Karl : 그래, 좋았겠네. (캐서린? 왜 캐서린이랑 데이트할 생각을 했냐?)

피터 : 걔가 그렇게 괜찮은 앤 줄 몰랐거든.

칼 : 그래? (또 시작이군. 넌 아무 애나 다 좋아하잖아.)

피터 : 그렇다니까. 댄스파티에도 같이 가자고 해야겠어.

칼 : 제시카Jessica하고 같이 가기로 했던 것 아니야? (너 제정신이냐? 캐서린보다는 제시카가 훨씬 예쁘잖아.)

피터 : 그랬지. 하지만 생각이 바뀌었어. 캐서린이랑 가고 싶어졌어.

칼 : 그래? 그럼 한번 부탁해 봐.(내일은 또 생각이 달라질 걸, 아마?)

앞의 대화에서 칼은 판단을 내리는 데만 급급해, 피터의 말을 제대로 듣지 않았다. 결국 그는 피터와의 관계감정은행계좌에 있어 인출을 한 셈이다.

충고. 자신의 경험에 비추어 남에게 충고를 하는 경우가 있다. 어른들이 "내가 너만 했을 때는 말이야…" 하는 식이다. 자신의 말을 들어줄 사람을 필요로 하는 여동생이 오빠에게 다음과 같이 말했다.

"새로 전학 온 학교가 마음에 안 들어. 이사 온 후로는 왕따가 된 기분이야. 새 친구들도 좀 사귀었으면 하는데."

이해하려는 노력을 보이며 경청하는 대신, 오빠는 자기의 경험을 떠올리고 다음과 같이 대답한다.

"새로운 사람들도 만나고, 같이 운동도 하고, 모임에도 나가고 그래. 나처럼 말이야."

오빠의 충고가 아무리 좋은 것이었다고 하더라도, 여동생이 바란 것은 오빠로부터의 충고가 아니었다. 그녀는 자기 말을 들어줄 사람이 필요했고, 자신의 뜻부터 이해시키고 나서 충고를 듣고 싶었을 것이다. 오빠로서는 관계감정은행계좌에 커다란 저축이 될 수도 있었을 기회를 놓친 셈이다.

탐색. 탐색하는 것이란 상대방이 준비가 되지 않았는데도 이것저것 알고 싶어하는 것을 말한다. 누군가 자기 일을 꼬치꼬치 캐물어본 적이 있는가? 부모님들은 항상 자기 아이들에게 캐묻는다. 물론 자식이 잘되기를 바라는 마음에서 그렇게 하는 것이겠지만, 부모님들은 아이들에게 무슨 일이 있는지를 자세하게 알고 싶어하게 마련이다. 하지만 아이들이 준비가 되어 있지 않은 경우에는, 부모님의 그런 질문들은 쓸데없는 간섭으로 들리게 되고, 심한 경우 아이들은 마음을 닫아버린다.

"이제 왔냐? 내 새끼, 학교에서는 재미있었어?"

"예."

"시험은 잘 봤어?"

"예."

"친구들이랑도 사이좋게 지내고?"

"그렇죠, 뭐."

"오늘밤엔 뭐 할 거니?"

"별일 없어요."

"마음에 드는 여학생 없어?"

"없어요. 엄마, 저 좀 혼자 있고 싶어요."

추궁당하는 것을 좋아하는 사람은 아무도 없다. 일정한 선을 넘어서까지 너무 많은 질문을 하는 것은 캐묻는 것이 된다. 사람들은 가끔씩 마음을 열 준비가 되어 있지 않아서, 이야기하고 싶지 않을 때가 있다는 것을 알아야 한다. 잘 들을 수 있는 사람이 되도록 노력하고, 필요한 시기에는 귀를 열고 경청할 수 있게 준비하라.

■ 제대로 듣기

모두들 위에서 보았던 5가지 나쁜 태도를 보인 적은 없겠지? 있다고 해도 간혹 한 번 정도? 반면에 진정한 의사소통으로 이끌어주는 더 높은 수준의 듣기가 있다. 이런 듣기를 '제대로 듣기'라고 부르기로 하자. 이 제대로 듣기를 할 수 있게 노력해야 하는데, 이를 위해서는 3가지 노력을 기울여야 한다.

첫째, 눈과 마음, 그리고 귀를 이용해 들어라. 귀만 가지고 들어서는 안 된다. 의사소통 과정에서 단지 7퍼센트만이 단어를 통해 전달된다는 것을 알고 있는가? 나머지는 비언어적 몸짓(53퍼센트)이나, 어조와 목소리를 통해 느껴지는 감정(40퍼센트)을 통해 전달된다. 강조해서 말하는 단어를 달리함으로써 한 문장의 뜻이 얼마나 달라질 수 있는지 한번 확인해 보자.

7퍼센트 : 단어
53퍼센트 : 비언어적 몸짓
40퍼센트 : 어조나 감정

<u>나는</u> 너의 태도에 문제가 있다고 말한 적이 없다.
나는 <u>너의</u> 태도에 문제가 있다고 말한 적이 없다.
나는 너의 <u>태도에</u> 문제가 있다고 말한 적이 없다.

상대방이 하는 말의 참뜻을 알고 싶다면, 말해지는 것 이상을 들어야 한다. 겉으로는 퉁명스럽게 말하는 사람이라도, 마음속으로는 이해받고 싶은 절박한 욕구를 가지고 있게 마련이다. 다음 시(내가 아주 좋아하는 시 가운데 하나다)는 이런 욕구를 잘 보여주고 있다.

| 제발… 제가 말하지 않는 것을 들으세요 |

저한테 속지 마세요. 제가 쓰고 있는 가면에 속으면 안 돼요. 저는 가면을 쓰고 있답니다. 수천 개의 가면. 가면을 벗기가 두려워요. 하지만 가면은 제 진짜 모습이 아닌걸요. 가장한 제 모습이 어느새 저 자신이 되어버렸어요.
그러니 제 가면에 속지 마세요.
…저는 안정된 척합니다. 항상 밝고 침착해 보이죠. 속으로도 그렇고 겉으로도 그렇게 보여요. 확신에 차 있고, 차분하고 고요하고 모든 것이 제자리에 있는 것처럼 보입니다. 하지만 믿지 마세요. 제발 믿지 마세요.
당신과 말할 때는 항상 부드럽게 이야기합니다. 하지만 시시한 얘기뿐 진정한 속마음을 털어놓지 못해요. 그러니 제가 평상시처럼 말을 할 때는, 제가 말하는 것에 속지 마세요. 제가 말하지 않는 것을 들어보세요. 제가 정말 말하고 싶은 것, 하지만 차마 말할 용기를 내지 못하는 그 말을. 숨기고 싶지는 않아요. 정말입니다. 제가 벌이고 있는 이 거짓놀음이 싫어요.
제 자신에게 솔직해지고 싶어요. 당신의 도움이 필요합니다. 손을 내밀어 저를 도와주세요. 제가 원하지 않을 때에도 그렇게 해주세요. 당신이 친절하고 따뜻하게 저를 북돋아주실 때마다, 당신이 진정 관심을 보이고 저를 이해하려고 애쓸 때마다, 제 마음에 날개가 돋아납니다. 아주 작고 약한 날개가. 당신의 동정과 이해만 있다면, 저는 할 수 있어요. 쉽지는 않겠지만, 저에게 생명을 불어넣어 주세요. 오랫동안 쌓아온 불신의 벽이 높기는 해도, 사랑의 힘으로 그 벽을 허물 수 있을 거예요. 그것이 저의 희망입니다. 당신의 억센 손으로 그 담을 허물어주세요. 하지만 아프지 않게, 저는 연약한 어린애와 같으니까요.

저는 어떤 사람일까요? 당신도 궁금하시죠? 저는 당신이 만날 수 있는 그 모든 사람들입니다.

둘째, 상대방의 입장이 되어 바라보라

제대로 들으려면, 자기의 관점을 떠나 상대방의 관점에서 바라볼 수 있어야 한다. 로버트 버니 Robert Byrne 는 이런 생각을 "다른 사람의 신발을 신고 한 시간쯤 걸어보지 않으면, 그들의 생각을 알 수 없다"는 말로 표현했다. 그들의 관점에 서서 사물을 보고, 그들이 느끼는 것을 느낄 수 있게 노력하라.

세상의 모든 사람들이 서로 다른 색깔의 색안경을 쓰고 있다고 가정해 보자. 두 사람이 둑 위에 서서 아래를 내려다보는데, 한 사람은 녹색 안경을 쓰고 있고, 나머지 한 사람은 빨간 안경을 쓰고 있다. "야, 녹색 물 색깔이 참 좋은데?" 한 사람이 말한다.

"녹색이라고? 미쳤구나. 빨간색이잖아."

"너 색맹 아냐? 저건 녹색이야."

"빨간색이라니까, 바보야."

"녹색!"

"빨강!"

두 사람이 서로 자기가 옳다고 주장하고 있지만, 사실 둘 다 잘못 보고 있다. 어쩌면, 각자의 관점에서만 생각해 보면 둘 다 옳은 것일 수도 있다. 대화에서 '이긴다'는 것은 얼마나 어리석은 일인가? 그런 생각을 가지고 임하면 결과는 승-패, 아니면 패-승, 최악의 경우에는 패-패에까지 이를 수도 있는데, 이 모두는 관계감정은행계좌에서 인출이 일어나는 경우이다.

셋째, 내용을 재정리해 주자

거울을 생각해 보자. 거울은 판단하지 않는다. 거울은 충고하지도 않는다. 그저 비춰줄 뿐이다. 내용을 재정리한다는 것은 상대방의 말과 감정을 자기 말로 다시 한 번 정리해 보는 것을 말한다. 그냥 따라 하라는 것이 아니다. 따라 하는 것은 상대방의 말을 앵무새처럼 아무 생각 없이 반복하는 것일 뿐이다.

"어휴, 톰. 요즘 학교생활이 말이 아냐."
"학교생활이 말이 아니라고?"
"거의 전과목에서 낙제를 먹을 것 같아."
"전과목에서 낙제를 먹을 것 같단 말이지."
"야, 왜 내 말만 따라 하는 거야? 왜 그래?"

내용을 재정리하는 것은 다음과 같은 면에서 단순히 따라 하는 것과 다르다.

일상생활에서 이루어질 만한 대화를 예로 들어, 생각해서 대답하는 것이 어떤 효과를 가져오는지 살펴보자.

아버지가 "안 돼, 이번 여행은 허락할 수 없다. 그러니 이야기도 꺼내지 말아라"라고 하셨다.

얼른 떠오르는 반응은 "이번에는 보내준다고 했잖아요. 친구들과 약속했는데, 또 못 간다고 말하라고요?"일 것이다.

하지만 이런 식의 반응은 서로의 목청만 높이게 되고 결국 양쪽 모두 기분만 상하게 된다.

대신 곰곰이 생각해 보고 나서, 상대방의 말과 감정을 자기 말로 바꾸어서 다시 한 번 이야기해 본다면, 앞의 대화는 다음과 같이 바뀔 수 있다.

"안 돼, 이번 여행은 허락할 수 없다. 그러니 이야기도 꺼내지 말아라."

"아빠가 화내시는 것도 이해는 돼요."

"그래, 요즘 성적이 그렇게 떨어지고 있는데, 내가 화 안 내게 생겼니? 넌 여행갈 여유가 없어."

"제 성적이 걱정되시는 거죠?"

"그래. 네가 대학에 가는 걸 아빠가 얼마나 바라고 있는지 모르니?"

"대학이 아빠에게 중요하다는 건 저도 알아요."

"아빠는 대학을 못 나왔다. 그래서 제대로 대우도 못 받았단 말이다. 돈이 전부는 아니지만, 그래도 돈이 필요할 때도 있는 거야. 아빠는 네가 좀더 나은 생활을 하게 되기를 바라는 것뿐이다."

"알았어요."

"너같이 머리 좋은 애가, 학교공부를 열심히 하지 않는 것을 보면 화가 난다. 일찍 들어와서 숙제를 하고 좀더 성적을 향상시키겠다고 약속하면 여행을 허락하마. 약속할 수 있겠니?"

무슨 일이 일어났는가? 소년은 생각해서 대답하는 것을 통해, 진짜 문제가 무엇인지 알 수 있었다. 아버지에게는 아들이 친구들과 여행가는 것이 문제가 아니다. 진짜 고민은 아들의 장래에 대한 걱정과 아들이 학교공부를 열심히 하지 않는 것이 걱정이다. 그렇기 때문에 아들이 학교성적과 대학의 중요성을 이해했다고 생각하고 나서는 여행을 허락해 주었다.

내용을 재정리하는 것이 항상 완벽한 결과를 가져오는 것은 아니다. 앞의 경우보다 좀더 복잡한 경우도 있다. 아버지가 "내 얘기 알아들었으면, 올라가서 숙제나 해"라고 말할 수도 있는 것이다. 하지만 이것 하나는 확실히 말할 수 있는데, 내용을 재정리하는 것은 분명히 관계감정은행계좌에 저축을 하는 것이고, 적어도 '맞서 싸우는' 방법보다는 더 좋은 결과를 가져온다. 그래도 믿어지지 않는다면, 직접 한번 그렇게 해보라고 말하고 싶다. 그 변화에 즐거움을 느낄 수 있을 것이다.

주의할 것. 진정으로 상대방을 이해하려는 마음도 없으면서 상대방의 말을 재정리하는 시늉만 하면, 상대방은 그것을 알아차리고는 자신이 조종받고 있다고 생각하게 된다. 내용을 재정리하는 것은 하나의 기술로 빙산의 일각에 지나지 않는다. 상대방을 이해하려는 진실한 노력이 그 아래 있는 커다란 얼음 덩어리이다.

진실한 마음은 있지만 방법을 모르는 경우는 걱정할 것이 없지만, 반대의 경우는 곤란하다. 진실한 마음과 함께 그 마음을 드러내는 방법도 알고 있다면, 정말 대화를 잘하는 사람이라고 할 수 있다.

제대로 듣는 것을 실천할 때 내용의 재정리에 필요한 표현이 몇 가지 있다. 다시 한 번 말하지만, 이것들의 목표는 상대방의 말과 감정을 자신의 언어로 바꾸어서 말하는 것이다.

내용의 재정리에 유용한 표현들
- "내가 듣기로는, 네가…라고 느끼는 것 같은데 말이야."
- "그러니까, 내가 보기에는…인 것 같아."
- "네 생각은…하단 말이지?"
- "너는…라고 느낀단 말이지?"
- "그러니까, 네 말은…이지?"

중요한 점. 제대로 듣기가 필요한 때와 장소가 따로 있다. 친구가 도움을 필요로 할 때나 이성친구와 의사소통에 문제가 있을 때처럼, 중요하고 민감한 주제에 대해 이야기할 때는 반드시 제대로 들어야 한다. 이런 대화는 시간이 걸리는 것으로, 성급하게 임해서는 안 되는 것이기 때문이다. 하지만, 매일매일 사소한 대화에서 이런 태도는 가끔씩 적절하지 못할 때도 있다. 다음 같은 경우를 보자.

"이봐요. 화장실이 어디죠? 아주 급한데."

"그러니까 당신 말은, 볼일이 급한데 화장실을 찾지 못해서 난처하다는 말이죠?"

제대로 듣기의 실제

앞에 있던 여동생과 오빠의 대화를 다른 각도에서 살펴보면서, 제대로 듣기가 생각 없이 듣는 것과 어떻게 다른지 살펴보자.

여동생이 말한다.

"새로 전학 온 학교가 마음에 안 들어. 이사 온 후로는 왕따가 된 기분이야. 새 친구들도 좀 사귀었으면 하는데."

이 이야기에 대한 오빠의 반응은 다음과 같이 나타날 수 있다.

"과자 좀 줘."(멍하니 있기)

"그래?" (듣는 척하기)

"친구 이야기구나. 내 친구 중에 바트Bart 라는 애가 있는데 말이야." (골라서 듣기)

"새로운 사람을 좀 만나보는 게 좋을 것 같은데." (충고)

"네가 열심히 애쓰지 않았던 것 아냐?" (판단)

"성적은 잘 나오니?" (탐색)

> 경청하라. 자기 말만 하는 사람은 귀머거리와 다름없다.
> _ 아메리칸 인디언들 사이에 전해 내려오는 격언

하지만 생각이 있는 오빠라면, 곰곰이 생각하고 대답할 것이고 대화는 다음과 같이 이어지게 된다.

"학교생활이 힘들겠구나." (생각해서 대답하기)

"최악이야. 친구가 하나도 없어. 타바타 존스Tabatha Jones라는 애가 괴롭히는데, 어떻게 해야 좋을지 모르겠어."

"여러 가지로 혼란스럽겠네?" (생각해서 대답하기)

"그래, 지난 번 학교에서는 인기가 많았는데, 여기선 애들이 내 이름도 몰라. 친구들을 사귀려고 애썼는데 잘 안 된단 말이야."

"기분이 말이 아니겠구나." (생각해서 대답하기)

"응, 누가 보면 내가 정신병자인 줄 알 거야. 아무튼 얘기 들어줘서 고마워."

"아냐, 내가 한 일이 뭐가 있다고."

"어떻게 하면 좋을 것 같아?"

경청함으로써 오빠는 동생과의 관계감정은행계좌에 커다란 저축을 한 셈이다. 그 덕분에 여동생은 오빠의 충고에 귀를 기울일 만큼 자기 마음을 열 수 있게 되었다. 이제 오빠는 자기 생각을 이야기할 수 있고, 그 생각을 이해시킬 수 있다.

앤디Andy라는 남학생이 편지를 보내왔다.

여자친구와 의사소통 문제로 고민하고 있었습니다. 사귄 지 1년쯤 되고 나서부터는 부쩍 싸우는 일이 많아졌고, 그럴 때마다 그녀를 잃어버리는 게 아닌가 두려웠어요. 그러다가 먼저 이해하고 다음에 이해시키는 것과 관계감정은행계좌를 활용하는 것에 대해 배우고는 실천해 보려고 애썼습니다. 생각해 보니, 그 동안 저는 여자친구가 하는 말이 무슨 말인지 해석하려고만 했지, 그녀가 하는 말을 마음을 열고 경청한 적은 없었습니다. 결국 저의 새로운 태도로 인해 우리 관계는 계속 유지될 수 있었고, 2년이 지난 지금은 다른 커플들보다 더 성숙한 관계를 맺고 있습니다. 왜냐하면 우리는 습관 5를 명심하고 있으니까요. 큰일이든 작은 일이든 항상 습관 5에 따라 행동합니다. 저는 그녀와 함께 있을 때면, '이제 입 다물고, 이해하려고 노력해 봐'라고 속으로 다짐하곤 합니다.

■ 부모님과의 의사소통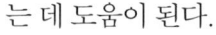

원래 의사소통이라는 것 자체가 어려운 것이지만, 부모님과의 의사소통은 특히 어렵다. 10대 시절, 나는 대체로 부모님과 잘 지내는 편이었지만, 가끔씩은 부모님들을 전혀 이해할 수 없을 때도 있었다. 나를 하나의 개인으로 이해하고 존중해 주지 않고, 그저 다른 아이들과 다를 바 없는 평범한 아이로 대하셨던 것이다. 하지만, 가끔씩 부모님과의 사이가 소원해지는 때가 있더라도, 부모님과는 원활한 의사소통을 하는 것이 더 나은 삶을 사는 데 도움이 된다.

부모님과의 관계를 발전시키고 싶다면, 친구들의 말을 들을 때의 마음자세를 가지고 부모님이 하시는 말씀을 들어보도록 하라. 비록 부모님을 다른 사람들을 대할 때와 똑같은 자세로 대한다는 것이 좀 이상하긴 하지만, 더 나은 관계를 위해서라면 한 번쯤 시도

해 볼 만하다. 학생들은 항상, "엄마는 저를 이해 못해요. 아무도 저를 이해 못해요"라고 말한다. 하지만 곰곰이 생각해 보라. 여러분이 부모님을 이해 못하고 있는 것은 아닌지.

부모님에게도 걱정거리가 있다. 학생들이 친구문제나 시험으로 고민하는 동안에, 부모님은 회사의 상사나 자녀들의 학비 같은 문제들로 고민하는 것이다. 가끔씩은 부모님들도 회사에서 기분 나쁜 일을 당할 수도 있고, 밀린 세금을 내지 못해 쩔쩔맬 수도 있다. 대부분의 엄마들은 자식 뒷바라지하느라, 자신을 위한 일에는 투자하지 않는다. 아버지는 타고 다니는 낡은 차 때문에 직장동료들 사이에 놀림감이 될 수도 있다. 어쩌면 부모님은 자식을 위해 당신들의 꿈을 버린 것인지도 모른다. 부모님도 사람이다. 그분도 다른 사람들과 똑같이 웃고, 울고, 상처받고 하는 것이다.

부모님의 말씀을 듣고 이해하려는 노력을 기울이면, 믿을 수 없는 일이 생긴다. 그중 하나, 부모님을 존경하게 된다. 나는 열아홉 살 때 처음으로 아버지의 책 가운데 한 권을 읽어보았다. 아버지는 성공한 작가였고, 아버지의 글이 훌륭하다고 사람들이 말했지만, 그때까지 아버지가 쓴 책을 읽어보지는 않았었다. 책을 다 읽었을 때, '와, 우리 아버지가 이렇게 똑똑하신 분이구나'라고 생각하게 되었다. 그때까지는 내가 아버지보다 더 똑똑하다고 생각하고 있었던 것이다.

둘째, 부모님 말씀을 듣고 이해하려는 노력을 기울이면, 자신이 원하는 것을 더 많이 얻을 수 있다. 자식들이 당신들의 마음을 이해한다고 생각하면, 부모님 쪽에서도 자식들을 이해하려고 애쓰게 되고, 자식들을 믿을 수 있게 되기 때문이다. "학교에 다니는 제 딸이

눈코 뜰 새 없이 바쁜 제 생활을 이해하고 집안일을 조금만 도와준다면, 딸애한테 더 잘 대해줄 수 있을 텐데요"라고 한 어머니가 말했다.

어떻게 하면 부모님을 더 잘 이해할 수 있을까? 몇 가지 질문을 해보아라. 아빠나 엄마에게 마지막으로 뭔가를 물어본 적이 언제였을까? "오늘 어떠셨어요?"라든가, "아빠 회사 일은 마음에 드세요?"라든가, "제가 뭐 도울 일 없겠어요?" 같은 질문 말이다.

이를 통해 관계감정은행계좌에 많은 저축을 할 수도 있다. "부모님이 바라는 것은 어떤 것일까?"라고 스스로에게 물어보아라. 그리고 부모님의 입장에서, 자신의 관점이 아닌 부모님의 관점에서 한번 바라보라. 시키지도 않았는데 설거지를 한다든지 쓰레기를 치운다면 관계감정은행계좌에 도움이 될 것이다. 약속한 시간에 집에 들어오는 것도 마찬가지다. 집에서 떨어져 생활하고 있다면, 일주일에 한 번씩 전화를 드리는 것도 좋은 방법이다.

이제 이해시켜라

사람들이 가장 두려워하는 것이 무엇인지에 대한 설문조사 자료를 본 적이 있다. '죽음'이 2위였다. 그렇다면 1위는 무엇이었을까? 바로 '많은 사람 앞에서 이야기하는 것'이었다. 많은 사람 앞에서 이야기하는 것이 죽기보다도 싫다니…. 참 재미있는 조사 결과가 아닐 수 없다.

많은 사람 앞에서 이야기하기 위해서는 당연히 용기가 필요하다. 하지만 꼭 많은 사람들 앞에서가 아니더라도, 일반적으로 말하는 것은 용기를 필요로 한다. 습관 5의 나머지 반쪽, 그러니까 "다음에 이해시켜라"라는 것은, 앞의 반쪽만큼이나 중요한 것이기는 하지만, 그것과는 약간 다른 것을 필요로 한다. 잘 듣기 위해서 집중력이 필요하다면, 이해시키기 위해서는 용기가 필요한 것이다.

습관 5의 반쪽, "먼저 이해하라"만 익히는 것은 약한 모습이다. 그것은 패-승적 태도이고, 바로 '신발 털개' 신드롬이다. 하지만 많은 사람들이 이 함정에 빠져 있으며, 부모님과의 관계에 있어 이런 현상이 특히 잘 나타난다. "엄마에게는 제 감정을 이야기하고 싶지 않아요. 엄마는 이해하려고 하지도 않는걸요"라고 생각한다면, 결국 이런 감정을 숨기게 되고, 그렇게 하는 동안 부모님들은 자식들의 진짜 속마음을 모르고 지내게 된다.

이런 관계는 건강한 관계가 아니다. 감정은 표현하지 않으면 결코 사라지지도 않는다는 점을 명심하라. 그런 감정은 죽지 않은 채 숨어 있다가 나중에 더 나쁜 형태로 표현되게 마련이다. 감정은 다른 사람과 나누도록 하라. 그렇게 하지 않으면 그 감정이 마음을 갉아먹게 된다.

게다가 일단 다른 사람의 말을 경청하였다면, 스스로를 이해시키는 것도 훨씬 쉬워진다. 다음 예를 보면서, 켈리Kelli가 실생활에서 습관 5를 얼마나 잘 적용하고 있는지 살펴보자.

> 아파서 학교를 한 번 빠졌습니다. 부모님은 내가 평소에 잠이 부족하고, 밖에서 보내는 시간이 너무 많았기 때문에 병이 난 것이라고 말했습니다. 저는 변명을 하는 대신, 부모님의 생각을 이해해 보려고 애썼습니다. 저는 부모님의 생각에 동의했지만, 제 생각을 말하는 것도 빠뜨리지는 않았습니다. 학교생활의 마지막을 즐겁게 보내고 싶었고, 그러다 보니 친구들과 지내는 시간이 많아질 수밖에 없었다고 말했어요. 그러자 부모님도 저의 입장에서 생각해 보려고 애쓰시는 것 같았고, 결국 서로를 이해할 수 있었습니다. 결국 그 주 주말에는 밖에 나가지 않고 집에서 쉬었어요. 제가 먼저 부모님을 이해하려고 애쓰지 않았다면, 부모님께서 그렇게 너그럽게 대해 주시지는 않았을 겁니다.

적절한 지적을 해주는 것은 이해를 시키는 데 있어 중요한 요소이다. 제대로만 한다면, 그것은 관계감정은행계좌에 저축을 많이 하는 것이다. 누군가의 바지 지퍼가 열려 있으면 지적해 주어라. 그러면 그들은 고마워할 것이다. 입냄새가 심하게 나는 친구(아주 지독해서 소문이 나기까지 한 친구)에게 친절하게 그것을 지적해 주면, 그들이 고맙게 여기지 않을까? 데이트를 마치고 집에 돌아왔는데, 거울을 보니 이빨 사이에 음식물이 끼어 있는 것을 발견하면 기분이 어떨까? 그날 저녁에 웃을 때마다 그것이 보였을 것을 생각하면 끔찍하다. 여자친구가 그것을 지적해 주었으면 얼마나 좋았을까?

관계감정은행계좌에 잔고가 아주 많이 남아 있는 사이라면, 이런 지적을 아무 거리낌없이 할 수가 있다. 아직 고등학교에 다니고 있는 동생 조슈아 Joshua가 다음과 같은 이야기를 했다.

형이나 누나가 있어서 좋은 점은 잘한 것은 칭찬해 주고, 잘못한 일이 있으면 지적을 해 준다는 것이다.
학교에서 농구시합이나 축구시합을 마치고 돌아오면, 아버지와 어머니는 나에게 칭찬만 하신다. 내가 아주 훌륭했다거나, 아니면 나 때문에 우리 팀이 시합에서 이길 수 있었다는 그런 이야기 말이다.
그럴 때면, 누나 제니(Jenny)가 나타나서, 내 플레이가 그저 그랬다고 이야기하면서, 계속 주전선수로 뛰려면 좀더 열심히 노력해야 할 것이라고 지적해 준다. 그리고 다음 시합에서는 좀더 잘해서 누나가 좀 덜 창피하게 해달라고 말하곤 한다.

내 동생들은 서로 아주 친하기 때문에, 아무렇지 않게 서로에 대해 잘 지적해 준다. 누군가에게 지적을 할 때는 다음 2가지를 명심해야 한다.

첫째, 지적하기 전에 스스로에게 다음과 같이 물어보자. "내가 하는 지적이 정말 이 사람에게 도움이 되는 것일까? 단지 내 기준에 저 사람을 맞추려고 하는 것은 아닌가?" 진심으로 상대방을 위하는 마음에서 우러나오는 지적이 아니라면 하지 않는 것이 좋다.

둘째, 말을 할 때 "너는…"이라는 식으로 말하지 말고, "나는…"이라는 식으로 해야 한다. 그러니까 "나는 네가 성질이 너무 급한 게 아닌가 걱정이 돼"라든가, "나는 요즘 네 행동이 좀 이기적이 아닌가 하고 생각해"라는 식으로 이야기하라는 것이다. "너 참 이기적이구나"라든가, "너 성질 한번 더럽구나"라는 식으로 이야기하면, 듣는 사람에게 위협적으로 들릴 수가 있고, 또 간섭받고 있다는 느낌이 들게 한다.

자, 이제 이만하면 된 것 같다. 이 버릇에 대해 자질구레하게 더 이야기하는 대신, 처음에 했던 얘기를 다시 한 번 하면서 마치도록 하자. 귀는 두 개지만, 입은 하나뿐이다. 왜 그런지 그 이유를 한번 곰곰이 생각해 보자.

다음 개봉작
다음 장에서는, 1 더하기 1이 어떻게 3이 될 수 있는지 알아봅니다. 그럼 거기서 뵙죠.

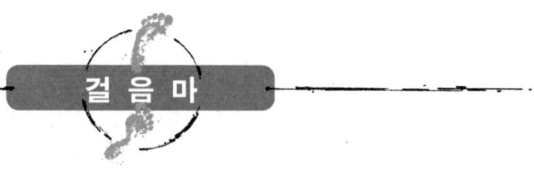

① 다른 사람들과 이야기할 때, 얼마나 오랫동안 그들의 눈을 바라볼 수 있는지 시험해 보라.

② 쇼핑몰에 가서 자리를 잡고 앉아 사람들이 대화하는 것을 지켜보라. 그들의 보디랭귀지가 말하는 것을 관찰하라.

③ 오늘 대화를 할 때 재미 삼아 한 사람에게는 내용 재정리 기법을, 또 한 사람에게는 내용을 반복하는 방법을 사용해 보고 그 결과를 비교해 보라.

④ 듣는 자세와 관련하여 나쁜 버릇 5가지는 멍한 상태로 있기, 듣는 척하기, 듣고 싶은 부분만 골라서 듣기, 단어만 듣기, 자기 중심적으로 듣기이다. 이 가운데 자신의 가장 큰 문제가 무엇인지 생각해 보고 하루 동안 그 버릇이 나오지 않도록 노력하라.

내게 가장 문제가 되는 나쁜 버릇 : _____

_____

⑤ 이번 주 아무 때나 "요즘 어떠세요?"라고 부모님께 여쭈어보라. 마음을 열고 제대로 들으려고 노력하라. 놀라운 사실을 알게 될 것이다.

⑥  말하기를 좋아하는 사람이라면 하루쯤은 필요한 말만 하고 듣는 것에 집중하라.

⑦ 다음번에는 어떤 감정을 가슴속에 묻어두고 싶어도 용기를 내어 확실하게 그것을 표현하라.

⑧ 자신의 건설적인 지적이 진정으로 누군가에게 도움이 될 수 있는 상황에 대해 생각해 보라. 적절한 시기에 자신의 의견을 이야기해 줘라.

나의 지적으로 도움을 받을 만한 사람 : _____

_____

습관 6

시너지를 내라

'더 좋은' 방법

혼자서 낼 수 있는 성과는 작습니다. 함께할 때 우리는 큰일을 할 수 있습니다.

－헬렌 켈러 Helen Keller

철새들이 겨울이면 V자 모양으로 떼를 지어 남쪽으로 날아가는 것을 본 적이 있을 것이다. 새들이 그렇게 이동하는 데는 굉장한 이유들이 숨어 있다.

- 떼를 지어 다님으로써, 한 마리씩 따로 이동할 때보다 71퍼센트 정도 빨리 이동할 수 있다. 앞에 있는 새가 날개를 움직일 때 발생하는 공기의 움직임이 뒤따르는 새들의 비행을 더 쉽게 해주기 때문이다.
- 선두에 선 새가 지치면, 그 새는 V자의 맨 끝으로 이동하고 다른 새가 선두에 나선다.
- 뒤에 있는 새들은 소리를 내서 앞의 새들을 독려한다.
- 대열에서 낙오한 새는 혼자 나는 것이 싫어서 재빨리 합류한다.
- 한 마리가 아프거나 다쳐서 대열에서 낙오하면, 다른 두 마리가 같이 떨어져 나와서 다친 새를 보호하고 도와준다. 다친 새가 다 낫거나, 죽어버리면 나머지 두 마리는 새로운 대열에 합류하거나, 아니면 자신들만의 대열을 형성한다.

얼마나 영리한 새들인가! 힘이 덜 들게 서로 도와주고, 돌아가면서 선두에 나서고, 서로서로 격려하고, 다친 동료를 보살피는 이런 활동을 통해 새들은 혼자서 날아갈 때 얻는 것보다 훨씬 더 많은 것을 얻을 수 있다. 바로 이런 것이 내가 여섯 번째 습관, "시너지synergy를 내라"에서 말하려는 것이다.

그렇다면 시너지란 무엇인가? 한마디로 말해서 시너지란 '더 좋은 결과를 얻기 위해 여러 사람이 함께 일할 때 발생하는 것'이다. 나 혹은 상대방의 개인적인 방법이 아니라 모두의 방법인 것이다.

시너지는 일종의 보상으로 앞에서 말한 다른 습관들, 특히 승-승을 생각하는 습관이나 먼저 이해하려는 습관을 실천하였을 때 얻을 수 있는 달콤한 열매와 같은 것이다. 시너지를 활용하는 방법을 배우는 것은, 혼자 나는 대신 V자 형태로 떼를 지어 나는 법을 배우는 것과 같다.

시너지를 더 잘 이해하기 위해, 어떤 것이 시너지가 아닌지를 먼저 살펴보자.

시너지	시너지가 아닌 것
차이점을 찬양한다	차이점이 있음을 싫어한다
팀워크를 중시한다	독자적으로 행동한다
열린 마음으로 다른 사람의 의견을 대한다	항상 자기가 옳다고 생각한다
새롭고 더 나은 방법을 찾는다	다른 사람과 절충한다

■ **시너지는 어디에나 있다**

시너지는 자연에서도 많이 찾아볼 수 있다. 많이 자라면 270미터까지 자라기도 하는 세쿼이어 나무는 항상 무리를 지어 자라는데, 그러면 나무의 뿌리들이 서로 뒤엉켜 거센 바람에도 쓰러지지 않는다.

또한 많은 동식물들이 서로 공생관계를 맺고 있다. 작은 새들이 코뿔소 등에 앉아 있는 것을 본 적이 있을 것이다. 그게 바로 시너지이다. 새는 먹이를 얻고 코뿔소는 몸을 청결히 할 수 있기 때문에 결국 양쪽 모두에게

도움이 된다.

시너지는 결코 새로운 것이 아니다. 어떤 식으로든 팀에 속해본 적이 있는 사람은 그것을 느꼈을 것이다. 그룹 활동을 통해 무언가를 해냈을 때나, 여러 사람들이 모여 함께 즐겁게 놀았다면 그게 바로 시너지인 것이다.

밴드는 시너지의 아주 좋은 예이다. 밴드는 드럼이나 기타, 색소폰, 보컬 등이 단순히 모여 있는 곳이 아니라, 이들이 모여 함께 '소리'를 만들어내는 곳이다. 각각의 멤버들은 더 좋은 소리를 만들어내기 위해 거기 모인 것이다. 어떤 악기가 더 중요하고 다른 악기가 덜 중요한 것이 아니다. 그것들은 그저 다른 악기일 뿐이다.

■ 차이점을 찬양하기

그렇다고 시너지가 그냥 생기는 것은 아니다. 그것은 하나의 과정으로, 거기에 이르기 위해서는 차이를 찬양하는 방법을 먼저 배워야 한다.

고등학교에 다닐 때, 통가왕국에서 온 피니 웅가 Fine Unga라는 소년이 있었다. 처음에는 그 친구가 너무 무서웠다. 꼭 탱크처럼 생겼는데 맨날 싸움이나 하고 다닌다고 소문이 난 아이였기 때문이다. 나랑은 생김새, 옷차림, 말투, 생각에다 식사하는 법까지 다 달랐다. 나와 이 친구의 유일한 공통 관심사는 축구뿐이었다. 그럼에도 불구하고 우리는 친해질 수 있었는데, 바로 서로의 차이점 때문이었다. 피니가 무슨 생각을 하고 다음에 어떤 행동을 취할지 몰랐는데, 그것이 오히려 관계를 지루하지 않게 했다. 그리고 혹시나 싸움이 붙었을 때는 그와 친하게 지냈던 것이 크게 도움이 되었다. 내가 가지고 있지 않은 힘을 그가 가지고 있었고, 그에게 없는 것을 또 내가 가지고 있었기 때문에 우리는 잘 어울릴 수가 있었던 것이다.

세상에 온통 비슷하게 생긴 사람들만 있고, 모두 같은 생각만 하는 것이 아니어서 다행이다. 다양성이란 참 좋은 것이니까 말이다.

다양성이란 말을 들으면, 인종 문제나 성차별에 관한 것이 우선 생각날 것이다. 하지만 그게 전부가 아니다. 그 외에도 신체적 특징, 옷, 언어, 부(富)의 정도, 가족, 종교, 생활습관, 교육 정도, 취미, 기술, 나이 등 다양성에는 끝이 없다. 세우스 Seuss 박사가 쓴 '물고기 한 마리, 물고기 두 마리, 빨간 물고기, 파란 물고기 One Fish, Two Fish, Red Fish, Blue Fish'라는 시를 보자.

그들이 온다.
그들이 간다.
어떤 것은 빠르고,
어떤 것은 느리다.
어떤 것은 위에 있고,
어떤 것은 밑에 있다.
비슷하게 생긴 것은
한 마리도 없다.
왜냐고 묻지 마라.
엄마에게 물어봐라.

오늘날 세계는 서로 다른 문화와 인종, 종교, 이념들이 빠른 속도로 뒤섞이고 있다. 이렇게 다양성이 점점 증가하고 있는 현실에 대처하는 접근방법에는 세 단계가 있다.

- 1단계 : 다양성을 피한다.
- 2단계 : 다양성을 참고 견딘다.
- 3단계 : 다양성을 찬양한다.

다양성을 피하는 사람

이런 사람은 차이점을 두려워하는 사람으로, 그중에는 차이점을 죽기보다 싫어하는 사람도 있다. 이런 사람은 자신들의 삶의 방식만이 올바른 것이고 최고의 것이라고 생각하기 때문에 자신들과 다른 피부색을 가진 사람이나, 다른 종교를 가진 사람, 다른 브랜드의 청바지를 입는 사람을 보면 견딜 수가 없다. 이런 사람은 자신과 다른 사람들을 경멸하고, 자신들이 그들로부터 이 세상을 보호해야 한다는 엉뚱한 사명감까지 가지고 있다. 이들은 서슴없이 폭력을 사용하고, 수적으로 유리하다고 판단되면 갱단을 조직해서 약자들에게 집단폭력을 행사하기도 한다.

다양성을 참고 견디는 사람

다양성을 참고 견디는 사람은 사람들이 다른 것은 당연한 것이라고 생각한다. 이런 사람은 다양성을 무시하지 않지만, 그렇다고 포용하지도 않는다. 이들은 '너는 너대로 살고, 나는 나대로 살자. 네가 나를 건드리지 않으면, 나도 네 일에 상관하지 않으마'라는 생각으로 사는 사람들이다. 이런 사람들과 가까워질 수는 있겠지만, 결코 시너지를 기대할 수는 없다. 이 사람들은 차이를 잠재적인 가능성으로 보지 않고, 장애물로 생각하는 사람들이기 때문이다. 이들은 자신이 무엇을 놓치고 있는지도 모르는 사람들이다.

다양성을 찬양하는 사람

다양성을 찬양하는 사람은 차이를 소중히 여기는 사람으로, 차이점은 약점이 아니라 장점이라고 생각한다. 이들은 서로 다른 사람이 모이면, 비슷한 사람이 모였을 때보다 더 많은 것을 이루어낼 수 있다는 것을 아는 사람들이다. 다양성을 찬양한다는 것이 다른 사람들의 생각에 무조건 동의해야 한다는 것은 아니다. 단지 차이를 가치 있는 것으로 생각할 뿐, 다른 사람을 따라야 하는 것은 아닌 것이다. 그들의 눈에 차이는 곧 창의력의 도화선이자 기회로 보인다.

자신이 어느 부류에 속하는지 생각해 보라. 한 친구의 옷차림이 마음에 들지 않는다면 그 친구의 독창적인 스타일을 존중해 줄 것인가, 아니면 그 친구를 멀리할 것인가?

자신과 다른 종교를 가진 사람들을 만났다면, 그들의 믿음을 존중해 줄 것인가, 아니면 그들을 사이비 종교 집단으로 몰아붙일 것인가?

도시의 반대편에 살고 있는 사람들은 자신이 모르는 것을 알고 있을지도 모른다는 생각을 할 것인가? 아니면 다른 지역에 살고 있다는 이유로 그들을 배척할 것인가?

사실, 내용에 따라서 차이를 존중하는 정도가 달라질 수 있다. 예를 들면, 인종이나 종교적인 차이에 대해서는 존중하면서 옷 입는 것에 대해서는 편견을 가지고 있는 사람도 있을 수 있다.

■ 우리 모두는 한 명의 소수이다

사람들이 가끔씩은 예기치 못한 상황에서 소수로 전락할 수 있다는 것을 깨닫고 나면, 차이를 존중하는 것이 더 쉬워진다. 다양성이라는 것이 외적인 것뿐만 아니라, 내적인 것에서도 나타날 수 있다는 것을 명심하자. 로버트 풀검Robert Fulghum은 《내가 정말 알아야 할 모든 것은 유치원에서 배웠다

All I Really Need to Know I Learned in Kindergarten》에서 말하기를, "사람들은 겉으로 보이는 것만큼이나, 머릿속에 가지고 있는 생각에서도 서로 차이를 보인다"고 하였다. 머릿속의 생각은 어떻게 달라지는 것일까? 글쎄….

배우는 것이 다르다. 친구나 형제들이 자신과 다른 생각을 하고 있는 것을 느낀 적이 있을 것이다. 토머스 암스트롱 Thomas Armstrong 박사는 "재능에는 7가지가 있다"고 하면서, 아이들은 자신에게 가장 발달되어 있는 재능을 통해 배우게 된다고 하였다.

- 언어 : 읽기나 쓰기, 이야기를 하는 과정에서 배운다.
- 논리 및 수학 : 논리, 유형, 분류, 관계 등을 통해 배운다.
- 신체 감각 : 신체적인 자극이나 접촉을 통해 배운다.
- 공간 : 이미지나 그림을 통해 배운다.
- 음악 : 소리나 리듬을 통해 배운다.
- 인간관계 : 상호작용이나 의사소통을 통해 배운다.
- 자기 성찰 : 자신의 감정을 통해 배운다.

앞의 7가지 타입 중 어느 것이 낫고, 어느 것이 못 하다고 할 수는 없다. 그저 차이가 있을 뿐이다. 자신은 논리와 수학에 재능이 있는데, 여동생은 인간관계에 재능이 있다면, 다양성을 어떻게 생각하느냐에 따라 여동생에 대한 태도도 달라지게 된다. 말이 많은 여동생을 이상한 아이로 생각할 수도 있고, 그 차이를 존중해서 자신의 말하기 수업에 대해 조언을 구할 수도 있다.

사물을 바라보는 방식도 다르다. 모든 사람은 서로 다른 방식으로 세상을 바라보며, 그에 따라 자기 자신과 다른 사람들, 그리고 삶을 생각하는 방식도 달라진다. 좀더 자세히 알아보기 위해 한 가지 실험을 해보자. 옆에 있는 그림을 보고 나서,

274쪽에 있는 그림이 무엇을 그린 것인지 생각해 보도록 하라. 아마 대부분의 사람들이 274쪽의 그림은 쥐를 그린 것이라고 생각할 것이다.

하지만 다르게 생각하는 사람도 있을 수 있다. 274쪽의 그림을 보고 안경을 쓴 사람의 얼굴을 그린 것이라고 하는 사람도 분명히 있을 것이다. 이런 사람을 만났을 때, 그들의 의견을 존중해 줄 것인가? 아니면 자신과 다르게 본다는 이유로 무시할 것인가?

좀더 깊은 이해를 위해, 이번에는 282쪽에 있는 그림을 먼저 보고 나서 274쪽 그림을 보도록 하라. 어떤 차이가 있는지 알 수 있을 것이다.

사람들은 여러 가지 일들을 경험하면서 세상을 바라보는 시각을 형성하게 된다. 그리고 서로 다른 두 사람의 경험이 똑같을 수는 없는 것처럼, 사물을 보는 시각도 달라진다. 같은 그림에서 어떤 사람은 쥐를 보고, 어떤 사람은 얼굴을 보게 되는 것은 당연하다. 이 경우 둘 다 옳은 것이다.

세상을 바라보는 시각이 사람마다 다르고, 그런 의미에서 모든 사람이 다 옳은 것일 수 있다는 점을 받아들이고 나면, 다른 시각을 이해하고 존중하는 것이 쉬워진다.

스타일, 기질, 성격이 다르다. 다음에 나오는 테스트는 깊이 있는 것은 아니지만, 개인적인 성격이나 기질을 알아볼 수 있는 것이다. 이 테스트는 노스캐롤라이나의 변호사 학교 Legislator's School 에서 처음 개발한 것으로, 캐슬린 버틀러Kathleen Butler가 자신의 책《모든 것은 자신의 마음에 달려 있다 It's All in Your Mind》라는 책에서 사용한 것이다.

각각의 줄에 있는 네 개의 성격을 나타내는 말 중, 자신의 성격과 가장 가깝다고 생각하는 것부터 4, 3, 2, 1의 순서로 숫자를 적으면 된다.

〈예〉

| 상상력 | 2 | 탐구력 | 4 | 현실적 | 1 | 분석적 | 3 |

첫 번째 타입		두 번째 타입		세 번째 타입		네 번째 타입	
상상력		탐구력		현실적		분석적	
적응력		호기심		조직적		비판적	
연결능력		창조력		핵심파악능력		토론능력	
개인성		모험심		실용적		학구적	
유연성		창의성		정확성		체계성	
나누는 자세		독립적		정돈과 질서		지각 능력	
협력적		경쟁적		완벽주의		논리적	
예민함		과감성		근면성		지적	
사교형		문제해결형		계획가형		독서가형	
연상능력		독창성		기억력		치밀함	
자발적		개혁적		방향성		판단력	
소통능력		발견 능력		조심성		추리력	
배려심		도전정신		실천력		조사능력	
감정적		실험적		행동력		사고력	

이제, 각각의 줄에 적힌 숫자를 모두 더해서 다음 칸에 적어보자.

첫 번째 타입 : 포도형 ☐

두 번째 타입 : 오렌지형 ☐

세 번째 타입 : 바나나형 ☐

네 번째 타입 : 멜론형 ☐

첫 번째 타입에서 가장 높은 점수를 얻은 사람은 포도형이다.

두 번째 타입에서 가장 높은 점수를 얻은 사람은 오렌지형이다.

세 번째 타입에서 가장 높은 점수를 얻은 사람은 바나나형이다.

네 번째 타입에서 가장 높은 점수를 얻은 사람은 멜론형이다.

포도형

타고난 재능
- 문제를 생각하는 능력
- 감각적
- 유연성
- 창의성
- 팀을 이루어 일하는 것을 선호함

문제점
- 정확한 답을 줄 수 없다
- 한 번에 한 가지 일에 집중하지 못한다
- 조직적인 일을 못한다

일을 잘할 수 있는 조건
- 다른 사람과 함께 일할 때
- 일과 휴식을 적절히 조절할 때
- 의사소통 수단이 주어졌을 때
- 경쟁적이지 않은 일

더 큰 발전을 위한 충고 한마디
- 세부사항에 좀더 신경 쓸 것
- 급하게 달려들지 말 것
- 감정에 따라 결정을 내리지 말 것

오렌지형

타고난 재능
- 실험정신
- 독립성
- 호기심
- 창의성

문제점
- 약속한 날까지 일을 마치지 못한다
- 남들의 강의를 잘 못 듣는다
- 융통성이 없다
- 변화를 추구하는 능력

일을 잘할 수 있는 조건
- 시행착오를 거치며 일을 할 때
- 독창적인 결과를 요구하는 일을 할 때

더 큰 발전을 위한 충고 한마디
- 책임감을 기를 것
- 다른 사람의 의견에 귀기울일 것

- 경쟁적인 분위기에서 일할 때
- 자기 중심적으로 일할 때

- 순서를 정해 일할 것

바나나형

타고난 재능

- 계획성
- 상황판단 능력
- 조직력
- 실행 능력

문제점

- 다른 사람들의 감정을 잘 이해하지 못한다
- 반대에 부닥쳤을 때 유연하게 대처하지 못한다
- 돌발상황이 닥치면, 어쩔 줄 모른다

일을 잘할 수 있는 조건

- 잘 짜여진 조직에서 일할 때
- 특정 목표를 정해놓고 일할 때
- 신뢰할 수 있는 사람과 일할 때
- 앞으로의 상황을 잘 알고 있을 때

더 큰 발전을 위한 충고 한마디

- 감정을 좀더 자주 표현할 것
- 다른 사람의 관점을 이해할 것
- 좀더 너그러워질 것

멜론형

타고난 재능

- 논쟁
- 해결책을 찾는 능력
- 분석력
- 우선순위를 정하는 능력

문제점

- 다른 사람과 함께 일하지 못한다
- 비판받는 것을 싫어한다
- 다른 사람들과 타협하지 않는다

일을 잘할 수 있는 조건

- 지원이 적절히 이루어질 때
- 독자적으로 일할 때
- 자신의 지적 능력을 알아주는 사람이 있을 때
- 전통적인 방법에 따라 일할 때

더 큰 발전을 위한 충고 한마디

- 완벽주의에서 벗어날 것
- 여러 가지 대안들을 생각해 볼 것
- 다른 사람의 감정을 고려할 것

■ **자기 자신의 다양성을 찬양하라**

위의 4가지 타입 중 어느 타입이 가장 좋은 것이냐고 묻는 것은 어리석은 질문이다.

나에게는 형제가 세 명 있는데, 우리는 닮은 점도 많지만 다른 점도 많다. 어렸을 적엔 내 재능이 형제들의 재능보다 뛰어나다는 것을 증명하고 싶어서 안달이었다. "그래, 어쩌면 네가 나보다 더 잘나가고 있는지도 모르지. 하지만 무슨 상관이야, 공부는 내가 더 잘하는걸" 하는 식이었다. 하지만 그런 생각은 어리석은 것이었으며, 형제들에게는 그들의 장점이 있고 나에게는 나의 장점이 있다는 사실을 깨닫게 되었다. 누가 잘하고 누가 못하는 것이 아니다. 단지 다를 뿐이다.

따라서, 마음에 드는 여학생이나 남학생이 자신을 좋아하지 않는다고 해서 실망할 이유가 하나도 없다. 자신은 아주 괜찮은 포도형의 사람인데, 상대방이 바나나형인 사람을 찾고 있는 것일 뿐이다. 이럴 때는 아무리 애를 써도 어쩔 수가 없다(하지만 걱정할 필요는 없다. 포도형을 찾는 사람이 곧 나타날 것이다).

다른 사람들과 비슷해지려고 애쓰지 말고, 자신만의 독특한 개성을 찬양하도록 하라. 갖가지 과일들이 제 맛을 낼 때 과일 샐러드도 맛있어지는 것이다.

■ 차이점을 찬양하는 데 걸림돌을 피하라

차이점을 찬양하는 데 방해가 되는 것들이 많이 있는데 그중에서 가장 나쁜 것은 무지와 패거리, 그리고 편견이다.

무지 무지란 아무런 생각도 없는 것을 말한다. 다른 사람이 무슨 생각을 하는지, 그들의 감정은 어떤지, 그들이 어떻게 지내고 있는지에 대해 도무지 관심을 가지지 않는 것이다. 특히 이런 무지는 장애인들을 대할 때 나타나기 쉽다. 크리스탈 리 헴즈Crystal Lee Helms라는 사람이 시애틀의 지방신문인 〈미러Mirror〉에 기고한 다음 글을 읽어보자.

> 저는 크리스탈이라고 합니다. 키는 163센티미터이고 금발에 갈색 눈을 가지고 있어요. 여기까지만 들으면 꽤 괜찮은 여자처럼 보이죠? 하지만 저는 귀머거리입니다.
> 이 세상이 완벽한 이상세계라면 그렇지 않을 텐데 제가 귀머거리라는 사실이 문제가 됩니다. 제가 듣지 못한다는 것을 알고 나면 사람들의 행동이 달라지면서, 이전과는 다른 눈빛으로 저를 바라봅니다. 그들의 행동을 직접 보면 많이 놀라실 겁니다.
> 사람들이 가장 많이 물어보는 질문은 "어쩌다가 귀머거리가 되었어요?"입니다. 제가 대답하면, 또 천편일률적으로 "참 안됐네요"라고 하죠. 그런 일이 있을 때마다 저는 그 사람을 똑바로 쳐다보면서 조용히 알려줍니다. "아뇨, 그렇게 슬픈 일은 아니에요. 그러니 동정하지 마세요"라고 말입니다. 아무리 좋은 의도에서 했다고 해도, 동정은 저를 역겹게 만듭니다.
> 사람들의 태도가 항상 저를 방어적으로 만드는 것은 아닙니다. 그냥 웃어넘길 때도 있어요. 한번은 친구를 기다리고 있는데, 웬 남자가 다가와서는,
> "귀머거리가 되면 어때요?"라고 묻더군요.
> "글쎄요 잘 모르겠는데요. 귀가 들리는 것은 어떻죠? 별로 특별하지는 않아요. 귀가 안 들린다는 건 단지 안 들리는 것일 뿐이에요"라고 대답했습니다.
> 제가 하고 싶은 말은 이것입니다. 귀머거리를 만나게 되면, 곧바로 그 사람을 장애인으로 대하지 말고, 시간을 두고 그들을 알려고 애를 좀 써 보세요. 그러면 소리를 들을 수 없는 것이 어떤 것인지 알 수 있을 겁니다. 그런 노력을 기울이면, 다른 사람을 이해하는 마음을 가질 수 있을 뿐만 아니라, 당신 자신에 대해서도 알 수 있을 겁니다.

패거리 같이 있으면 편한 사람과 같이 있고 싶어하는 것은 당연하다. 하지만 그런 모임이 배타적으로 되어서, 자기들과 다른 사람들과는 어울리지

않으려고 하는 것이 문제다. 친한 친구들끼리 모인 동아리 내에는 비슷한 사람들만 모여 있기 때문에 차이의 중요성을 알 수 없다. 그리고 그 동아리에 들지 못한 사람은 소외감을 느끼게 된다. 이런 패거리를 뛰어넘는 것은 어려운 일이 아니다. 동아리의 좁은 울타리를 넘어 다른 사람과 어울려 지내고, 더 큰 공동체를 만들어가면 된다.

편견 누구나 한 번쯤은 피부색이나 사투리, 살고 있는 지역에 대한 편견에 시달려본 적이 있을 것이다. 세상에 그것만큼 기분 나쁜 것은 없다.

모든 사람이 평등하게 태어나는 것이 사실이지만, 불행하게도 모든 사람이 평등하게 대우를 받는 것은 아니다. 다수를 차지하고 있는 사람들의 편견 때문에 소수의 인생이 더 힘들어지는 것은 너무 슬픈 현실이다.

태어날 때부터 편견을 가지고 있는 사람은 없다. 자라면서 다른 사람들이 만들어놓은 편견을 받아들여 마음의 벽을 쌓는 것이다. 뮤지컬 '남태평양 South Pacific'에 다음과 같은 노래가 있다.

당신은 알아야 합니다.
이상한 눈빛을 한 사람을 조심해야 한다는 것을,
그리고 다른 피부색을 가진 사람을 조심해야 한다는 것을,
당신은 알아야 합니다.

더 늦기 전에 알아야 합니다.
당신이 늙어버리기 전에,
주변 사람들이 미워하는 것을 당신도 미워해야 한다는 것을,
당신은 알아야 합니다.

다음에 나오는 작자 미상의 시에서는 사람들이 서로를 미리 판단하는 것이 얼마나 슬픈 일인지를 잘 말해 준다.

| 차가운 마음 |

아주 춥고 황량한 날, 여섯 명이 우연히 만났다.
사람들은 모두 지팡이를 하나씩 가지고 있었다.

불이 꺼져가면서 땔감이 필요할 때, 첫 번째 사람이 자신의 지팡이를 숨겼다.
모여 있는 사람들 중에 흑인이 한 명 있었기 때문이다.

다음 사람이 자신의 교회에 다니지 않는 사람을 발견하고는,
자신의 지팡이를 땔감으로 내놓지 않았다.

누더기를 걸치고 있던 세 번째 사람은 옷깃을 꼭 쥐었다.
자신의 옷으로 돈 많은 게으름뱅이들을 따뜻하게 해주고 싶지 않았다.

부자는 뒤로 물러나서, 자기가 얼마나 돈이 많은 사람인지를 생각했다.
그 돈을 게으르고 지저분한 가난뱅이들에게 나누어주고 싶지 않았다.

마침내 불이 꺼졌을 때, 흑인은 복수를 생각했다.
틈만 나면 자신의 지팡이로 백인들을 때려줄 생각만 하고 있었다.

마지막 남은 사람은 아무것도 할 일이 없었다.
그는 누군가가 자신에게 먼저 베풀지 않으면, 행동하지 않는 사람이었다.
죽음이 가까이 다가왔을 때조차 그들의 손은 인간들의 죄로 더럽혀져 있었다.
그들은 추운 날씨 때문에 죽은 것이 아니다. 차가운 마음 때문에 죽은 것이다.

■ 다양성을 옹호하라

다행스럽게도, 세상에는 따뜻한 마음으로 다양성을 존중할 줄 아는 사람들이 많이 있다. 빌 샌더스 Bill Sanders가 들려준 다음 이야기는 용기를 가지고 다양성을 옹호한 훌륭한 예이다.

몇 년 전에, 굉장히 용기 있는 행동을 목격한 적이 있습니다.
고등학교의 한 모임에서, 나는 다른 사람을 흉보는 것은 나쁜 일이며, 서로 욕하지 말고 칭찬을 해야 한다는 요지의 이야기를 했습니다. 나중에 누구든 하고 싶은 이야기가 있으면 연단으로 나와서 하는 시간이 있었는데, 학생들은 주로 자신들을 도와주었던 사람들에 대한 고마움을 표시했습니다. 한 여학생이 나와서 집안일로 힘들어하고 있을 때 도와주었던 친구에게 고맙다고 했고, 또 어떤 학생은 자신이 정신적으로 힘들어하고 있을 때 잘 대해주었던 사람들에 대해 이야기했습니다.

그때, 한 여학생이 일어나 마이크 앞으로 다가가서는, 2학년 전체를 향해 이야기했습니다. "야 너희들, 저 남학생 그만 좀 괴롭혀! 우리와 다른 점이 있기는 해도, 결국엔 그 아이도 우리랑 똑같은 아이잖아. 따지고 보면 우리랑 다를 게 하나도 없단 말이야. 그 아이도 우리가 자기를 받아들이고, 사랑해 주고, 관심 가져주기를 바라고 있을 거라고! 친구가 필요하단 말이야. 왜 항상

> 차이는 새로운 도전을 하게 하고, 이전에는 몰랐던 것을 발견할 수 있게 해준다.
>
> ◀ 미국 수화로 "우리는 서로 달라요"라는 말

그 아이를 괴롭히기만 하는 거니? 이 자리에서 전교생들한테 이야기하는데, 앞으로는 저 애한테도 기회를 주자고!"
나는 학생들과는 등을 지고 앉아 있었기 때문에, 그 여학생이 말하는 학생이 누구인지는 확인할 수 없었습니다. 하지만 온 학교가 그 학생이 누구인지 알았을 겁니다. 뒤돌아 그 학생을 확인하기가 두려웠습니다. 그 학생은 부끄러워서 고개도 들지 못하고, 쥐구멍에라도 들어가고 싶은 기분일 거라고 생각했기 때문입니다. 하지만 막상 내가 돌아보았을 때, 그 학생은 활짝 웃으며, 몸을 들썩들썩하고 있었습니다. 그러고는 팔을 들어 주먹을 불끈 쥐어 보이기까지 하는 것이었습니다. 그는 "고마워, 고마워. 계속 얘기해 줘. 오늘 네가 나를 새로 태어나게 해주는구나"라고 온몸으로 이야기하고 있었던 것입니다.

더 좋은 방법을 찾는 방법

차이라는 것이 약점이 아니라 장점일 수 있다는 것을 알게 되었다면, 최소한 차이를 존중하고 싶은 마음이 조금이라도 생겼다면, 더 좋은 방법을 발견할 수 있는 준비가 된 셈이다. 불교에서 말하는 중용은 타협을 말하는 것이 아니다. 그것은 삼각형의 꼭지점처럼 더 높은 곳을 의미한다.

시너지는 단순한 타협이나 협동이 아니다. 타협을 하면 1+1=1.5가 되고, 협동을 하면 2가 된다. 그리고 시너지를 활용할 때는 3이 된다. 그것은 창조적인 협동이다. '창조적' 이라는 말에 주목해 주기 바란다. 시너지를 활용할 때 전체는 부분들의 합 이상이 된다.

건축에 관계한 사람들은 이런 사실을 잘 알고 있다. 5×10센티미터 규격의 버팀목은 275킬로그램의 무게를 버틸 수 있다. 그렇다면 두 개의 5×10센티미터 버팀목으로는 550킬로그램의 무게를 버틸 수 있다고 생각하기 쉽지만, 사실은 826킬로그램의 무게를 버틸 수가 있다. 게다가 두 버팀목을 못으로 결합하면 2,213킬로그램까지 지탱할 수가 있다. 세 개를 결합하면 3,847킬로그램까지 지탱할 수 있다. 뿐만 아니라 음악가들도 시너지를 잘 알고 있는데 C코드와, G코드를 결합하면 두 화음 이외에 E코드도 만들어지는 것이다.

더 좋은 방법을 찾으면, 항상 더 많은 결과를 얻을 수 있다. 레이니Laney의 이야기를 들어보자.

물리 시간에 선생님께서 관성의 법칙을 설명하면서, 우리 조에게 투석기를 한번 만들어 보라고 하셨습니다. 중세 때 썼던 그런 것 말이에요. 우리는 그것을 '호박 대포'라고 부르기로 했습니다.
우리 조는 두 명의 남학생과 저, 이렇게 세 명이었는데, 다른 점이 너무 많아서 온갖 생각이 다 나왔습니다.
우리 중의 한 명이 번지코드(밧줄의 일종 : 옮긴이)를 이용해 발사대를 만들어보자고 했고, 다른 한 명은 줄을 팽팽하게 당겨서 해보자고 했습니다. 두 방법 모두 시도해 보았지만, 결과가 좋지 않았어요. 그래서 2가지를 같이 이용해서 해보기로 했습니다. 그 결과 두 방법을 각각 시도했을 때보다 훨씬 큰 힘이 생겼어요. 덕분에 우리가 만든 기계의 힘이 두 배나 더 좋아졌습니다.

미국을 세운 선구자들이 정부 조직을 구성할 때도 시너지를 활용했다. 당시 윌리엄 패터슨William Paterson이 뉴저지 플랜New Jersey Plan이라는 것을 제안했는데, 거기에 따르면 인구 분포에 상관없이 각 주들은 동등한 대표권을 가져야 한다는 것이다. 이는 작은 주들을 보호하자는 제안이었다. 그에 반해 제임스 매디슨James Madison은 버지니아 플랜Virginia Plan이라는 다른 의견을 제시했다. 인구가 많은 주는 더 많은 대표권을 가져야 한다는 것이다. 이는 큰 주에 유리한 제안이었다.

몇 주 동안 토의를 거친 후에, 모든 사람이 만족할 수 있는 결론을 내릴 수 있었다. 의회를 둘로 나누어서, 상원에는 인구분포와 상관없이 각 주마다

두 명의 의원을 내도록 하고, 하원에는 인구에 비례해서 의원을 내기로 한 것이다.

많은 사람들이 이 합의를 "대타협the Great Compromise"이라고 부르는데, 이 유명한 결정은 시너지를 굉장히 잘 활용한 것이다. 결국 이 결정이 처음의 두 제안보다 훨씬 뛰어난 것이었다는 것이 증명되었기 때문이다.

■ 시너지를 활용하는 방법

이성친구를 만나는 일이나 귀가 시간에 대해 부모님과 의견 충돌이 있을 때, 혹은 친구들과 교내 활동에 대한 계획을 세울 때, 아니면 그냥 누군가를 만날 때 어떻게 시너지를 활용할 수 있는지에 대해 알아보자. 여기에 우리를 도와줄 다섯 단계가 있다.

이러한 행동수칙들을 실제 상황에 어떻게 적용할 수 있는지 살펴보자.

휴 가

아 버 지 : 네 마음에 들지 않아도 어쩔 수 없다. 좋든 싫든 이번 휴가는 이렇게 보내는 거야. 몇 달 전부터 계획했던 거란 말이다. 그리고 가족과 함께 휴가를 보내는 것은 중요한 거야.

10대 자녀 : 하지만 저는 가고 싶지 않단 말이에요. 친구들과 함께 보내고 싶어요.

어 머 니 : 하지만 너 혼자만 집에 남는 건 좋지 않다. 우리끼리만 가면 네 걱정이 돼서 어디 재미있게 놀 수 있겠니?

문제가 무엇인지, 그리고 어떤 좋은 기회가 있는지 확인한다
이 경우에 문제는 다음과 같다.
_부모님은 내가 가족과 함께 휴가를 보낼 것을 원하신다. 하지만 나는 집에 남아서 친구들과 놀고 싶다.

상대방의 견해와 해결책(상대방이 어떤 생각을 가지고 있는지 잘 들어본다)
습관 5에서 배웠던 경청하는 방법을 활용해 부모님의 생각을 이해하도록 한다. 부모님에게 자신의 생각을 말하기 전에, 먼저 그들을 이해해야 한다는 점을 명심한다.

제대로 경청했다면, 다음과 같은 사실을 알 수 있다.
_이번 휴가는 아버지에게 매우 중요한 것이다. 이번 기회를 통해 가족끼리 정을 돈독히 하고 싶으신 모양인데, 내가 빠지면 곤란하다. 엄마는 나 혼자 집에 남으면 걱정이 돼서 휴가를 즐겁게 보낼 수 없을 것이라고 생각하신다.

나의 견해 (자신의 생각을 이야기해 주고 이해시킨다)

이제 습관 5의 뒷부분을 생각하면서, 용기를 내어 자신의 감정을 전달한다. 부모님 말씀을 주의 깊게 들었기 때문에, 부모님 쪽에서도 이해할 준비가 되어 있을 것이다. 자신의 생각을 이야기하라.

_아버지, 어머니! 저는 집에 남아서 친구들과 놀고 싶어요. 저한테는 소중한 친구들인걸요. 어떻게 지낼지도 다 계획해 두었는데, 놓치고 싶지 않아요. 게다가 좁은 차 안에 동생들과 같이 끼여서 타고 가는 건 생각만 해도 미칠 것 같단 말이에요.

브레인스토밍 (새로운 대안과 해결책을 생각해 본다)

이 단계에서는 마술과 같은 일이 생긴다. 상상력을 발휘해서, 혼자서는 생각할 수 없었던 새로운 대안을 함께 생각해 보라. 정리를 할 때는 다음 사항에 유의해야 한다.

- 창조적으로 임하라 : 생각나는 건 무엇이든 다 말하라.
- 비판하지 말라 : 비판만큼 창조성을 해치는 것은 없다.
- 아이디어를 결합하라 : 가장 좋아 보이는 아이디어를 놓고 계속 다듬어나가라. 좋은 아이디어는 또 다른 좋은 아이디어를 낳게 마련이다.

앞의 상황을 정리해 보면 다음과 같은 방법들을 생각해 볼 수 있다.

- 휴가를 가서, 친구들과 노는 것보다 더 즐겁게 노는 방법
- 휴가를 가지 않는 대신 친척집에 머무르는 방법
- 친구들을 데리고 휴가가는 방법
- 가족과 함께 차를 타고 가지 않고, 저금통을 털어 버스를 타고 가는 방법
- 휴가기간을 줄이는 방법
- 가족들과 함께 떠나지 않고, 나중에 합류하는 방법

• 가족들이 떠나고 없을 때, 집의 담을 페인트칠해 놓는 방법

더 좋은 방법(최선의 해결책을 찾는다)

잠깐만 정리를 해보면 곧 그럴듯한 생각들이 넘쳐나게 된다. 이제 실행만 하면 된다.

일주일의 반은 집에 머무르기로 하고, 그 다음에는 친구들과 버스를 타고 가서 가족과 휴가를 보내기로 했다. 부모님이 나와 친구들의 차비까지 주시는 대신 나는 담에 페인트칠을 해놓기로 했다. 페인트칠하는 것은 그리 힘든 일이 아니니까 남는 시간엔 친구들과 놀 수도 있다.

위에 있는 기본 공식들만 따른다면, 놀랄 만한 일들이 생길 것이다. 하지만 시너지를 얻기 위해서는 성숙한 자세가 필요하다. 다른 사람들의 생각을 경청할 줄 알아야 하고, 자신의 생각을 표현할 수 있는 용기도 있어야 한다. 그런 다음에는 마지막으로 창의력을 발휘해야 한다. 다음 글에 나오는 학생이 어떻게 시너지를 얻을 수 있었는지 살펴보자.

다가오는 학교 축제의 댄스파티에 잡지에서 본 예쁜 드레스를 입고 가고 싶었습니다. 하지만 그 드레스는 너무 짧은 것이었고, 엄마가 싫어할 것 같았어요.
어느 날, 엄마와 같이 댄스파티에 대해서 이야기하다가, 저는 그 옷을 엄마께 보여 드렸어요. 예상했던 대로 엄마는 "절대 안 된다. 너무 짧아"라고 했지요. 엄마의 목소리를 들으니, 엄마가 어떤 옷을 생각하고 있는지 알 수 있을 것 같았습니다.
엄마가 골라준 옷은 죽어도 입기 싫었지만 엄마는 단호했습니다. 어떻게 할지 곰곰이 생각하다가, 양장점을 찾아가 직접 만들어 입으면 어떨까 하는 생각이 들었습니다.
바로 친구를 통해 아는 양장점에 알아본 후, 엄마와 나는 필요한 옷감을 사서 옷을

만들었습니다. 아주 예쁜 옷이었어요. 다른 아이들이 입고 온 옷과는 다른 아주 독창적인 옷이었지요. 돈을 그리 많이 들이지도 않았는데 말이에요. 친구들이 모두 부러워했습니다.

실행하라

시너지를 활용하기 위한 행동수칙은 거의 모든 상황에 적용할 수 있다.

- 잘 모르는 학생들과 함께 생물 수업 조별 숙제를 할 때
- 대학에 가고 싶은데, 부모님이 선뜻 돈을 대주지 않으려고 하실 때
- 학생회 임원들과 함께 아주 근사한 축제를 계획할 때
- 귀가시간을 두고 새엄마랑 의견이 맞지 않을 때
- 누가 컴퓨터를 쓸지를 두고 동생과 다툴 때

시너지를 활용하기 위한 행동수칙은, 하나의 지침일 뿐 그 이상은 아니다. 항상 똑같은 순서대로 실행할 필요도 없고, 가끔씩 1, 2단계는 건너뛰어도 된다. 아주 친한 친구 사이라면, 처음의 세 단계를 건너뛰고 바로 정리를 할 수도 있을 것이다. 반면에 별로 친한 사이가 아니라면, 그들의 말을 경청하는 데 좀더 많은 시간을 들여야 한다. 문제를 해결하기까지 수많은 대화를 나누어야 할지도 모른다. 인내심을 가져라.

더 좋은 방법을 찾아보려고 아무리 애를 써도 상대방이 아무런 성의도 보이지 않는다면, 그냥 좋은 일 하는 것이라고 생각하면 된다.

대부분의 경우에 사람들은 문제를 해결하는 방법으로 싸움(말로든 주먹으로든)이나, 무시(침묵 혹은 문제를 회피하는 행동)를 택한다. 이런 상황에서 시너지를 활용하는 행동수칙은 하나의 대안이 될 수 있을 것이다.

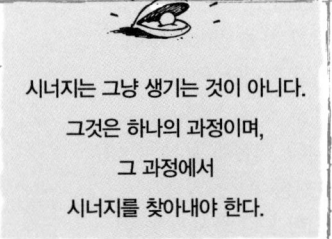

시너지는 그냥 생기는 것이 아니다.
그것은 하나의 과정이며,
그 과정에서
시너지를 찾아내야 한다.

누가 자전거를 쓸지를 놓고 항상 여동생과 다

투고 있다고 가정해 보자. 양쪽 모두 한 치의 양보도 하지 않는 바람에 감정의 골만 깊어지고 있다. 이제 시너지를 활용하는 방법을 배웠으니, 시너지를 활용하기 위한 행동수칙을 실천에 옮겨보자.

문제가 무엇인지, 그리고 어떤 좋은 기회가 있는지 확인한다

"야, 이제 너랑 자전거 가지고 싸우는 것도 지겹다. 우리 터놓고 얘기하면서 승-승을 추구할 방법이 없는지 한번 생각해 보자."

"그만 좀 해, 또 그 7가지 습관인가 뭔가를 이야기하려는 거지?"

"바로 그거야. 이 문제는 꼭 해결해야 해."

"좋아. 어떻게 해결하겠다는 거야? 자전거는 한 대뿐인데."

상대방의 견해와 해결책(상대방이 어떤 생각을 가지고 있는지 잘 들어본다)

"음, 우선 왜 자전거를 써야 하는지 그 이유를 말해 봐."

"알잖아. 운동 마치고 집에 오려면 자전거가 있어야 한단 말이야."

"친구 자전거 뒤에 타고 오면 안 돼?"

"가끔씩은 그러기도 해. 하지만 미안하잖아. 나 때문에 일부러 돌아와야 하니까."

"음, 그렇구나, 또 다른 이유도 있어?"

"응, 있어. 자전거가 있으면 오는 길에 자레드Jared한테 들렀다 올 수가 있잖아."

"너한테는 중요한 일이겠구나?"

"당연하지."

"그러니까 운동 마치고 집에 올 때 필요하고, 또 마음대로 자레드도 만날 수 있고 하니까 자전거가 필요하다는 거지?"

"그래."

나의 견해와 해결책 (자기 생각을 이야기해 주고 이해시킨다)

"내가 자전거를 써야 하는 이유를 말해도 될까?"

"이미 알고 있어. 그래도 한번 해 봐."

"자원봉사 때문이야. 봉사 장소에 6시까지 도착해야 하는데, 너는 6시 30분이 돼야 집에 오잖아. 엄마가 차로 데려다 주실 때면 항상 지각하게 되고 그러면 담당과장님이 싫어한단 말이야."

"엄마 운전 솜씨는 내가 알지."

브레인스토밍 (새로운 대안과 해결책을 생각해 본다)

"이렇게 하는 게 어때? 운동을 조금만 일찍 하면 안 되겠니? 네가 5시 45분까지만 돌아와 주면 내가 타고 나갈 수 있잖아. 그러니까 네가 먼저 쓰고 내가 나중에 쓰자는 얘기지."

"그렇게 하면 좋겠지만, 운동을 일찍 나갈 수는 없어. 오빠가 좀 늦게 일하러 가면 안 돼?"

"맞아, 그러면 되겠구나. 늦는 시간만큼 남아서 일하면 과장님도 허락할 거야. 한번 해보자. 네가 운동 마치고 오면 내가 자전거를 쓰는 걸로."

"하지만 자레드가 보고 싶으면 어떻게 해?"

"내가 일하러 가는 길에 데려다 줬다가, 오는 길에 너를 태우고 오면 되잖아. 어때?"

"그거 괜찮은데."

더 좋은 방법 (최선의 해결책을 찾는다)

"자 이제 해결된 거지?"

"응."

항상 이렇게 쉽게 풀리지는 않겠지만, 가끔씩은 쉽게 풀리기도 한다.

■ **팀워크와 시너지**

훌륭한 팀에는 보통 다섯 부류의 사람들이 섞여 있는데, 각각의 부류의 사람들은 다같이 중요하지만, 약간씩 다른 일을 맡아 하게 된다.

끈기파. 확신을 가지고 꾸준히 일한다. 1가지 일에 매달려 끝날 때까지 그 일만 한다.

지원자. 리더를 잘 도와준다. 맡은 바 일은 책임지고 완수한다.

개혁가. 아주 창의적인 아이디어맨. 가끔씩 깜짝 놀랄 만한 일을 해낸다.

중재자. 팀의 일체감을 강화하고 다른 사람과 함께 일할 수 있는 환경을 조성한다.

재롱둥이. 같이 일하면 즐겁다. 가끔씩은 사고도 치지만, 일을 해나가는 데 있어 양념과 같은 역할을 한다.

훌륭한 팀워크는 좋은 음악과 비슷하다. 다양한 목소리와 다양한 악기들이 동시에 연주되지만, 그것들은 서로 경쟁하지 않는다. 하나하나 살펴보면 목소리와 악기들이 모두 다른 소리를 내지만, 그들이 함께 모여 새로운 음악을 만들어내는 것이다. 이것이 바로 시너지다.

지금 읽고 있는 이 책도 바로 시너지를 활용해서 만들어진 것이다. 처음 책을 쓰기로 마음먹었을 때는 어떻게 해야 할지 막막했다. 그래서 도움을 청하기로 하고 친구에게 부탁해서 팀을 구성했다. 학생들과 선생님들에게 원고를 보내 검토를 부탁했고, 학생들과 직접 인터뷰를 하기도 했다. 삽화를 그릴 사람을 수소문했고, 7가지 습관과 관련된 일화들을 보내달라는 공모까지 했다. 결국 이 책을 만들기 위해 100여 명의 사람들이 함께 일한 셈이다.

서서히 그 효과가 나타나기 시작했다. 그 모든 사람들이 자신의 재능을

 발휘해 도와주었다. 나는 글을 쓰는 데에만 주력했고, 다른 사람들은 자신들의 전공 분야에 주력했다. 어떤 사람은 이야기들을 정리해 주었고, 어떤 사람은 본문에 사용할 인용문들을 골라주었다. 편집은 또 다른 사람이 했고 광고도 마찬가지다. 그것이 바로 팀워크였고, 시너지를 최대한 활용한 경우였다.

시너지를 활용하기 위해 애쓰다 보면 관계도 저절로 좋아지게 된다. 올림픽에서 금메달을 땄던 농구선수 데보라 밀러 팔모어Deborah Miller Palmore가 아주 적절한 이야기를 한 적이 있다. "자기 삶에 대한 개인적인 문제를 해결할 때에도 팀워크는 필요합니다. 점수나 시합을 잊어버릴 수는 있어도, 팀 동료들은 절대 잊을 수 없습니다."

다음 개봉작

다음 장을 계속 읽으시면, 미셸 파이퍼(Michell Pfeiffer)가 귀부인처럼 보이는 이유를 알 수 있습니다. 몇 쪽만 더 읽어보세요.

① 신체적 혹은, 정신적 장애가 있는 급우나 이웃을 만났을 때 안쓰럽게 생각하거나 무슨 말을 해야 할지 몰라 피하지 말라. 가까워지려는 노력을 아끼지 말라.

② 부모님과 의견이 맞지 않을 때는 시너지를 활용하기 위한 실행계획을 사용해 보라. 문제를 확인하고, 부모님의 말을 들어보고, 자신의 생각을 이야기하고, 브레인스토밍하고, 최선의 해결책을 찾아라.

③ 믿을 수 있는 어른에게 개인적인 문제를 털어놓아 보라. 서로의 생각을 이야기하고 나서 새로운 해결책이 보이는지 확인하라.

④ 이번 주에 주변을 둘러보고 양손의 협력, 팀워크, 동식물의 공생, 창조적인 문제 해결 등 시너지를 내고 있는 경우를 찾아보라.

⑤ 주변에서 가장 신경에 거슬리는 사람들이 누구인지 생각해 보라. 그들은 어떤 점이 다른가?

그들에게서 무엇을 배울 수 있는가? _____

⑥ 이번 주에는 지금까지 해오던 방식에서 벗어나, 친구와 머리를 맞대고 뭔가 재미있고 새롭고 색다른 일을 생각해 보라.

⑦ 다음 각 분야에서 자신이 다양성에 대해 얼마나 열린 마음을 갖고 있는지 진단해 보라. 나는 차이점을 피하는 사람인가, 그냥 참고 견디는 사람인가, 아니면 찬양하는 사람인가?

	피한다	참고 견딘다	찬양한다
인종			
성(性)			
종교			
나이			
옷차림			

각 분야에서 차이점들을 찬양하기 위해 무엇을 할 수 있겠는가?

4부

자기 쇄신

습관 7 - 끊임없이 쇄신하라
나를 위한 시간

희망이 살아 숨쉬게 하라!
얘야, 너는 산을 옮길 수 있단다

끊임없이 쇄신하라

나를 위한 시간

맑은 날 지붕을 고쳐놓아야 비가 와도 걱정이 없다.
- 존 F. 케네디 John F. Kennedy

생활이 균형을 잃고 있다고 느껴지거나, 심한 스트레스, 혹은 속이 텅 빈 것 같은 느낌을 받은 적이 있는가? 습관 7은 이런 사람들에게 도움이 될 것이다. 왜 제목이 "끊임없이 쇄신하라"인지 궁금하다고? 글쎄…, 숲길을 산책하고 있는데 열심히 나무를 베고 있는 사람을 만났다고 상상해 보자.

"뭐 하고 있어요?"

"나무 베는 중이오." 그가 퉁명스럽게 대답한다.

"시작한 지 얼마나 됐어요?"

"네 시간쯤 됐는데, 이제 다 돼 가요." 땀을 뻘뻘 흘리며 그가 말한다.

"톱날이 무뎌 보이는데, 좀 쉬면서 톱날 좀 갈고 하시지 그래요?"

"그럴 시간 없습니다. 톱질하기에도 바빠 죽겠는데 무슨 바보 같은 소리요?"

진짜 바보가 누구인지는 분명하다. 15분 정도만 시간을 내서 톱을 갈았다면, 이 사나이는 세 배쯤 빨리 일을 끝마칠 수 있었을 것이다.

운전하느라 너무 바빠서 주유소에 갈 시간조차 없다면 어떻게 되겠는가? 너무 바빠서 자신을 쇄신할 시간조차 없다면 어떻게 되겠는가?

습관 7은 더 나은 생활을 하기 위해 자기 자신을 연마하는 것에 관한 이야기이다. 즉 생활의 4가지 중요한 활동을 신체, 정신, 마음, 영혼과 관련된 활동으로 각각 나누어 이를 정기적으로 쇄신하고 강화해야 한다는 것이다.

신체		**육체적인 면**	운동, 식사, 수면, 휴식
정신		**지적인 면**	독서, 공부, 글쓰기, 새로운 기술 익히기
감정		**사회적인 면**	인간관계를 구축하는 것(개인감정은행계좌, 관계감정은행계좌), 봉사, 웃음
영혼		**영적인 면**	묵상, 일기 쓰기, 기도, 교양 있는 문화생활

■ 균형을 유지하라

"지나친 것은 좋지 않다"는 그리스의 유명한 속담은 균형의 중요성, 즉 삶의 네 요소 모두를 골고루 갖추어야 한다는 것을 강조하고 있다. 공부는 하나도 하지 않고 몸 만들기에만 열심인 사람이 있는가 하면, 운동을 해야겠다고 생각만 할 뿐 전혀 실행에 옮기지 않고, 사람을 만나는 일도 전혀 하지 않는 사람도 있다. 자신의 능력을 최대한 발휘할 수 있으려면 4가지 영역이 조화를 이루어야 한다.

왜 균형이 이토록 중요할까? 어떤 한 영역에 속하는 일이 다른 영역에도 영향을 미치기 때문이다. 생각해 보자. 네 개의 자동차 바퀴 중 하나만 바람이 빠져도 네 바퀴 모두 잘 굴러가지 않게 된다. 몸(신체)이 피곤할 때는 친구(감정)고 뭐고 다 귀찮아지게 마련이고, 반대의 경우도 마찬가지이다. 충분한 동기가 주어져서 준비가 되어 있으면(영혼), 공부(정신)도 더 집중해서 할 수 있고, 친구들(감정)한테도 더 잘하게 된다.

학교에 다닐 때 모차르트나 고흐, 베토벤, 헤밍웨이 같은 훌륭한 예술가나 작가에 대해 배웠던 기억이 난다. 이런 사람들 중 몇몇은 정신적으로 매우 불안했다고 하는데, 이유가 뭘까? 바로 균형이 잡히지 않은 생활을 했기 때문이다. 이 사람들은 음악이나 예술 같은 1가지 일에만 너무 몰두한 나머지, 생

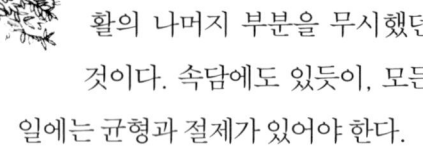

활의 나머지 부분을 무시했던 것이다. 속담에도 있듯이, 모든 일에는 균형과 절제가 있어야 한다.

■ **재정비하는 시간을 가져라**

자동차와 마찬가지로, 사람도 정기검사나 오일 교환을 해줄 필요가 있다. 자신이 가지고 있는 최고의 재산, 즉 자신을 재정비할 시간이 필요한 것이다. 긴장을 풀고 휴식을 취할 시간이 필요하다. 이런 시간은 끊임없이 쇄신하기 위해 매우 중요하다.

이제부터는 각각의 요소인 신체, 정신, 마음, 영혼을 따로따로 살피면서, 자기 자신을 쇄신하기 위해 필요한 것들에는 무엇이 있는지 알아보자.

신체를 돌보는 법

 나는 중학교 때가 가장 힘들었다. 생각만 해도 끔찍했는데, 나 자신에 대해 확신이 없었을 뿐만 아니라, 어떻게 행동해야 할지도 몰랐던 것이다. 게다가 하루가 다르게 몸이 변하고 있었다. 첫 번째 체육시간에는 태어나서 처음으로 국부 보호대를 착용해야 했는데, 어떻게 해야 하는지 몰라 쩔쩔맸다. 뿐만 아니라 서로 벌거벗은 모습을 보고는 계면쩍어서, 탈의실에서 키득키득 웃기만 했다.

10대는 변성기를 거치며, 호르몬 분비가 왕성해지고, 온몸의 골격이 완성되는 시기이다. 이러한 몸의 변화를 기꺼이 받아들여라!

사실 이러한 몸의 변화는 놀랄 만한 것으로, 이 시기에 신경을 써서 몸을 돌보지 않으면 자칫 건강을 해치기 쉽다. 우리가 몸을 다스리지 못하면 몸이 우리를 다스리게 된다. 말하자면 몸은 하나의 도구인 셈인데, 그것을 잘 보살피면 생활하는 데 도움이 된다는 이야기이다.

청소년기에 신체를 단련할 수 있는 10가지 방법이 있다.

1. 좋은 음식 먹기
2. 목욕
3. 자전거 타기
4. 역기 들기
5. 충분한 수면
6. 요가
7. 스포츠
8. 걷기
9. 체조
10. 에어로빅

건강한 신체를 위해 가장 중요한 4가지는 충분한 수면, 휴식, 영양 섭취, 적당한 운동이다. 그중에서 영양 섭취와 운동에 대해 알아보자.

■ **잘 먹어야 건강하다**

"잘 먹어야 건강하다"는 말은 백 번 맞는 말이다. 나는 영양학에 관한 전문가는 아니지만, 영양에 관한 중요한 2가지 규칙은 명심하고 있다.

첫 번째 규칙 : 자기 몸을 잘 알아야 한다

여러 가지 음식을 먹었을 때, 몸이 어떤 반응을 일으키는지 살펴보고 나서, 먹어도 되는 음식과 먹으면 안 되는 음식을 스스로 정해야 한다. 음식에 대한 반응은 사람마다 다른데, 나는 자기 전에 과식을 하면 다음날 아침에 고생을 한다. 또 감자튀김이나 피자를 많이 먹으면 꼭 기름기 때문에 고생을 한다(여러분 중에도 이런 사람이 있을 것이다). 그러니까 나는 이런 음식은 먹으면 안 된다. 반면에 과일이나 채소, 물은 아무리 먹어도 괜찮다. 이런 음식은 먹어도 되는 것이다.

두 번째 규칙 : 과식하지 마라

나를 포함한 많은 사람들이 과식을 하고 있는데 과식은 건강에 좋지 않다. 가끔 군것질을 하는 것은 나쁘지 않지만 매일 군것질만 하는 것은 곤란하다.

미국 농무부USDA에서 발표한 식단표는 균형 잡힌 식단을 보여주고 있어 추천할 만한데, 그 표에 따르면 곡류나 과일, 야채, 저지방 유제품을 많이 먹고 패스트푸드나 과자, 지방이나 소금, 설탕이 많은 음식은 피하라고 나와 있다.

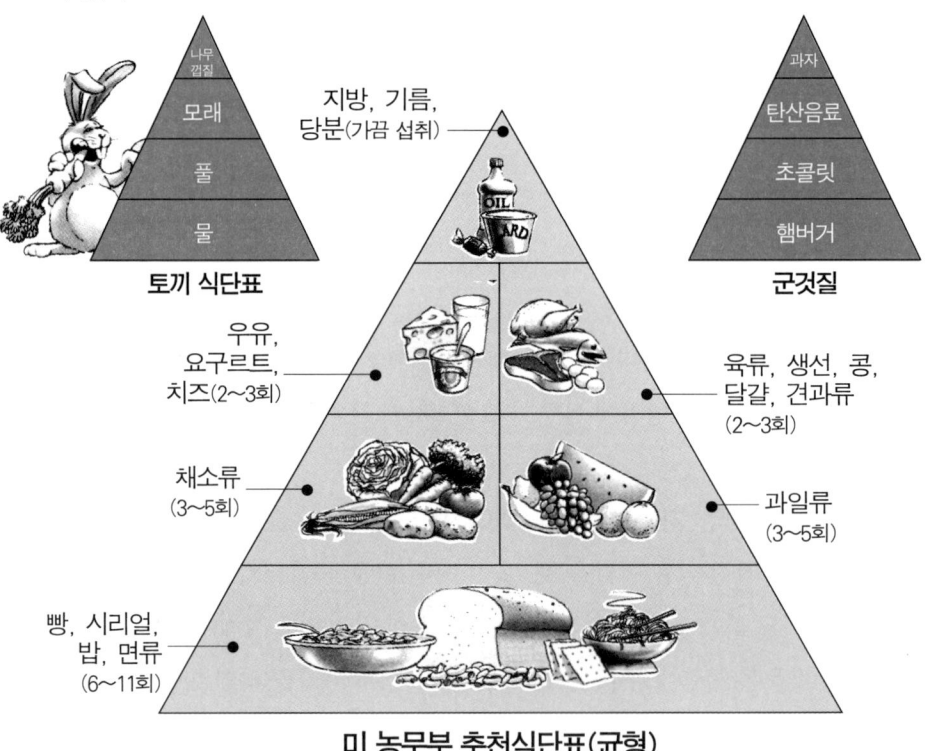

■ 사용하라, 그렇지 않으면 잃을 것이다

감명 깊게 본 영화 중에 '포레스트 검프 Forrest Gump'가 있다. 앨라배마의 한 순진한 청년이 우여곡절을 겪으면서 성공에 이르는 줄거리인데, 영화의 한 장면에서 포레스트가 실의에 빠져 어떻게 살아야 할지를 모르는 장면이 있다. 거기서 그는 달리기 시작한다. 쉬지 않고 달려서 미국을 두 번 반이나 횡단하고 나서야 비로소 기분이 좋아진 포레스트는 다시 살아갈 수 있었다.

살아가다 보면 누구나 좌절하고, 방황하고, 무감각해질 때가 있다. 이럴 때 대처할 수 있는 가장 좋은 방법은 아마 포레스트가 택한 방법일 것이다. 열심히 운동을 하는 것 말이다. 건강에 도움이 되는 것은 물론이고 운동은 힘을 북돋아주고, 스트레스를 해소해 주고, 정신을 맑게 해준다.

가장 좋은 운동 방법이 따로 있는 것은 아니다. 구기 종목을 좋아하는 학생들이 있는가 하면 달리기, 걷기, 자전거 타기, 스케이트 타기, 춤, 체조, 에어로빅을 좋아하는 학생들도 있다. 또 어떤 학생들은 특별히 하는 일 없이 돌아다니는 것을 좋아하기도 한다. 운동이 효과가 있으려면, 한 번에 최소한 20~30분씩 일주일에 세 번 정도는 해줘야 한다.

운동이라는 말만 들어도 '힘들다'고 생각해서는 안 된다. 즐겁게 할 만한 운동을 찾아서 한다면 계속할 수 있다.

■ 멋이 아니라 기분이다

주의할 점이 있다. 몸을 건강하게 유지하는 데 있어 너무 외양에만 신경 쓰지 않도록 해야 한다. 알다시피, 우리 사회는 너무 외모만을 중시하는 경향이 있다. 무슨 말인지 이해가 안 된다면, 지금 서점에 가서 잡지 표지들을 장식하고 있는 '완벽한' 사람들을 한번 살펴보도록 하라. 그런 사람들을 보고 있으면, 자신의 빈약한 몸매에 대한 열등감이 생기는 것이 당연하다.

어렸을 적에 나는 볼에 살이 너무 많아서 고민이었다. 아버지가 말하기를, 내가 금방 태어났을 때는 볼에 살이 너무 많아서 눈, 코, 입을 못 찾을 정도였다고 한다. 한번은 이웃에 살던 여자애가 내 볼살을 놀렸는데, 형이 나서서 그건 근육이라고 말한 적도 있다. 결국 그 일 때문에 나는 내가 제일 듣기 싫어하는 별명인 '볼때기'란 별명을 얻기까지 했다.

중학교에 다닐 때 아버지가 나를 강하게 키우겠다고 극기훈련 코스에 보낸 적이 있는데, 그 과정을 다 마치고 났을 때 뜻밖에도 볼살이 빠져 있었다. 그렇게 되자 이번에는 웃을 때 일그러지는 얼굴이나, 여드름 때문에 열등감을 느끼기 시작했다.

패션 잡지에 나오는 사람들과 자신을 비교하고 자신의 몸매나 외모에 대해 불만을 가지기 전에, 잘생기고 몸매가 좋지는 않지만 건강하고 행복하게 지내는 수많은 청소년들이 있다는 사실을 명심하라. 텔레비전에 나오는 가수나 사회자, 댄서, 운동선수, 배우들이 모두 완벽한 외모를 가지고 있는 것은 아니다. 완벽한 몸매를 가지는 것이 행복의 조건은 아닌 것이다. 사회에서 '이상적'이라고 말하는 신체조건을 갖추지 못했다고 그게 무슨 대수인가? 그런 유행은 하루가 다르게 바뀌는 것이다.

정작 중요한 것은 외모가 아니라, 신체적으로 기분이 좋은 상태를 유지하는 것이다. 토크쇼 진행자인 오프라 윈프리 Oprah Winfrey가 말했듯이, "생각을 바꾸어야 한다. 몸무게를 줄이려고 신경 쓰지 말고, 매일매일 컨디션을 조절하는 데 신경을 써야 한다."

실제와 허상

또 하나 알아두어야 할 것이 있는데, 잡지 표지 모델들은 진짜가 아니라 '허상'일 뿐이라는 것이다. 몇 년 전에 미인의 대명사인 미셸 파이퍼Michelle Pfeiffer가 〈에스콰이어Esquire〉지에 표지 모델로 나온 적이 있었는데, 사진 옆에는 "미셸 파이퍼에게 필요한 것은… 아무것도 없다"고 쓰여 있었다.

하지만, 앨런 리치필드Allen Litchfield가 《야생의 빛The Light in the Wilderness》에서 밝혔듯이, 실제로는 미셸 파이퍼에게도 부족한 점이 있다.

하지만 지난달에 나온 〈하퍼스(Harper's)〉지에 따르면, 미인들에게도 부족한 점은 있다고 한다. 이 잡지는 미셸 파이퍼의 〈에스콰이어〉 표지 사진을 수정했던 사진작가에 대한 기사를 실었는데, 이 사진작가는 "피부를 깨끗하게 보이게 하고, 미소를 좀더 부드럽게 고치고, 볼살을 줄이고, 귀밑선은 부드럽게 하고, 머리숱과 이마를 손보고, 목에 있는 힘줄을 감추어주는" 대가로 200만 원을 받았던 것이다. 〈하퍼스〉지 편집자는 "잡지들을 보면 완벽한 모델들만 나오는데, 사람들에게 실제와 허상이 어떻게 다른지 보여주기 위해서" 이 기사를 싣기로 했다고 말했다. 따라서, 자신의 졸업앨범이나 운전면허증에 있는 사진과 잡지의 표지 모델들의 사진을 비교하는 것은 쓸데없는 짓이다. 보통 증명사진을 찍는 사람들은 돈을 많이 받는 것도 아니고 바쁜 데다가, 우리를 특별히 생각해 주는 것도 아니다. 그러니 사진이 평범하게 나오는 것은 당연하다.

조각 같은 몸매를 좋아하는 것은 유행일 뿐이라는 점을 명심하라. 18세기 유럽에서는 뚱뚱한 몸매가 유행했고, 중세시대에는 모든 사람이 배가 나왔을 뿐만 아니라, 아무도 몸매에는 관심을 가지지 않았다. 그런 때도 있었다.

물론 가능한 한 멋있고 보기 좋게 자신의 몸을 가꾸도록 노력해야 하는 것은 당연하지만, 너무 외모에만 신경을 쓰다 보면, 불규칙적인 식사를 하게 돼서 다식증이나 식욕부진으로 고생할 수도 있고, 혹은 스테로이드 같은 근육 강화제에 중독될 수도 있다. 남들에게 잘 보이려고 자신의 몸을 혹사시키는 것은 가치 없는 일이다.

혹시 불규칙한 식사습관으로 고생하고 있다면, 혼자 고민하지 말고 도움을 청하라. 수많은 청소년들이 비슷한 고민을 가지고 있다.

■ 원할 때면 언제든 그만둘 수 있다

건강을 보살피는 방법에도 여러 가지가 있듯이, 건강을 해치는 방법에도 여러 가지가 있다. 그중에도 약물이나, 술, 담배 같은 중독성 물질들이 특히 문제가 되는데 예를 들어 술은 교통사고, 자살, 그 밖의 사고사와 함께 10대의 가장 큰 사망 원인에 속한다. 특히 담배는 백해무익한 것으로 시력을 약화시키고, 피부 노화를 가져오고, 이빨을 누렇게 만들고, 호흡기 장애를 일으키며, 잇몸을 썩게 만들고, 손끝의 피부색을 변화시키고, 피곤하게 하고, 암을 일으킨다(사람들이 왜 담배를 피워대는지 도대체 알 수가 없다). 게다가 담배 피우는 것은 보기에도 좋지 않다. 이런 생각을 전하고 있는 매사추세츠 공중보건과의 광고문을 본 적이 있는데 내용은 다음과 같다.

> 당신이 좋아하는 사람이 혼자 있다. 말을 걸기에 아주 좋은 기회이다. 옷매무새와 머리 모양을 살펴보고는 멋있게 담배를 한 대 피워 물고 그에게 다가간다. 기대했던 대로 그가 말을 꺼낸다. "저 드릴 말씀이 있는데요." 벅찬 가슴을 진정시키며 무슨 말인지 들어보려고 귀를 기울이는데, "저쪽으로 가서 담배 피우시면 안 될까요?"라고 말하는 것이 아닌가?
> 담배는 생각하는 것만큼 그렇게 멋있는 것이 아니다. 연구에 따르면, 남학생의 경우 열 명 중 여덟 명이, 여학생의 경우 열 명 중 일곱 명이 담배 피우는 사람과는 사귀지 않겠다고 응답했다고 한다. 담배를 피우는 사람이 애인을 사귀기는 그만큼 힘든 셈이다.

담배회사들이 하루에 7억 원이나 되는 돈을 광고비로 뿌린다는 사실을 명심하라. 그들은 우리들의 돈을 노리고 있다. 하루에 한 갑씩 담배를 피우면 1년이면 50만 원을 쓰게 된다. 그 돈으로 책이나 음반을 사면 얼마나 많이 살 수 있을까? 담배회사의 봉이 되지는 말자.

물론 처음부터 중독되는 사람은 없다. 처음에는 호기심으로 시작하지만, 술이나 담배를 자주 하다 보면, 자연히 중독이 되고 결과적으로 자유를 잃어버리게 된다. 믿어도 좋은데, 자신을 표현하는 방법은 담배나 술 말고도 많이 있다.

무엇에 중독되었을 때 가장 나쁜 점은 자신을 조절할 수 없게 된다는 점이다. 대신 그것이 우리를 지배한다. 그것이 시키는 대로 행동하게 되는 것이다. 세상의 모든 것을 다 해보고 싶다는 생각은 버리는 것이 좋다. 금연 빌딩에서 근무하는 사람들이 담배를 피우러 밖으로 나가는 것을 볼 때마다 그들이 불쌍해 보인다. 찌는 듯한 여름날이나 추운 겨울날에도, 마음을 다스리지 못하고 담배 몇 모금 빨겠다고 그 고생을 하는 것을 보면 측은한 생각까지 든다.

중독 같은 것은 남들에게나 해당되는 이야기일 뿐 자기는 마음만 먹으면 끊을 수 있다고 생각할지도 모르지만, 그것은 의외로 어려운 일이다. 예를 들어 담배의 경우, 끊겠다고 마음먹었던 청소년들 중 25퍼센트만이 성공할 수 있었다. 마크 트웨인 Mark Twain은 "한 백 번쯤 시도한 후에야 비로소 담배를 끊을 수 있었다"고 했다.

다음은 담배를 끊으려고 노력했던 한 소년의 이야기이다.

처음 담배를 접한 것은 열네 살 때였어요. 담배가 뭔지도 모를 때였죠. 사람들이 나쁘다고 이야기하는 것만 들었는데, 어느 날 친구가 와서는 "야, 이거 한번 해봐. 끝내준다고"라고 하기에 시작하게 되었습니다. 멋있어 보였거든요. 그 다음부터는 남들이 주지 않아도 제가 사서 피우게 되었죠.

술과 담배가 점점 늘어나면서 학교생활이 엉망이 되었습니다. 몸도 안 좋아지기 시작했는데, 항상 피곤했고 체중도 두 달 사이에 4킬로그램이나 줄었어요. 열일곱 번째 생일이 지나고 얼마 안돼서, 학교에서 담배를 피우다 들켜 일주일 동안 정학을 당했습니다. 그때, 저 자신을 추슬러야겠다고 다짐했어요. 그래서 담배를 끊으려고 애를 썼지만 쉽지가 않았습니다. 몇 번 참고 나면 끊을 수 있을 거라 생각했는데, 막상 해보니 계속 참기가 무척 힘들었어요.

그래서 옛날 친구들을 그만 만나기로 하고, '금연자들의 모임'에 나갔는데, 거기서는 저에게 지속적으로 관심을 가져주었어요. 그 모임에 다니던 몇몇 친구들은 포기하고 다시 담배를 피웠지만, 제 후원자는 정말 좋은 분이었습니다. 그 모임의 도움이 없었다면, 저는 담배를 끊을 수 없었을 거예요.

학교성적도 다시 올랐고 가족들과도 친해졌어요. 이제는 대학에 갈 준비도 하고, 이전에는 생각지도 않았던 일들을 할 계획을 가지고 있어요. 아직도 담배에 빠져서 고등학교 시절을 보내고 있는 친구들을 보면 이해가 안 갑니다. 그건 좋지 않은 생활이에요.

■ 거절하는 법

모든 종류의 유혹으로부터 멀어지는 것이 말처럼 쉬운 것은 아니다. 술이나 담배를 해보라고 권하는 사람이 있으면, 아래에 있는 거절하는 법을 따르도록 하라.

1. **질문을 던져라.** 자신이 무슨 일을 하고 있는지 엄하게 물어보라.
"왜 담배가 피우고 싶지?"
"밤에 머리가 아파지면 어떡하지?"

2. **문제를 생각하라.** 하려는 일이 어떤 일인지 직시하라.
"담배 피우면 폐암에 걸려."

3. **결과를 생각하라.** 그 일을 하면 어떻게 될지를 생각해 보라.
"권하는 대로 다 하게 되면, 앞으로도 다른 애들이 계속해서 나를 이용하려 할 거야."

4. **대안을 생각하라.** 즐겁게 지낼 수 있는 다른 방법을 생각해 보라.

"야, 영화나 보러 가자."

"농구하지 않을래?"

5. 빠져나와라. 내키지 않는 상황이라면, 다른 사람 눈치보지 말고 빨리 빠져나와라.

"미안하지만, 나는 빠질래."

생각하기에 따라서, 그런 상황을 피할 수 있는 방법은 무궁무진하다. 짐Jim의 경우를 보자.

> 저와 제 친구는 술이나 담배를 하는 것이 싫어서, 그룹을 하나 만들었어요. 열 명쯤 되는 친구들이 모여서 서로 그런 나쁜 것에 빠지지 않게 도와주기로 한 것이죠. 항상 같이 다니면서, 일주일에 한 번씩은 패스트푸드점에 가서 어떻게 서로를 도와줄 건지 계획을 세웠습니다.
> 주로 유혹을 견디지 못하고 갈등하고 있는 친구에게 이야기를 해주면서, 담배 같은 것은 전혀 멋있는 행동이 아니라는 것을 확신시켜 주는 일을 했어요. 그 대신 우리끼리 재미있게 놀자고 그랬죠. 그 그룹은 확실히 효과가 있었습니다.

확실히 말하지만 술이나 마약, 담배를 안 한다고 해서 뭔가 빼먹은 듯한 기분을 느낄 필요는 전혀 없다. 텔레비전에 출연하는 요리사 줄리아 차일드Julia Child가 말했듯이 "인생 자체가 하나의 잔치"이다. 그러니 재미 삼아 해보는 것도 삼가도록 하라. 잠깐 기분 좋겠다고 남은 인생 전체를 망치는 격이다. 담배와 술, 본드 흡입 없이도 잘 지내온 사람들은 계속 그렇게 지내도록 하고, 혹시 지금 그런 것에 빠져 있는 사람들은 도움을 청하고 거기서 빠져나오도록 하라. 기분 좋게 지낼 수 있는 다른 좋은 방법들이 있다. 한번 해보고 싶은 마음이 들지 않는가?

정신을 돌보는 법

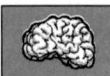 한 젊은이가 현자인 소크라테스에게 가서 "선생이 알고 계신 지식을 모두 가르쳐주십시오"라고 말했다.

소크라테스 가로되, "그게 소원이라면, 나랑 같이 강가로 가지." 의아해진 젊은이는 그를 따라 강가로 갔다. 강가에 이르자 소크라테스가 젊은이에게 말했다. "자, 이제 강물을 가까이 가서 들여다보고, 무엇이 보이는지 말해 보게나."

"아무것도 안 보이는데요."

"더 가까이 가서 들여다보게."

젊은이가 강물을 더 자세히 들여다보려고 몸을 앞으로 숙이자, 갑자기 소크라테스는 젊은이의 머리를 물 속에 처넣었다. 젊은이는 팔을 내저으며 발버둥쳤지만, 소크라테스는 그를 놓아주지 않았다. 잠시 후, 젊은이가 익사하기 직전에 소크라테스는 손을 풀고 그를 강가에 눕혔다.

"이 영감이 미쳤나? 죽을 뻔했잖아요!" 캑캑대며 젊은이가 소리쳤다.

"그래, 물 속에 있으니 뭐가 제일 생각나던가?" 소크라테스가 물었다.

"숨쉬고 싶은 생각밖에 안 듭디다."

"지혜를 쉽게 얻으려고 하면 안 된다네, 젊은 친구. 방금 물 속에서 공기를 원했던 것만큼 절박하게 진리를 원하게 되면, 그때 다시 오게나."

이 이야기의 요점은 쉽게 얻어지는 것은 없다는 것이다. 모든 것에는 대가가 따르게 마련이라는 것을 명심해야 한다. 누가 뭐라고 해도, 세상에 공짜는 없는 법이다. 아무 노력도 기울이지 않고 인생의 지혜를 얻으려 했던 앞의 젊은이는 너무 순진했다. 이와 마찬가지로, 머리를 개발하려는 노력은 기울이지 않고, 안정된 직장과 밝은 미래를 가질 수 있을 거라고 믿는 것도 순진한 생각이다.

사실, 공부를 열심히 하는 것은 미래를 준비하는 데 있어 가장 중요한 일이다. 일자리를 구하는 데 있어 가장 중요한 것이 바로 지적 능력이기 때문이다. 서른 살이 되어서도 변변한 직장 하나 없이 부모님 밑에서 지내지 않으려면, 지금부터 준비해야 한다.

습관 7 "끊임없이 쇄신하라"가운데 지적인 면을 다루게 될 이 부분에서는 학교생활, 과외활동, 취미, 아르바이트, 그 밖의 지적인 경험들을 통해 지적 능력을 개발하는 방법에 대해 알아보기로 하자.

미래를 여는 열쇠 학생들에게 가장 두려운 것이 무엇인지 물어보았을 때 많은 학생들이 학교공부, 대학 진학, 직업 선택 같은 것 때문에 불안해하는 것을 보고 놀라움을 금치 못했다. 한 학생은 "직업을 구하고 우리 자신을 돌볼 수 있으려면 어떻게 해야 하는 거죠?"라고 물었다. 대답은 의외로 간단한데, 복권을 사서 100만 분의 1의 확률에 기대를 걸든지, 아니면 지적 능력을 개발하든지 둘 중 한 가지 방법을 택해야 한다. 내가 알기로는 지적 능력을 개발하는 편이 더 확실한 방법이다.

지적 능력이란 무엇인가? 우등상을 받는 것도 중요하긴 하지만 그게 전부는 아니다. 좀더 정확하게 말해서 지적 능력이란 능숙한 발레리나와 비슷한 것이다. 발레리나는 자신의 몸을 구석구석까지 완벽하게 조절할 수 있는 사람이다. 굽히고, 돌리고, 뛰고 하는 동작들을 자신의 뜻대로 완벽하게 해내는 것이다. 마찬가지로 잘 개발한 지적 능력이란 집중력, 종합판단력, 쓰기와 말하기 능력, 창의력, 분석력, 탐구력, 상상력 등을 고루 갖추고 있는 상태를 말한다. 하지만 그런 상태는 그냥 얻어지는 것이 아니다. 거기에 이르기 위해서는 훈련이 필요하다.

공부는 많이 할수록 좋다. 고등학교 이상의 교육(대학, 기술훈련, 견습생, 군대)은 모두 받아볼 만한 가

치가 있는 것들이다. 미래를 위한 투자라고 생각하면 된다. 통계에 따르면 대졸자들이 고졸자들보다 평균 두 배 가까운 임금을 받고 있으며, 그 임금 격차는 점점 더 벌어지고 있다. 돈이 없어서 공부를 더 못한다는 생각은 하지 마라. 하버드 대학의 총장이었던 데렉 보크Derek Bok는 "학비가 비싸다고 생각하는 사람은 그냥 무식하게 지내는 게 낫다"고 했다. 학비를 내기 위해 다른 곳에서의 희생을 감수하는 한이 있더라도 공부는 그럴 만한 가치가 있는 일이다. 그리고 열심히 알아보면 장학금, 학비 대출, 보조금 등을 지원받을 수 있는 방법도 많이 있다. 사실, 지원자가 없는 바람에 수십 억 원에 달하는 장학금이나 보조금이 금고에서 썩고 있는 실정이다.

■ 두뇌를 쇄신하라

지적 능력을 개발하는 데는 수많은 방법이 있겠지만, 가장 좋은 방법은 역시 책을 많이 보는 것이다. "운동이 몸을 튼튼하게 하듯이, 책은 머리를 튼튼하게 한다"는 속담도 있다. 책 읽기는 모든 것의 기초가 될 뿐만 아니라, 다른 방법들과 달리 돈이 그리 많이 드는 것도 아니다. 다음에 적은 것은 지적 능력을 개발하기 위해 할 수 있는 일 20가지이다. 이외에도 원한다

면 한 50가지쯤 더 생각해 볼 수 있다.

- 신문 구독
- 청소년 잡지 구독
- 여행
- 정원 가꾸기
- 야생동물 관찰
- 관심 있는 강좌 찾아 듣기
- 교육방송 시청
- 도서관 다니기
- 뉴스 시청
- 작곡
- 소설이나 시 짓기
- 토론
- 장기나 바둑 두기
- 박물관 구경
- 수업시간에 발표하기
- 발레나 오페라, 연극 보기
- 악기 연주
- 친구와의 깊이 있는 대화
- 퍼즐 풀기

■ 적성을 찾아라

모든 과목이 다 재미있는 것은 아니겠지만, 그래도 그중에 가장 좋아하는 과목을 정하고 열심히 해보도록 하라. 보충수업도 듣고, 어떤 책이 있는지도 살피고, 그 과목과 관련 있는 영화도 보고 말이다. 공부는 학교에서만 하는 것이 아니다. 마음만 먹으면 온 세상이 다 학교가 된다.

분명 자신 없는 과목도 있을 것이다. 하지만 아인슈타인 같은 천재가 아니고서야, 전과목에서 고루 잘하기는 힘들다. 사실은 아인슈타인도 수학에서 낙제점을 받아 바보 취급을 받은 적이 있었다.

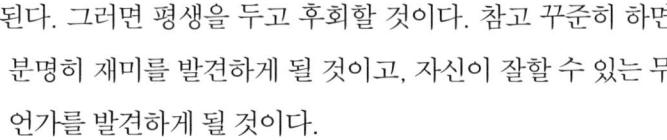

간혹 성적이 잘 나오지 않는다고 해도, 절대로 학교를 그만두어서는 안 된다. 그러면 평생을 두고 후회할 것이다. 참고 꾸준히 하면 분명히 재미를 발견하게 될 것이고, 자신이 잘할 수 있는 무언가를 발견하게 될 것이다.

공부에는 전혀 취미가 없었던 소년 크리스Chris는 학교에 재미를 붙이고 자신의 적성을 찾기까지 얼마나 오랜 시간이 걸렸는지 이야기해 주었다.

학교에 입학하기 전까지만 해도 저는 참 행복한 소년이었어요. 하지만 학교에 입학하고 나니 공부가 참 어려웠고, 사람들은 그런 저를 놀려댔죠. 수학과 문법을 특히 못했어요. 어느 날 수업시간에 조를 나누어 수업을 하는데, 저와 같은 조에 있던 여학생이 갑자기 일어나서는 저를 가리키며, "이런 멍청이하고는 같은 조 안 하겠어요"라고 하는 것이었어요. 기분이 말이 아니었습니다.
중학교에 다닐 때까지도 글을 잘 읽을 수 없었는데, 그러던 어느 날 그 방면의 전문가가 우리 집에 와서 몇 가지 테스트를 해보더니, 우리 엄마에게 내가 앞으로도 읽기를 잘 못할 것이라고 했어요. 엄마는 화가 나서 그 사람더러 당장 꺼지라고 했죠.
몇 년 후에 고등학교에 입학하고 나서 우연히 공상과학소설을 읽게 되었는데, 놀랍게도 쉽게 읽을 수 있었어요. 책의 줄거리가 저의 상상력을 자극했고, 단어들이 저의 머릿속에 어떤 장면들을 떠올리게 했습니다. 속편까지 다 읽고 나서는 다른 책도 구해서 읽었는데, 책을 읽고 무언가를 배운다는 게 그렇게 재미있는 것인 줄 처음 알았습니다. 덕분에 어휘력도 많이 늘었어요. 그 뒤로는 말도 더 잘하게 됐습니다.
이 무렵쯤 해서 그림에도 재능을 나타냈던 것 같아요. 형태와 색깔에 대한 안목이 남다르다는 것을 알게 되었고 점차 수채화, 유화, 드로잉, 그리고 디자인까지 하게 되었습니다. 이제는 글도 잘 써요. 제가 겪었던 일도 쓰고, 시도 쓰고 합니다. 고등학교를 졸업할 때쯤에는 전시회를 가졌는데 평이 좋았어요.

■ 학교공부가 전부는 아니다

장래의 직업과 대학 진학을 위해서는 학교성적이 중요한 것이 사실이다. 하지만 공부를 위해서는 학교성적보다 더 중요한 것이 있다.

우리 식구들은 모두 기계 만지는 데는 소질이 없는데, 그것 때문에 아버지를 원망했던 적도 많다. 자동차를 수리할 때나(마치 고칠 줄 아는 것처럼), 전구를 갈아 끼우는 일 따위의 기술적인 능력을 필요로 하는 일이 있을 때, 아버지의 머리는 활동을 중단해 버리는 것 같았다. 참 신기한 일이다. 그래서 나는 이런 혈통을 극복하려고 마음먹고, 고등학교 2학년 때 자동차 기술에 관한 것을 가르치는 수업을 들었다. 어떤 일이 있어도 오일 점검 같은 간

단한 것은 스스로 할 수 있을 만큼 배우고 싶었다.

믿을 수 없겠지만, 나는 그 수업에서 'A'를 받았다. 하지만 그 수업을 통해 뭔가를 배웠다고 말할 자신은 없다. 배움을 얻기 위한 대가를 치르지 않았던 것이다. 대부분의 수업시간에 나는 실제로 무언가를 해보기보다는 그냥 지켜보기만 했다. 시험은 벼락치기로 해서 봤는데, 시험이 끝나고 두 시간만 지나면 아무것도 기억할 수가 없었다. 성적은 잘 받았지만 뭔가를 배우지는 못했던 것이다.

성적도 중요하지만, 뭔가를 정말로 배운다는 것이 더 중요하다. 학교에 다녀야 하는 진짜 이유를 잘 생각해 보기 바란다.

어리석은 생각으로 학업을 중도에 포기하는 사람들을 많이 보아왔다. 그들은 학교에 다닐 필요가 없다고 생각하거나 돈 버는 일이나 여자친구, 자동차, 그룹 사운드 따위에 너무 몰두한 나머지 학업을 포기하는 사람들이다.

또, 공부는 신경 쓰지 않고 운동만 열심히 하는 운동부 학생들도 많이 보아왔는데, 옛날부터 이런 운동부 학생들에게 편지를 한번 써야겠다고 생각하고 있다가, 얼마 전에 상상 속의 운동부 학생을 상대로 한 통을 썼다. 이 편지는 운동부 학생을 대상으로 쓴 것이기는 하지만, 공부에 취미가 없는 학생들 모두를 향한 것이라고 할 수도 있다.

친애하는 미지의

운동부 학생

에게

    운동이 얼마나 좋은 것인지는 나도 잘 알고 있지만, 너를 만나고 나서 네가 공부에 임하는 자세를 보고 놀라지 않을 수가 없었단다.

    너는 프로선수가 되기 위해 준비하고 있다면서, 공부의 필요성은 전혀 느끼지 못한다고 했지. 하지만 네가 프로선수가 될 가능성은 우리 아버지 머리에서 검은 머리카락이 다시 날 가능성보다도 더 희박하다는 것을 말해 주고 싶구나. NBA 출신의 상원의원 빌 브래들리Bill Bradley는 "고등학생들이 자신이 프로선수가 될 수 있다고 생각하는 것은, 월급쟁이가 복권을 한 장 사고는 당첨된 거나 마찬가지니까 직장을 그만두겠다고 생각하는 것과 마찬가지입니다"라고 했지. 또 연구에 따르면, 고등학교 운동부 선수 100명 중 1명만이 대학의 1부 리그에서 뛸 수 있고, 프로선수가 될 확률은 1만 분의 1도 안된다고 나와 있어.

    내가 대학에 다닐 때, 함께 운동을 했던 친구들 중에도 프로선수가 되고 싶어 했던 친구들이 수백 명은 있었는데, 그중에서 실제로 그 꿈을 이룰 수 있었던 친구는 손가락으로 셀 수 있을 정도밖에 안된단다. 나머지는 모두 운동에만 신경 쓰고 공부를 소홀히 해서, 지금은 비전 없는 평범한 사람들로 전락해 버렸어.

    한번은 라이벌 대학과의 시합을 앞두고, 우리 팀의 한 동료선수가 나머지 선수들을 모아 놓고 전의를 다지는 말을 한 적이 있는데, 그 친구는 운동만 하느라 공부를 내팽개치고 있었기 때문에 자신의 생각을 제대로 표현할 줄도 모르는 친구였어. 온통 상스러운 말만 한 바가지 쏟아놓더구나. 3분 정도 말을 했는데 말끝마다 욕이었다. 나는 속으로 '공부 좀 해라, 임마!' 라고 했지.

눈을 크게 뜨고 한번 봐. 공부야말로 너의 미래를 열어줄 열쇠란다. 너는 공부가 재미없다지만, 안 그런 게 어디 있니? 인생에서 쉽게 얻어지는 것은 없단다. 매일매일 일하는 것은 마음에 들어? 의대 학생들은 공부가 재미있어서 6년 동안 그 고생을 하겠니? 지금까지 지내면서 마음에 드는 일만 하면서 지낸 적이 한 번이라도 있었겠니? 가끔씩은 원하는 것을 얻기 위해서는, 하기 싫은 일도 해야 할 때가 있는 법이란다.

공부를 하려고 앉아도 정신집중이 안 돼서 잘 할 수가 없다고 했지. 하지만 컨트롤을 할 수 없다면, 새로운 것은 그 어떤 것도 시작할 수 없단다. 정신을 다스리는 훈련이 몸을 단련시키는 훈련보다 더 어려운 법이다. 어떤 기술을 익히기 위해 몸을 단련하는 것과, 생각을 정리하고 일정 시간 동안 정신을 집중해서 분석적이고 창의적인 사고를 하는 것은 별개의 것이야.

"저도 노력하고 있어요"라는 말은 변명일 뿐이야. 내가 "너 밥 먹으려고 노력하고 있니?"라고 물어본다면 그게 말이 된다고 생각하니? 끊임없이 훈련해야 하는 거란다.

공부를 안 해도 벼락공부하면 낙제하지 않을 만큼의 성적은 받을 수 있다고? 하지만, 사람은 심은 대로 거두는 법이야. 농부가 벼락치기로 농사짓는 것 봤니? 농부가 봄에 씨를 뿌리지 않고 여름 내내 놀다가 가을에만 바짝 농사를 짓는다고 해서 수확이 되는 건 아니지 않니? 네가 훈련을 할 때, 팔굽혀펴기를 하면서 동시에 역기를 들 수는 없는 것과 마찬가지야. 머리도 근육과 같아서 사고력과 빠른 재치, 그리고 인내력을 기르기 위해서는 꾸준히 노력해야 하는 거지. 지름길은 없단다. 어느 날 갑자기 마술같이 지적 능력을 얻을 수 있는 게 아니야.

다섯 개의 손이 있다고 생각해 보자. 지휘자의 손은 아름다운 클래식 음악을 들려주면서, 관객들을 매료시키지. 안과의사의 손은 수술을 통해 사람들이 앞을 볼 수 있게 도와주고, 프로골퍼의 손은 긴장 속에서 샷을 성공시키지. 또 맹인들의 손은 점자책을 아주 빠른 속도로 읽을 수 있게 해주고, 조각가의 손은 아름다운 조각을 빚어서 영혼을 맑게 해주지. 겉보기로는 다 똑같은 손이지만, 그 손을 가지기 위해 사람들은 몇 년이고 희생과 훈련과 인내를 감수해 가며 노력한 것이란다. 이런 사람들이 바로 대가를 지불한 사람들이다. 벼락치기로 그런 경지에 오를 수 있었을 것 같아?

    나는 고등학교에 다닐 때 실제로 소설책은 읽지 않고, 책들의 요약본만 보고 공부를 했던 것이 가장 후회가 된다. 친구들 중에는 고등학교에 다니면서 실제로 몇백 권의 소설책을 읽은 친구도 있을 거다. 그런 친구가 팔굽혀펴기를 한 400개쯤 할 수 있다면, 나는 고작 1, 2개밖에 못하는 셈이지.

    대가를 치르지 않아도 성적을 받을 수 있을지는 몰라도, 그런 식으로 뭔가를 배울 수는 없다. 그 둘은 하늘과 땅 차이야. 훌륭한 사상가들 중에는 학교를 다니지 않고 독학으로 그렇게 된 사람들도 있는데, 그 사람들은 어떻게 공부를 했는지 아니? 바로 책을 많이 읽었단다. 책 읽는 습관만큼 좋은 습관도 없지만, 규칙적으로 책을 읽는 사람은 드물어. 많은 사람들이 학교를 졸업하는 것과 동시에 배우기를 그만두어 버리는 거지. 그때부터 머리가 썩는 거란다. 공부는 평생 동안 하는 거야. 책을 안 읽는 사람은 읽을 줄 모르는 사람이나 마찬가지라는 걸 명심해라.

    너는 지금이 중요할 뿐 앞으로의 일은 걱정하지 않는다고 말했지. 사람이 미래를 생각하지 않으면 동물과 다를 것이 없다. 전공을 결정할 때 빡빡하지 않은 과목을 골라 선택하는 것처럼, 즉흥적인 기분으로 미래의 일을 결정해서는 안 돼. 장래의 계획을 세우고, 그 목표를 기준으로 해서 모든 결정을 내리도록 해. 좋은 직장을 가지고 싶으면, 오늘 학교에서 내준 숙제부터 꼬박꼬박 하도록 하고.

"배움을 꼭 붙들고, 놓치지 말고 매달려라. 배움이 곧 인생이다"라는 속담이 이 모든 것을 잘 말해 주고 있다. 머리 쓰는 일은 필요 없다고 생각할 수도 있겠지만, 한번쯤 시도해 보는 것도 괜찮지 않겠니?

내가 너에게 상처를 준 것은 아닌지 모르겠다. 걱정이 돼서 그랬어. 십 년이 지난 후에, '허수아비'라는 노래나 부르고 있지 않기를 바란다.

<blockquote>
내 머릿속에, 쓸데없는 잡동사니가 아니라,
생각할 수 있는 두뇌가 있다면,
나는 쓸모없는 사람이 되지 않았을 텐데….
</blockquote>

한번 생각해 보렴.

손
Sean

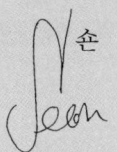

■ 고등학교 졸업 후의 진로

어떤 전공을 택하고, 무엇을 집중적으로 공부해야 할지는 너무 걱정하지 않아도 된다. 제대로 생각할 줄만 알면, 배울 수 있는 기회와 할 수 있는 일은 얼마든지 있다. 직업소개소나 회사에서 사람을 뽑을 때는 전공에 그렇게 신경 쓰지 않는다. 대신 그들은 지원자가 제대로 된 정신상태를 가지고 있는지를 유심히 보는데, 주로 다음 사항들을 알고자 할 것이다.

1. **지원동기** – 왜 지원한 학교나 교육기관에서 공부하기를 원하는가? 지원한 직장에 대한 열의는 얼마나 있나?
2. **공인기관 시험성적** – 수능시험, 과학경시대회 등의 성적
3. **과외활동** – 학교생활 이외에 어떤 활동을 했었나? 이를테면 운동, 방과 후 활동, 학생회 활동, 교회나 지역 단체 활동 등
4. **추천서** – 다른 사람들은 자신을 어떻게 생각하고 있나?
5. **내신성적**
6. **의사소통 능력** – 글(지원서를 쓸 때 첨부하는 자기소개서)이나 말(면접)로 자신을 잘 표현할 수 있나?

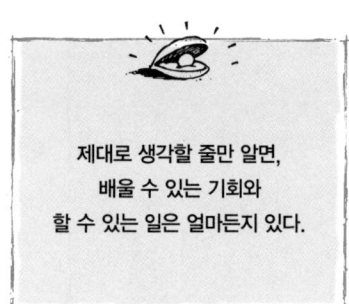

제대로 생각할 줄만 알면, 배울 수 있는 기회와 할 수 있는 일은 얼마든지 있다.

중요한 것은 시험성적은 개인의 능력을 객관적으로 보여주는 자료일 뿐이라는 것이다. 그러니 수능GPA이나 다른 시험에서 생각보다 점수가 적게 나왔다고 해서, 가고 싶은 학교나 직장보다 한 단계 낮은 곳을 지원할 필요는 없다. 다른 부분에서 잘하기만 하면 원하는 곳에 갈 수 있다.

어떤 대학은 들어가기가 어렵다고 주위 사람들이 말을 해도 미리부터 겁을 먹지는 마라. 최선을 다해서 준비하기만 하면 생각처럼 어려운 것만은 아니다. 다음에 나오는 입학시험도 풀지 못하는 정도의 학생이라면 어렵겠지만 말이다(나도 풋볼 선수였으니까 좀 놀릴 자격이 있겠지?).

■ **정신적인 방해물**

지적 능력을 높이는 데 있어서 극복해야 할 장애물이 있다. 몇 가지만 살펴보자.

대학입학시험(축구선수용)
제한 시간 : 3주

1. 프랑스에서 쓰는 말은?
   _____

2. 셰익스피어는 뭐 하는 사람인가?
   ☐ 건축가
   ☐ 선원
   ☐ 장군
   ☐ 극작가

3. 교황의 종교는?
   ☐ 유태교
   ☐ 천주교
   ☐ 힌두교
   ☐ 폴란드정교
   ☐ 무교

4. 미국의 북쪽지방에 사는 사람들을 일컫는 말은?
   ☐ 서부사람
   ☐ 남부사람
   ☐ 북부사람

5. 영국의 역대 왕들 중 조지(George)라는 이름의 왕은 모두 여섯 명이었다. 그중 마지막 왕을 조지 6세로 불렀다면 앞의 다섯 왕들은 어떻게 불렀을까?
   _____
   _____
   _____

6. 모세는 (대략) 몇 가지 계명을 전했나?
   _____

7. 아인슈타인의 상대성 이론을 설명할 수 있나?
   ☐ 예
   ☐ 아니오

8. 옷걸이는 어떤 용도로 쓰이는 물건인가?
   _____

9. 다음 두 문제 중 한 문제를 골라 답하시오.
   1) 르 샤틀리에(Le Chatelier)의 '진공역학의 법칙'을 설명하시오
   2) 자기 이름을 영어 대문자로 쓰시오.
   _____

10. 수학문제 : 당신에게 사과가 세 개 있다면, 당신은 몇 개의 사과를 가지고 있는 셈인가?
    _____

지원자는 위의 문제 중 세 개 이상의 문제를 맞추어야 입학할 수 있습니다.

화면 앞 시간. 화면 앞 시간이란 텔레비전, 컴퓨터, 비디오, 영화 등의 화면 앞에서 보내는 시간이다. 약간씩 보는 것은 도움이 될 수도 있지만, 컴퓨터 통신이나 비디오게임, 텔레비전에 너무 많은 시간을 빼앗기면 머리가 나빠진다. 청소년들이 일주일에 평균 20시간 동안 텔레비전을 본다는 사실을 알고 있는가? 1년이면 43일이고, 평생 동안 8년을 텔레비전 앞에서 보내는 셈이다. 1년에 43일 동안 외국어 공부나 독서, 컴퓨터 프로그래밍 같은 건설적인 일을 한다면 어떻게 될지 생각해 보라.

텔레비전은 몇 시간만 보겠다고 정하고 나서, 그것을 지킬 수 있게 노력하라. 리모콘을 감춰버리는 것도 괜찮은 방법이다.

공부벌레신드롬. 재미있게도, 어떤 학생들은 주변 학생들이 공부벌레라고 놀리는 게 무서워서 공부를 열심히 하지 않는다. 공부만 하는 애는 멋이 없다는 것이다. 여학생들이 공부만 하는 남자애는 '밥맛'이라고 생각하기 때문에 공부를 열심히 하지 않는다고도 한다. 말도 안 되는 소리다. 누군가를 놀리기 좋아하는 것이, 바로 머리가 좀 이상한 사람들이라는 증거다. 자신의 지적 능력에 자부심을 가져라. 출세해서 돈을 아주 많이 버는 사람들 중에, 학교 다닐 때 공부벌레라는 소리를 들었던 사람들이 많이 있다.

중압감. 가끔씩은 주변 사람들의 기대가 너무 힘에 겨워서, 공부를 잘하지 못하는 경우가 있다. 한번 성적을 잘 받으면, 다음 번에도 계속해서 그렇게 잘해야 한다는 중압감에 시달리게 되는데, 이런 중압감이 너무 클 때는 일부러 공부를 못하고 싶은 마음도 생길 수 있다.

하지만 1가지만 명심하자. 계속 공부를 잘해야 한다는 중압감은, 최선을 다하지 않았을 때 찾아오는 후회보다는 견딜 만한 것이다. 중압감에 시달릴 필요는 없다. 거뜬히 해낼 수 있을 것이다.

■ 내가 원하는 것

결론적으로 지적 능력을 연마하는 데 있어 핵심은 배우겠다는 의지이다. 진정으로 배우기를 원하고, 진정으로 배움을 통해 변하기를 원하고, 진정으로 대가를 치를 마음의 준비가 되어 있어야 한다. 다음에 나오는 이야기는 배움에 대한 주체할 수 없는 열망을 가지고, 책을 읽을 수 있는 단순한 즐거움을 위해 아주 커다란 대가를 치른 사람의 이야기이다. 이 사람에게 책을 읽는 것은 '숨쉬는 것'과 같은 일이었다.

부엌문이 열리고, 나는 꼼짝도 할 수 없었다. 증거를 숨기기에는 이미 시간이 늦었다. 그것이 내 무릎 위에 펼쳐져 있었다. 술 취한 아버지는 으르렁거리며 다가왔는데, 화가 아주 많이 나 있었다. 나는 아홉 살이었는데, 곧 심하게 매를 맞을 거라는 것을 알고 있었다. 피할 길이 없었다. 내가 책을 읽고 있는 것을 아버지가 발견한 것이다. 할아버지와 마찬가지로 알코올 중독자였던 아버지는 전에도 나를 때린 적이 있었다. 날이 갈수록 때리는 횟수와 정도가 커져만 갔는데, 내가 열여섯 살이 되던 해에 학교를 그만두고 집을 뛰쳐나올 때까지도 아버지의 매질은 계속되었다. 매질보다 더 견딜 수 없었던 것은 책을 못 읽게 하는 것이었다. 그것은 마치 거대한 기계가 내 몸을 짓누르는 듯한 느낌이었는데, 나는 책 없이는 살 수 없었기 때문이다. 처음엔 호기심으로 책에 빠져들었는데, 시간이 지나자 책이 꼭 필요해졌다. 책을 읽고 있으면 다른 세상에 와 있는 느낌이 들었고, 그런 식으로 아버지의 학대를 견딜 수 있었던 것이다. 가끔씩은 아버지에게 들켜 매를 맞는 대가를 치르기도 했지만, 책 읽기는 그럴 만한 가치가 있는 일이었다.

이 이야기는 월터 앤더슨Walter Anderson이 쓴 《월터 앤더슨의 책 읽기Read with Me》에 나오는 일화이다. 월터는 현재 성공한 편집자로 많은 문예지의 편집을 담당하고 있으며, 네 권의 책을 썼다. 다음은 그의 계속되는 이야기이다.

어린 시절에 나는 폭력적인 가정에서 자랐다. 동네도 마찬가지여서, 내가 갈 수 있는 곳이라고는 도서관밖에 없었는데, 도서관의 사서들이 내가 책을 읽을 수 있게끔 용기를 북돋아주었다. 책만 펼치면 어느 곳이든 갈 수 있었고, 무슨 일이든 할 수 있었다. 책을 읽으면서 빈민촌에서 벗어나는 상상을 했고, 실제로 가난에서 벗어나기 훨씬 이전에도 책 속에서는 가난하지 않았다.

아직 배움을 위한 대가를 치르지 못했다 해도 그리 늦은 것은 아니다. 제대로 생각하는 법만 배우면 미래는 온통 가능성으로 가득 찰 것이다. 모든 것이 머리에 달려 있다. 노력하라.

감정을 돌보는 법

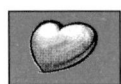 오후에 누군가가 노크를 했다.
"누굴까?"
문을 열어보니 열아홉 살 된 여동생이 울면서 서 있었다.

무슨 일 때문에 그런지 알고 있었지만, 들어오라고 하면서 "무슨 일이야?"라고 물어보았다. 그 달에만 벌써 세 번째였던 것이다.

"그 아이가 너무 무례하게 대해." 부어서 빨개진 눈을 비비며 여동생이 말했다.

"나한테 그런 짓을 하다니 믿을 수가 없어. 치사해."

"이번엔 또 어쨌는데?" 매일 비슷한 이야기를 많이 들었기 때문에 별 기대 없이 물어보았다.

"있잖아, 걔가 자기 집에 와서 같이 공부하자고 해서 갔거든…." 동생이 말했다. "근데 얼마 지나지 않아서 웬 여자애들이 오는 거야. 그러자 걔가 나는 안중에도 없다는 듯이 그 여자애들하고만 이야기하잖아."

"별것도 아니네. 나도 맨날 그래." 내가 대답했다.

"하지만 사귄 지 2년이나 됐잖아. 걔들이 내가 누구냐고 물어보니까 글쎄, 자기 동생이라고 말하는 거 있지."

오호!

동생은 정신이 없었지만, 나는 그녀가 몇 시간, 길어야 며칠이 지나면 다시 그 남자친구를 최고로 생각하게 될 것이라는 것을 알고 있었다. 역시 며칠이 지나자 여동생은 다시 그 친구가 좋아서 어쩔 줄 몰라했다.

내 여동생처럼 감정의 기복이 심해서, 하루는 기분이 좋았다가 다음날은 우울해지는 성격의 사람들이 있을 것이다. 감정이 너무 풍부해서 주체하지 못하겠다는 생각이 든다고 해서 너무 걱정할 필요는 없다. 10대 때는 누구나 그렇다. 이 시기에는 감정이 아주 예민하기 때문에, 몸을 돌보는 것과 마찬가지로 마음을 잘 보살피는 것도 중요하다.

어떤 사람을 만났을 때, 그 사람이 당신을 만나고 나서 즐거운 마음을 가질 수 있게 해야 합니다. 신의 은총을 당신의 행동으로 보여주세요. 친절한 얼굴, 친절한 눈, 그리고 친절한 미소로 사람을 대하세요.

_ 테레사 수녀(Mother Teresa)

마음을 가다듬고 끊임없이 쇄신할 수 있는 가장 좋은 방법은 원만한 인간관계를 구축하는 것, 즉 관계감정은행계좌와 개인감정은행계좌에 정기적으로 저축을 하는 것이다. 어떤 일들을 할 수 있는지 살펴보자.

관계감정은행계좌에 저축하는 방법
- 약속 지키기
- 친절한 행동
- 충실하기
- 경청하기
- 미안하다고 말하기
- 합리적인 기대

개인감정은행계좌에 저축하는 방법
- 자신과의 약속 지키기
- 친절한 행동
- 자신에게 너그러워질 것
- 정직
- 자기 개발
- 자신의 재능을 발견하는 것

앞에서 알 수 있듯이, 관계감정은행계좌와 개인감정은행계좌는 비슷한 점이 많은데, 다른 사람들에게 베푸는 좋은 일은 자연히 자기 자신에게도 도움이 되는 일이기 때문이다.

하루 일과를 시작하기 전에, 관계를 개선할 만한 일이 없는지 살펴보고, 지속적인 친분관계를 유지하도록 하자. 어떤 대가를 바라지 말고 친구, 부모님, 형제자매의 말을 경청하고 칭찬을 한 열 번쯤 하자. 다른 사람을 변호해 주고, 부모님과 약속한 시간에 집에 들어가도록 해보자.

테레사 수녀Mother Teresa 는 "어떤 사람을 만났을 때, 그 사람이 당신을 만나고 나서 즐거운 마음을 가질 수 있게 해야 합니다. 신의 은총을 당신의 행동으로 보여주세요. 친절한 얼굴, 친절한 눈, 그리고 친절한 미소로 사람을 대하세요"라고 말했다. 관계를 망치는 것이 아니라 건설해 나가는 태도로 생활에 임하다 보면, 다른 사람과 자기 자신의 생활에 커다란 행복이 찾아올 것이다.

이제 마음을 다스리는 데 있어, 몇 가지 다른 사항을 살펴보기로 하자.

■ 관계와 성관계

한 여학생이 다음과 같은 말을 했다. "어떤 종류의 관계든… 모두 성관계와 연관되어 있는 것 아닌가요? 그 아이와 단둘이 차에 있을 때나, 함께 텔레비전을 보고 있을 때, 생각은 성관계에만 가 있는걸요."

성은 단순히 신체적인 문제만은 아니다. 그것은 마음과도 상관이 있다. 사실, 성에 대해 어떤 태도를 취하느냐 하는 것은, 다른 어떤 결정보다도 자기 자신에 대한 생각이나 타인과의 관계에 지대한 영향을 미친다. 성관계를 가지기 전에 우선 자신의 마음을 조심스럽게 살펴보기 바란다. 저니웍스 출판사Journeyworks Publishing에서 나온 안내 책자에 나오는 다음 내용이 도움이 될 것이다.

당신은 준비가 되었다고 생각하십니까? 확신할 수 있습니까?

성병이나, 원하지 않는 임신, 혹은 감정의 혼란 등을 생각해 보십시오.

더 늦기 전에, 다음 목록을 살펴보십시오.

다음 목록 가운데 하나라도 당신에게 해당되는 사항이 있다면, 당신은 성관계를 가질 준비가 되어 있지 않은 것입니다.

01. 성관계는 곧 사랑이라고 생각한다.
02. 성관계를 가져야 된다는 압박감을 느낀다.
03. "안 돼"라고 말하기 두렵다.
04. 너무 쉽게 허락하는 경향이 있다.
05. 다른 사람들도 다 하는 것이라고 생각한다(그렇지 않다).
06. 마음속으로는 이래선 안 된다고 생각하고 있다.

07. 임신에 대해서 잘 모른다.

08. 피임법을 잘 모른다.

09. 도덕적 신념에 어긋나는 일이다.

10. 처음 가지는 성관계에서는 임신이 되지 않는 것으로 알고 있다(될 수도 있다!).

11. 종교적 신념에 어긋나는 일이다.

12. 다음날 아침이면 후회할 것 같다.

13. 창피하고 부끄럽다.

14. 무언가를 증명하기 위해 성관계를 갖는다.

15. 아이를 양육할 수 없다.

16. 자립할 수 없다.

17. 한 사람에게 헌신할 준비가 안 되어 있다고 생각한다.

18. 혼전 성관계는 나쁜 것이라고 생각한다.

19. 에이즈 예방법을 잘 모른다.

20. 성병에 대해 잘 모른다.

21. 성관계를 가지면 파트너가 나를 사랑하게 될 것이라고 생각한다.

22. 성관계를 가지면 내가 파트너를 사랑하게 될 것이라고 생각한다.

23. 성관계를 가지면 헤어지지 않을 것이라고 생각한다.

24. 성관계로 내 인생이 좋게 바뀔 것이라고 기대한다.

25. 성관계가 내 인생을 바꿔놓는 것을 원하지 않는다.

26. 성관계 후 관계 변화에 적응할 준비가 되어 있지 않다.

27. 술에 취했다.

28. 술에 취했으면 좋겠다고 생각한다.

29. 파트너가 술에 취했다.

30. 완벽한 성관계를 기대한다.

31. 시시하게 끝나면 견딜 수가 없을 것 같다.

32. 이상하게 생긴 팔꿈치나 바보 같은 속옷을 보고 함께 웃을 수 없다.

33. 옷을 벗을 준비가 되어 있지 않다.

34. 에이즈는 다른 사람들이나 걸리는 것이라고 생각한다.

35. 에이즈 환자는 보면 알 수 있다고 생각한다.

36. 10대들은 에이즈에 걸리지 않는다고 생각한다(10대들도 걸린다!).

37. 성병이나 임신을 완벽하게 피할 수 있는 방법은 순결뿐이라는 사실을 모른다.

38. 성관계 후의 일에 대해 함께 이야기해 보지 않았다.

39. 성관계 후의 일을 감당할 수 없을 것 같다.

40. 부모님이 아실 것을 생각하면 끔찍하다.

41. 부모님께 반항하고 싶어서 성관계를 갖는다.

42. 너무 두려워서 생각이 잘 정리되지 않는다.

43. 성관계를 갖고 나면 인기가 높아질 것이라고 생각한다.

44. 파트너에게 '빚진' 기분이 든다.

45. 순결은 중요한 것이 아니라고 생각한다.

46. 지금은 내 자신만 생각해야 되고 남을 돌볼 수 없다.

47. 자신을 잘 돌보지 않는다.

48. 친구들에게 자랑하고 싶다.

49. 다른 사람이 알게 될까 두렵다.

50. 다시는 이런 상황이 닥치지 않았으면 좋겠다.

51. 기다려도 괜찮다.

《이럴 경우에는 당신은 성관계를 가질 준비가 되어 있지 않습니다
(You're Not Ready to Have Sex If…)》 중에서

나는 할 수 있다

가끔씩 우울한 기분이 드는 것은 당연한 것이지만, 지속적으로 우울함에 빠져 지낸다면 이야기가 달라진다. 오랜 시간에 걸쳐 삶이 고통스럽고 희망이 보이지 않는다는 생각을 떨칠 수가 없다면 심각한 문제인데, 이런 경우에는 치료를 받든가 그런 문제에 대한 전문가를 만나보는 것이 좋다.

자살을 생각해 본 적이 있는 사람이라면 내 이야기를 잘 들어주기 바란다. 우리는 할 수 있다. 앞으로는 나아질 것이라는 희망을 가져야 한다. 모든 사람은 소중한 사람이고 어디엔가 우리를 필요로 하는 일이 있을 것이다. 항상 그렇듯이 언젠가는 고통도 사라질 것이다. 언젠가는 자신의 삶에 만족하고 그것을 이루어낸 자신을 보며 기뻐할 것이다. 다음에 나오는 이야기의 주인공도 그랬다.

다른 유복한 집안의 아이들과 마찬가지로 저 역시 특별히 아쉬운 것 없이 자랐지만, 문제가 있었습니다. 중학교와 고등학교를 다니는 동안 친구들을 아주 좋아했지만, 집안에서의 생활은 지루했어요. 잠시도 집에 있지 못하고 친구들과 밖에서 돌아다녔죠. 2년 사이에 책에 나오는 나쁜 짓이란 나쁜 짓은 다 해봤지만, 그래도 기분이 나아지지는 않았어요. 오히려 나빠졌죠.
점점 집에 들어가는 횟수가 줄어들었어요. 엄마의 요리냄새가 풍기는 밝고 평화로운 그곳으로 걸어 들어가는 것은 고통이었습니다. 다른 가족들은 다 완벽했는데, 저는 그들의 기대에 미치지 못한다고 생각했어요. 저는 그런 분위기에는 맞지 않는 아이였죠. 가족들이 자랑스럽게 생각하고 있는 그런 삶의 방식을 따르지 못했던 것이고, 그들을 실망시키기만 했습니다. 그러다가 자살을 결심하게 되었고, 실제로 한 번 시도하기도 했습니다.
일기를 쓰고 있는데, 그때의 일기 내용을 보면 어떻게 그런 생각을 할 수 있었나 싶어서 소름이 끼칠 지경입니다. 몇 년이 지난 지금, 저는 대학에 다니고 있어요. 성적은 항상 A이고, 대인관계도 아주 좋아요. 저를 아주 사랑하는 남자친구도 있고, 이제는 가족들과도 잘 지냅니다. 계획도 있어요. 할 일이 아주 많아졌거든요. 삶을 사랑합니다. 살아서 해야 할 일들이 너무 많아요. 잠깐 다르게 생각했던 때도 있었다는 것이 믿어지지 않아요. 나도 변할 수 있다는 것을 깨닫기까지 많은 각성이 필요했습니다. 지금 이렇게 살아 있다는 것에 대해 하느님께 감사드려요.

지금 우리를 괴롭히고 있는 고통들이, 우리를 더 강하게 만들어줄 원천이라는 점을 명심하라. 철학자 칼릴 지브란Kahlil Gibran은 다음과 같은 말을 했다. "우리 속에 있는 웃음이 솟아나는 우물이 때로는 눈물로 가득 차 있을 수도 있다. 슬픔이 쌓이면 쌓일수록, 그만큼 기쁨도 쌓여가는 것이다."

■ **웃음이 보약이다**

지금까지 많은 이야기를 했지만, 마음을 건강하게 하는 중요한 방법이 하나 남았다. 웃어라. 바로 그것이다! 웃음…, 근심을 버리고 즐겁게 지내라. 사는 게 그저 그렇고, 거기에 대해 우리가 할 수 있는 일도 없을 때는, 그냥 웃어넘기는 게 낫다.

나이가 들면서 어린 시절의 마술 같은 매력인 웃음을 잃어버리는 것은 슬픈 일이다. 한 연구에 따르면, 유치원에 다니기 전까지 아이들은 하루에 평균 300회 웃는 반면에, 성인들은 고작 17번만 웃는다고 한다. 당연히 아이들이 더 행복하다. 왜 어른이 되면 그렇게 심각해지는 걸까? 아마 너무 자주 웃는 것은 어린애들이나 하는 짓이라고 배우기 때문일 것이다. 영화 '스타워즈'에서 제다이Jedi의 스승인 요다Joda는 "지금까지 배운 것을 모두 잊어버려야 한다"고 했다. 우리는 웃는 법을 다시 배워야 한다.

피터 도스코크Peter Doskoch의 《현대 심리학Psychology Today》이란 책에서 아주 흥미로운 글을 읽은 적이 있는데, 다음은 그가 찾아낸 것들이다.

웃음은,
- 긴장을 풀어주고 창의적인 생각을 할 수 있게 한다.
- 삶의 고단함을 견딜 수 있게 도와준다.
- 스트레스를 줄인다.
- 심장 박동 및 혈압을 낮추어줌으로써, 편안함을 느끼게 한다.
- 우리를 다른 사람과 연결시켜 주며, 절망과 자살의 주된 원인인 소외감이

들지 않게 해준다.
- 고통을 잊게 해주는 호르몬인 엔도르핀이 나오게 한다.

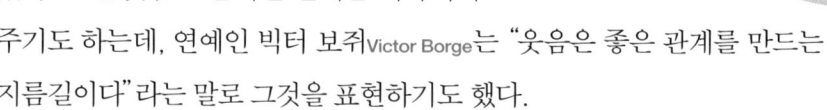

웃음은 건강을 유지하고 병에서 빨리 회복되게 하는 데도 효과가 있다는 것이 밝혀졌다. 웃음을 통해 심각한 병을 치유할 수 있었다고 말하는 사람들도 많이 봤다. 또한 웃음은 틀어진 관계를 회복시켜 주기도 하는데, 연예인 빅터 보쥐 Victor Borge는 "웃음은 좋은 관계를 만드는 지름길이다"라는 말로 그것을 표현하기도 했다.

웃음이 많지 않은 사람의 경우에 어떻게 시작해야 하는 걸까? 자기 자신의 '웃음 보따리'를 만들어볼 것을 권한다. 재미있다고 생각하는 책이나 만화, 비디오 따위를 모아두었다가, 우울해지거나 심각해질 때 펼쳐 보는 것이다. 예를 들어, 나는 코미디 영화를 좋아하는데 몇몇 배우들은 생각만 해도 웃음이 절로 나온다. 그래서 나는 그 사람들이 나오는 영화들을 가지고 있다가, 기분전환을 하고 싶어질 때마다 보고 있다. 또 내 동생 스티븐 Stephen은 《파 사이드 Far side》라는 만화를 너무 좋아해서, 집에 잔뜩 쌓아두었는데, 그것들 때문에 스트레스가 쌓여도 미치지 않고 지낼 수 있다고 한다.

이상한 일이 생기더라도 웃어넘길 수 있는 방법을 배우기 바란다. 그런 일은 생기게 마련이다. 누군가가 "사람이라서 좋은 점은 웃을 수 있다는 사실 때문이다"라고 했다.

영혼을 돌보는 법

 사람들에게 감동을 전하는 것에는 어떤 것들이 있을까? 영화? 책? 영화를 보면서 눈물을 흘려본 경험이 있을 것이다. 왜 그랬을까?

사람들의 영혼을 쇄신하는 일에는 또 어떤 것들이 있을까? 음악? 예술? 자연?

영혼은 우리의 일상적이고 표면적인 모습 아래에 자리잡고 있는 그 무엇이다. 영혼은 믿음과 가치관이 놓여 있는 한 사람의 중심으로, 삶의 목표나 의미, 내적인 안정 등은 모두 여기에서 비롯된다. 영적인 영역에서 끊임없이 쇄신하는 것은, 내적 자아를 일깨우고 새롭게 하는 것을 의미한다. 유명한 작가 펄 벅 Pearl S. Buck은 다음과 같은 말을 했다. "한 사람의 내적 자아는, 그 사람만이 홀로 존재하는 곳이며 끊임없이 자신을 새롭게 하는 마르지 않는 샘입니다."

영혼을 살찌우는 법 고등학교에 다닐 때 나는 일기 쓰기와 음악 감상, 그리고 등산을 통해 강인함을 기르곤 했다. 당시에는 몰랐지만, 그런 것들이 영혼을 쇄신하는 내 나름대로의 방법이었던 것이다. 또 감명 깊은 명언들을 통해 영적 강인함을 기르기도 했다.

영혼은 아주 개인적인 영역이기 때문에, 그것을 살찌우는 방법도 사람마다 다를 수 있다. 다음은 10대들이 보내온 방법들이다.

- 묵상
- 다른 사람들 돌보기
- 일기 쓰기
- 산책

- 독서
- 그림 그리기
- 기도
- 시 쓰기
- 깊이 생각하기
- 음악 감상
- 악기 연주
- 종교 활동
- 믿을 수 있는 친구와 대화하기
- 자신의 목표를 생각해 보기

이제 영혼을 살찌우는 방법들 중 몇 가지를 자세히 살펴보기로 하자.

■ **자연으로 돌아가라**

자연에는 다른 것과 비교할 수 없을 만큼 많은 신비가 있다. 강이나 산, 해변과 아주 멀리 떨어진 도심에 살고 있다면, 가까운 곳에 있는 공원에라도 한번 가보도록 하라. 라이언Ryan이라는 젊은이는 엉망이 된 가정생활을 하던 도중에 자연의 치유력을 배울 수 있었다면서 다음과 같은 말을 했다.

고등학교에 다닐 때, 모든 것이 무기력해 보이기만 하던 때가 있었어요. 그러다가 우연히 작은 연못 하나를 발견했습니다. 강둑 건너의 나무들 사이에 한 농가가 있었는데, 그 집 뒤에 있어서 사람들이 잘 모르는 그런 곳이었죠. 그곳은 나의 도피처가 되었습니다. 주변엔 아무도 없었고, 사람들 소리도 안 들렸어요. 아름다운 곳이었습니다. 거기서 수영을 하고 있노라면, 자연과 함께 있다는 평화로운 느낌에 빠져들었어요. 스트레스를 받을 때마다 그곳으로 갔습니다. 비로소 제 삶이 제자리를 찾은 것 같았어요.

종교를 통해 삶의 방향을 정하는 사람들도 있지만, 저는 그럴 수 없었습니다. 종교를 가지고 있기는 하지만, 거기에는 제가 따라가기 힘든 무언가가 있어요. 교회에 가면 사람들이 "좋은 일만 생각하렴. 다 잘될 거야. 믿음을 가져봐. 집안 문제도 잘 해결될 거야"라고 이야기하지만, 그건 다 헛소리라고 생각해요. 집안 문제는 하나도 해결되지 않았고, 여전히 아버지는 엉망으로 지내고 있었습니다.

하지만 연못에 가면 아무도 판단을 내리지 않았습니다. 자연은 어떻게 해야 한다고 말하지 않고, 그냥 거기 있을 뿐이었어요. 그 평화로움과 고요함을 바라보면서, 안정을 위해 저에게 필요한 것이 무엇인지 알 수 있었습니다. 그곳에 가면 모든 일이 잘될 것 같은 기분이 들었어요.

■ 최고의 친구, 일기

자연으로 돌아가는 것과 마찬가지로, 일기를 쓰는 것도 놀라운 효과를 가져온다. 일기는 위로를 주는 가장 좋은 친구이며 짜증, 즐거움, 무서움, 사랑, 두려움, 불안함, 혼란 등의 모든 감정을 다 표현할 수 있는 곳이다. 일기장에는 모든 감정을 다 쏟아부을 수 있는 것이다. 일기장은 대답하지 않고, 내가 없는 곳에서 흉보지도 않는다. 머릿속에 있는 생각을 두서없이 적어가다 보면, 생각을 정리할 수 있고 어떤 확신을 가지게 되므로, 결국 자기 자신을 발견하는 데 도움이 된다.

일기를 쓰는 습관이 생기면, 자기 자신을 좀더 명확히 알 수 있게 된다. 옛날의 일기를 보면서, 지금 얼마나 자랐고 그때는 왜 그렇게 어리석고 미숙했었는지를 살펴보면 재미와 함께 뭔가 느끼는 게 있을 것이다. 옛날 일기를 보고 나서 자신의 옛 남자친구가 얼마나 자신에게 못되게 대했었는지를 알 수 있었다는 여학생도 있었다.

일기를 쓰는 데 어떤 형식이 있는 것은 아니다. 기념이 될 만한 물건이나, 차표, 연애편지 등 추억이 될 만한 것은 모두 다 붙여도 좋다. 내 옛날 일기는 온통 변변찮은 그림과 엉망인

시, 그리고 이상한 냄새로 가득 차 있다.

일기라는 것은 우리들의 생각을 종이에 써나가는 것을 공식적으로 부르는 말일 뿐이다. 이름이나 형식이 중요한 것이 아니다. 엘리슨Allison이라는 여학생은 작은 쪽지에 글을 써서는 그녀가 '비밀 상자'라고 부르는 상자에 넣어 보관한다. 또 케어Kaire라는 여학생은 일기를 '감사의 책'이라 부른다.

제 삶을 긍정적으로 바라볼 수 있게 도와주는 책이 있습니다. 저는 그것을 '감사의 책'이라 부르죠. 하루 동안 일어났던 일 중에서 감사할 만한 일과 긍정적인 일들을 거기에 적습니다. 좋은 일만 적어놓은 이 책이 저의 인생을 변화시키고, 세상을 바라보는 방법을 가르쳐주었어요. 좋은 일이든 나쁜 일이든 모두 다 적는 평범한 일기와는 다르죠. 그 책에는 좋은 노래, 좋은 몸짓(엄마가 안아주는 것), 좋은 소리(오빠의 웃음소리), 좋은 느낌(시원한 바람) 같은 것을 적어놓은 페이지가 있어요. 그리고 "브라이언(Bryan)이 내 대신 식탁을 치웠다" "존(John)이 바쁜 와중에 시간을 내서 안부를 전했다" 같은 작은 일들도 적혀 있죠. 참 기분 좋은 일들이잖아요. 이 책을 보고 있으면, 나쁜 기억들은 사라지고 좋은 기억들만 생각납니다.
다른 사람들에게 이 책을 보여주면, 모두들 도움이 되었다고 말을 해요. 이 책을 보여주면서, 저는 마음속으로 "당신을 행복하게 해줄 사람은 당신 자신밖에 없습니다. 아무도 그것을 대신 해주지는 않아요"라고 말을 합니다.

■ 영적인 식이요법

몇 년 동안 계속해서 초콜릿과 콜라만 먹으면 어떻게 될까? 그런 사람이 실제로 있다면 머지않아 폐인이 될 것이다. 마찬가지로, 몇 년 동안 계속해서 쓰레기 같은 것만 보고 들으면 정신이 황폐해지게 마련이다. 먹는 것이 중요하듯이, 보고 읽고 듣는 것도 중요하다. 배를 무엇으로 채울까 하는 것보다는 정신을 무엇으로 채울까 하는 것이 더 중요한 문제다.

우리의 영적인 식이요법은 어떠한가? 영양가 있는 것을 공급하고 있는가? 아니면 쓸모없는 쓰레기들로 가득 차 있는가? 어떤 매체를 선호하는가? 이런 것을 생각해 본 적이나 있는지 모르겠다.

오늘날 수많은 매체들이 범람하고 있음에도 불구하고, 이런 사실을 제대로 인식하는 사람은 드물다. 하루 동안 음악, TV나 비디오, 책, 잡지, 컴퓨터 통신 같은 것을 접하지 않고 지낸다고 한번 생각해 보라. 그런 생활은 거의 불가능하다. 어쩌면 불안 증세를 보이는 사람들도 나타날 것이다.

음악을 예로 들어보자. 한 연구에 따르면, 10대들은 하루에 평균 4시간씩 음악을 듣는다고 한다. 엄청난 양이다. 아침에 일어나면 오디오부터 켠다. 버스나 지하철 안에서는 또 어떤가? 부모님이랑 싸우고 나서 방에 들어와서는? 텔레비전이나 광고, 영화 중에서 음악이 없는 것은 없다.

이런 매체들이 자신에게 아무런 영향을 끼치지 않는다고 생각하는 사람이 있다면, 자기가 제일 좋아하는 노래가 자신에게 어떤 영향을 끼치는지 한번 생각해 보기 바란다. 아니면 반라의 남녀가 영화나 잡지에서 포즈를 취하고 있는 것을 보았을 때를 기억해 보라. 사람들은 샴푸를 살 때 어떤 기준으로 고르는 걸까? 텔레비전이나 잡지에서 보았던 광고에 가장 많은 영향을 받는 건 아닐까? 한 페이지짜리 광고 때문에 샴푸를 사게 되는 마당에, 한 편의 영화나 잡지 한 권, 음반 한 장은 삶의 방식을 완전히 바꾸어놓을 만큼 큰 영향력을 가진다고 할 수 있다.

모든 것이 그렇듯이, 매체에도 긍정적인 면과 부정적인 면이 있으므로, 받아들일 것과 받아들이지 않을 것을 구별할 필요가 있다. 한마디만 하자면, 올림픽에 출전하는 운동 선수가 자신의 몸을 돌보듯이, 각자의 양심에 따라 자신의 정신을 돌보기 바란다. 예를 들어서, 어떤 영화를 보고 나서 기분이 우울해지고, 화나고, 폭력적으로 되고, 마치 불 속에 들어와 있는 것 같은 느낌이 든다면 그것은 그 영화가 쓰레기라는 증거다. 그런 것은 필요 없다. 반면에, 보고 나서 편안하고, 행복하고, 교훈이 있고, 희망적이고, 평화로운 기분이 든다면 그런 것은 계속 보아도 좋다. 사람들은 자신들이 보고, 듣고, 읽은 것들을 따라가게 마련이다. 그러니 수시로 "내가 저런 모습으로 되면 어떻게 하지?"라는 질문을 하도록 하라.

■ 언니들 때문에 잠도 편히 못 자겠어요

'YO!(Youth Outlook!, 젊은이의 전망대)'라는 웹사이트에서, 음악방송에서 내보내는 쓰레기 같은 화면에 질렸다는 레디 테리Ladie Terry라는 여학생의 편지를 본 적이 있다. 그 편지는 '뮤직비디오에 나오는 언니들'에게 보내는 것이었다. 다음은 그 편지의 일부분이다.

뮤직비디오에 출연하는 것이 재미있는 일이라는 것은 인정합니다. 하지만 언니들의 그런 행동이 어린 여학생들의 정신과 삶에 어떤 영향을 미칠지를 생각해 보셨나요? 열두서너 살 된 애들이 스무 살처럼 보이려고 화장한 것을 본 적이 있습니까? 언니들 때문에 상처받는 사람들이 있다는 것을 생각할 여유가 없는 것인지도 모르겠군요.
MTV 보는 것을 두고 남자친구와 다툰 적이 있어요. 대부분의 비디오에서 옷을 거의 다 벗은 여자들이 나와서 이리저리 몸을 움직이고 있었는데, 제 남자친구가 화면에 넋이 나가 있는 것을 보니 화가 나더군요.
이웃에 사는 한 친구는 뮤직비디오를 같이 보던 남자친구가 "그러니까 네 몸매도 저 정도는 돼야 돼"라고 했다고 하더군요. 열여섯 살 된 또 다른 친구는, 자기 남자친구가 "너도 저 사람들처럼 춤 좀 춰봐"라고 말했다고 했습니다.
꽉 끼는 짧은 옷을 입고 나와서 온몸을 괴물처럼 움직여대는 이유가 뭐죠? 언니들은 예쁘니까, 그렇게 옷까지 벗고 이목을 끌려고 애쓰지 않아도 성공할 수 있을 거예요. 남자들에게 인기가 있고 싶으면, 점잖은 옷을 입고 당신들의 매력을 말로 이야기해 주면 되잖아요. 언니들의 옷차림은 곧 언니들의 정신상태를 보여주는 것이라고 말해 주고 싶군요. 옷차림이나 정신상태를 좀 개선하면, 남자들도 언니들을 다르게 대할 거예요.
이제는 누가 더 괴상한가 경쟁하지 말고, 제발 다른 것도 좀 생각해 보세요. 언니들 때문에 나는 잠도 편히 못 자겠어요.

■ 개구리 실험

남 흉보기, 쇼핑, 과식, 도박 같은 모든 중독에는 공통점이 있다.

중독은,

- 잠깐 동안만 즐겁다.
- 항상 그것만 생각한다.
- 일시적으로만 고통을 없애준다.
- 자신의 가치나 능력, 안정, 친밀함에 대해 거짓 인식을 가지게 한다.
- 문제를 회피하려고 선택하지만 오히려 악화시킨다.

많은 사람들이 중독으로 인식하고 있지 않지만, 사실 훨씬 더 위험한 중독이 바로 음란물 중독이다. 오늘날 음란물은 어디서나 접할 수가 있는데, 어떤 것이 음란물이고 어떤 것이 아니다는 주장이 많이 있기는 하지만, 마음속으로는 누구나 구별할 수 있을 것이다. 음란물을 보면 잠깐 동안은 기분이 좋을지 모르지만, 시간이 지날수록 그것은 자의식 같은 섬세한 감수성을 무디게 만든다.

"뭘 그래, 손. 맨살 좀 보는 게 어때서 그래?"라고 말하는 사람이 있을지 모르지만, 문제는 음란물이 다른 중독성 물질들과 마찬가지로, 사람들의 몸을 조금씩 파고 들어간다는 사실이다. 개구리 삶기에 대한 이야기가 있다. 살아 있는 개구리를 뜨거운 물에 넣으면 금방 뛰쳐나온다. 하지만 개구리를 미지근한 물에 넣었다가 서서히 온도를 높이면, 개구리가 놀라서 뛰쳐나오는 일 없이 개구리를 삶을 수가 있다. 음란물도 마찬가지이다. 1년쯤 전에 봤으면 깜짝 놀랐을 것 같은 장면도 지금은 아무렇지 않게 보는 것이다. 하지만 자신이 느끼지 못하는 사이에 온도는 점점 올라가고 있고, 언젠가는 우리들의 양심은 삶은 개구리처럼 될 것이다.

용기를 가지고 거기서 빠져나오자. 비디오를 끄고 책을 던져버려라. 못할 것 없다. 한 소년이 다음과 같은 글을 보내왔다.

고등학교 2, 3학년 여름 방학 때 건설회사에서 아르바이트를 했어요. 하루는 사장이 빌딩관리인의 사무실에 가서 뭐 좀 확인해 오라고 했습니다.
사무실에 들어섰는데, 벽에는 온통 음란물이 가득 붙어 있었어요. 거기에 정신을 뺏긴 나머지, 내가 거기에 뭘 하러 갔는지조차 잠시 동안은 생각나지 않을 정도였죠.
호기심이 생겼습니다. 사무실을 나오면서 '어디에 가면 저런 사진들을 구할 수 있을까?' 하고 생각했는데, 머지않아 그런 사진을 파는 곳을 찾을 수 있었습니다.
처음 볼 때는 속이 이상했어요. 제가 하고 있는 일이 나쁜 짓이라는 생각이 들었지만, 머지않아 중독이 되고 말았습니다. 가족이고 일이고 신경 쓰지 않고, 심지어 잠도 안 자면서까지 거기에만 빠져들었던 것이죠. 제 자신이 한심하게 느껴지기 시작했습니다. 우리는 쉬는 시간만 되면, 한쪽으로 달려가서 누군가가 가지고 온 음란서적을 보며 낄낄대곤 했습니다.
시간이 지날수록 그림을 보는 것만으로는 만족할 수 없게 되었고, 점차 누구누구랑 잤다고 이야기하는 친구들이 많아졌습니다. 온통 거기에만 신경을 쓰고 살았어요. 온통 그런 이야기뿐이었습니다. 잡지, 영화, 섹스….
그러던 어느 날 오후, 한 친구가 휘파람을 불며 노골적으로 소리치는 걸 들었습니다. 고개를 돌려서 보았더니, 제 여동생이 저를 향해 걸어오는 참이었어요. 누군가가 소리쳤습니다. "맛있게 생겼는데!" 저는 화난 목소리로 말했습니다. "입 닥쳐. 내 동생이란 말이야."
구역질이 날 것만 같았어요. 마칠 시간이 되기도 전에 일터에서 나와버렸습니다. 제 동생이 얼마나 상처를 받았을까 걱정이 됐어요. 순진하게 오빠를 만나러 왔다가 그런 봉변을 당했으니 말입니다.
다음날 일터로 갔을 때, 동료들은 여전히 잡지를 보고 있었어요. 저는 그 자리에서 빠져 나왔습니다. 처음에는 그러기가 쉽지 않았지만, 자꾸 하다 보니 아무것도 아니었어요. 대화가 천박하고 불쾌한 방향으로 흐를 때면, 저는 거기서 나와 다른 곳으로 옮겨 앉았습니다. 전혀 유쾌하지 않은 대화였어요. 또 누군가의 여동생에 대한 이야기겠죠.

■ 현실적으로 행동하라

이 장을 마치기 전에, 몇 가지만 더 이야기하자. 라리사Larissa라는 여학생과 끊임없이 쇄신하는 것에 대해 이야기를 나눈 적이 있는데, 그녀는 내 이야기를 유심히 듣고 나서 이렇게 말했다. "이봐요, 숀. 현실적으로 생각해 봐요. 그럴 시간이 어디 있어요? 낮에는 학교에 있고, 방과 후에는 과외 하랴 공부하랴 바빠 죽겠는걸요. 대학에 가려면 성적이 좋아야 한단 말이에요. 이런 상황에서 뭘 할 수 있겠어요? 일찍 자면 다음날 수학시험 망친다고요."

한마디만 하자. 모든 일에는 때가 있다. 균형 잡힌 생활이 필요한 때도 있고, 균형 잡히지 않은 생활을 해야 하는 때도 있는 것이다. 가끔씩은 잠을 안 자고 몸을 혹사시켜 가면서 노력을 기울여야 하는 때도 있다. 또 라면으로 끼니를 해결해야 하는 때도 있다. 그것이 현실이다. 하지만 재충전을 위한 시간도 있어야 한다.

오랜 시간 동안 일만 열심히 하면, 명확한 사고를 할 수가 없게 되고 지치고 판단력을 잃게 된다. 운동이나 인간관계, 혹은 정신적인 수양 등을 할 시간이 없다고 느낄지도 모르겠지만, 그런 시간은 꼭 필요하다. 자기 쇄신을 위해 잠깐 쉬었던 시간은 곧 그 효과를 나타내게 되어 있다. 다시 일을 시작했을 때는 이전보다 훨씬 더 능률적으로 임할 수 있기 때문이다.

할 수 있다 우리는 자신도 모르는 사이에 이미 끊임없이 쇄신을 하고 있는 것인지도 모른다. 학교공부를 열심히 하는 사람은 머리를 쇄신하고 있는 셈이고, 운동을 열심히 하는 사람은 신체를 쇄신하고 있는 셈이며, 좋은 교우관계를 유지하고 있는 사람은 마음을 쇄신하고 있는 셈이다. 여러 가지를 동시에 쇄신할 수도 있는데, 멜라니Melanie는 등산이 그런 것이라고 이야기했다. 산을 타니까 운동이 되고, 오르거나 내려오면서 깊은 생각을 할 수 있어서 정신에도 도움이 되고, 자연 속에 있어서 영혼에도 도움이 된다는 것이다. "그러면 인간관계는 어떻게 되는 거지? 등산이 마음에는 어떤 도움이 되지?"라고 물었더니, 그녀는 "자연과 친해지는 거죠"라고 대답했다. '그럴 수도 있겠구나' 하는 생각이 들었다.

하지만, 끊임없이 쇄신하는 것이 그냥 되는 것은 아니다. 그것은 습관 3에서 보았던 시간 보내는 방식의 4가지 부류 중 두 번째 부류에 속하는 '중

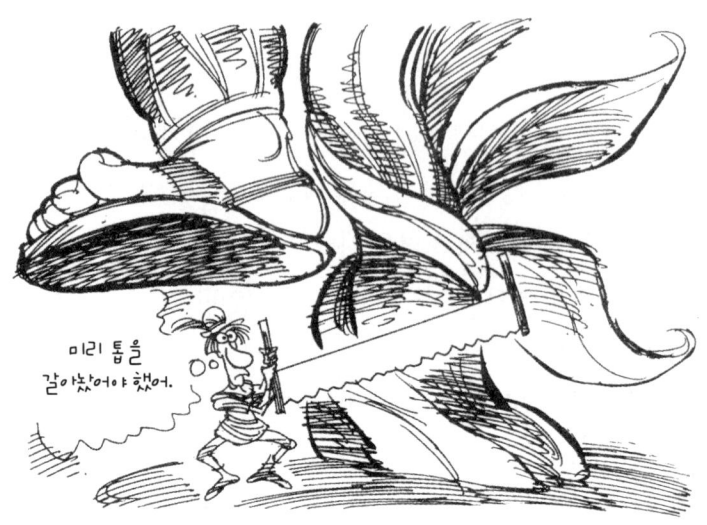

요하지만 덜 급한' 일들이다. 미리미리 준비해야 한다. 제일 좋은 방법은 매일 15분이나 30분만이라도 재충전을 위한 시간을 가지는 것이다. 새벽이든, 방과 후든, 늦은 밤이든, 혼자 있으면서 깊이 생각하고, 운동하는 시간을 가지도록 하라.

누군가 "8시간 안에 나무를 베라고 하면 어떻게 하시겠습니까?"라고 물었을 때, 에이브러햄 링컨은 다음과 같이 대답했다. "처음 4시간 동안은 톱을 갈아야겠죠."

다음 개봉작
다음 장은 짧아서 마음에 들 겁니다. 여기까지만 읽어도 상관없고요.

신체

① 아침은 꼭 챙겨 먹자.

② 오늘부터 운동을 시작해서 한 달 동안 꾸준히 해보라. 걷기, 조깅, 수영, 자전거 타기, 롤러브레이드, 웨이트 트레이닝 등 무엇이든 상관없다. 재미있게 할 수 있는 것을 선택하라.

③ 나쁜 버릇들을 일주일 동안만 끊어보라. 술, 탄산음료, 튀긴 음식, 도넛, 초콜릿 등 몸에 안 좋은 불량식품을 먹지 않고 지내고 그 기분을 느껴보라.

정신

④ 교육적인 가치가 있는 책과 잡지를 구독하라.

⑤ 신문을 매일 읽어라. 특히 머리기사와 오피니언 란을 유심히 읽어라.

⑥ 다음 데이트는 박물관이나 다른 나라 음식을 파는 식당에서 해보라. 견문을 넓혀라.

감정

⑦ 엄마나 동생 등 가족들 중 누군가와 외출을 해보라. 함께 공놀이를 하거나, 영화를 보거나, 쇼핑을 하거나, 아이스크림을 먹어라.

⑧ 당장 자신만의 웃음보따리를 만들어라. 좋아하는 만화나 희극영화, 재미있는 조크 등을 수집하라. 스트레스가 느껴질 때 요긴하게 쓰일 것이다.

영혼

⑨ 일출이나 일몰 광경을 지켜보라.

⑩ 일기를 쓰지 않고 있다면, 오늘부터 써라.

⑪ 매일 묵상하거나 자신의 삶을 반성하거나 기도하는 시간을 가져라. 자신에게 맞는 활동을 실시하라.

희망이 살아 숨쉬게 하라!

얘야, 너는 산을 옮길 수 있단다

몇 년 전에 제시 잭슨Jesse Jackson 목사가 민주당 전당대회에서 연설을 했다. 그는 단 네 마디의 말로 참석한 사람들을 열광의 도가니로 몰아넣었는데, 그 말은 "희망이 살아 숨쉬게 하라. 희망이 살아 숨쉬게 하라. 희망이 살아 숨쉬게 하라"였다.

그가 같은 말을 세 번 반복해서 이야기하는 것을 듣고, 청중들이 박수갈채를 보냈다. 그는 진지한 목소리로 사람들을 감동시켰다. 그는 희망을 보여주었던 것이다.

이것이 바로 내가 이 책을 쓴 이유이다. 나는 10대들에게 희망을 주기 위해서 이 책을 썼다. 변화할 수 있고, 나쁜 버릇을 끊고, 중요한 인간관계를 발전시킬 수 있는 희망, 문제를 해결하고, 숨은 능력을 최대한 발휘할 수 있다는 희망을 주기 위해서였다. 가정생활이 엉망이고, 학교에서 퇴학당하고, 친구라고는 고양이 한 마리(나중에는 고양이도 떠나겠지만)밖에

> 확신에 찬 발걸음을 옮겨라.
> 주의 깊고 재치 있게 발을 내딛고,
> 삶은 '큰 균형 맞추기 게임'이란
> 점을 잊지 말라. 성공할 수 있냐고?
> 물론 할 수 있다. 98.75% 보장한다.
> 얘야, 너는 산을 옮길 수 있단다.
>
> _ 수스Seuss 박사, 《당신이 가는 길》 중에서

없더라도, 포기하지 마라.

이 책을 다 읽고 나서도 혼란스럽기만 하고, 어디서부터 시작해야 할지 모르겠다는 사람이 있다면, 다음과 같은 제안한다.

각각의 습관을 대충 살펴본 다음, 가장 실천하기 어려워 보이는 습관이 무엇인지 생각해 보고, 그 습관을 익히기 위해 해야 할 일을 2, 3가지만 정하라(욕심 내서 20가지쯤 정하지는 마라.)

이제, 그 일들을 자주 꺼내 볼 수 있게 적어서, 가지고 다니면서 매일매일 보도록 하라.

희망이 살아 숨쉬게 하라

작은 변화들이 가지고 올 결과를 보고 나면 놀랄 것이다. 점점 확신도 설 것이고 행복해질 것이다. 자연스럽게 더 나은 사람이 될 것이고 꿈이 현실로 나타날 것이다. 또 인간관계도 나아지고 평화를 느낄 수 있을 것이다. 이 모든 것들은 작은 첫걸음부터 시작하는 것이다.

'바로 이거다' 싶은 습관이 있다면, 예를 들어 '미리미리 준비하라'나 '관계감정은행계좌' 같은 것들이 맞는 이야기라고 생각할 때, 이런 습관을 몸에 익히는 가장 좋은 방법은 자신의 머리에 그것들이 생생하게 남아 있는 동안 남들에게도 그것을 알려주는 것이다. 자신의 행동과 말로 그 습관들을 실천하면서 그들에게 다가가라.

되는 일이 없고 자꾸만 나약해지는 듯한 느낌이 든다고 해서 용기를 잃어서는 안 된다. 비행기를 생각해 보자. 일단 이륙하면, 비행기는 예정된 항로를 따라 움직인다. 그 과정에서 바람, 비, 난류, 인간의 실수 등이 비행기의 항로를 방해할 수도 있지만, 그럼에도 불구하고 비행기는 비행을 하는 동안 90퍼센트 정도는 항로를 유지하면서 난다. 그런 방해 요소가 생길 때마다 기장이 항로를 조금씩 수정해 가면서, 끝까지 포기하지 않기 때문이다.

그 결과 비행기는 목적지에 무사히 도착할 수가 있는 것이다.

항상 자신이 계획했던 길에서 떨어져 나오고, 대부분의 시간 동안 거기서 벗어나 있다고 해도 아무 문제가 없다. 포기하지 않고 조금씩 고쳐가면서 원래의 계획으로 돌아올 수만 있다면, 원하던 목적지에 다다를 수 있다.

자, 책을 마칠 때가 되었다. 나와 함께 여기까지 와준 것에 감사하며, 책을 다 읽은 것을 축하한다. 내가 여러분의 미래를 확신하고 있다는 것을 알아주었으면 한다. 여러분 모두 훌륭한 사람이 될 것이다. 여러분은 성공을 위한 모든 요소를 가지고 태어났다는 점을 명심하라. 다른 것은 필요 없다. 모든 것은 여러분에게 달려 있다!

끝으로 내가 가장 좋아하는 명언, 밥 모와드Bob Moawad의 말을 소개할까 한다. 이 한마디에 이 책의 내용이 다 들어 있는 셈이다. 여러분 모두의 성공을 빈다. 안녕!

엉덩이를 깔고 앉아 있으면, 시간의 모래밭에 발자국을 남길 수 없다.
시간의 모래밭에 엉덩이 자국을 남기고 싶은 사람이 누가 있겠는가?

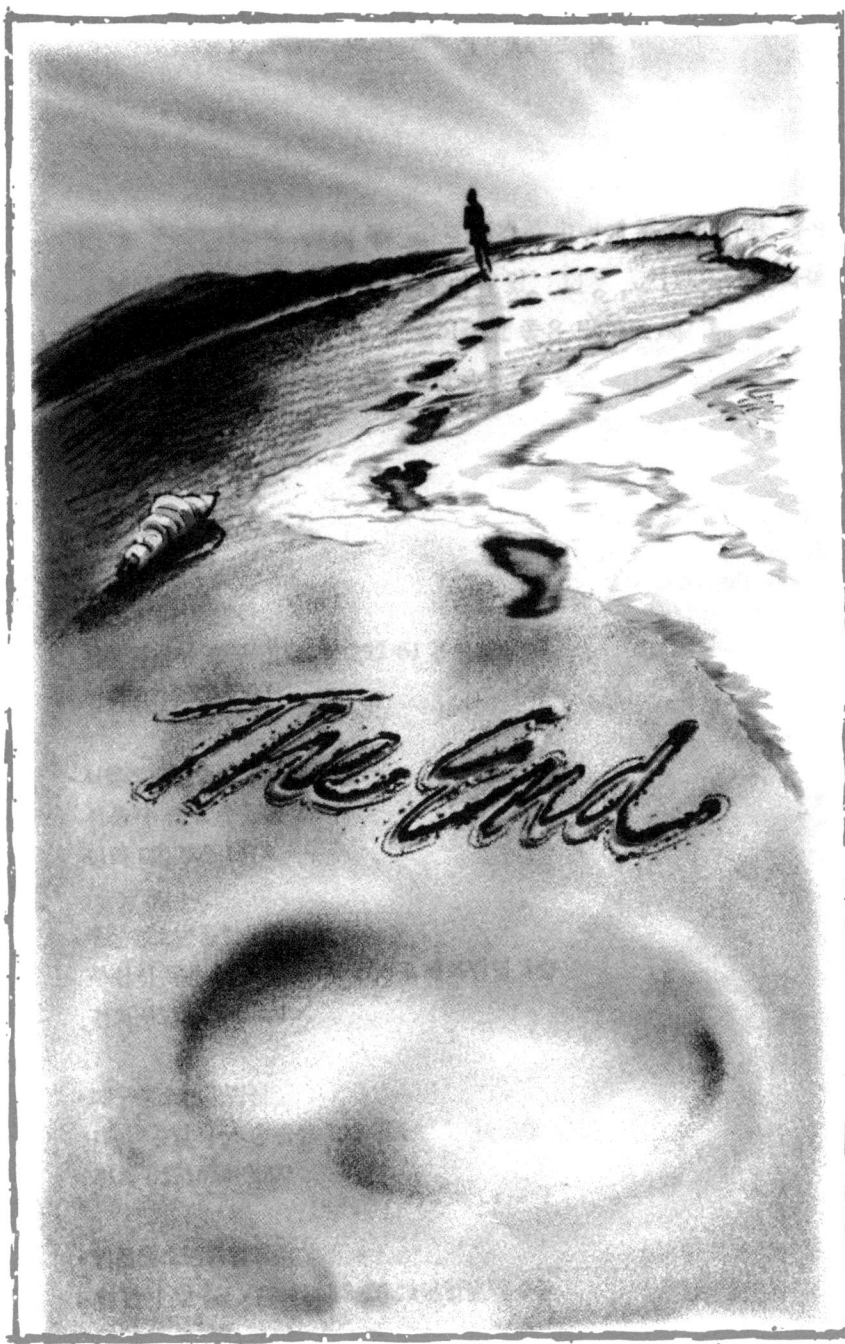

도움을 받을 수 있는 곳

자신, 또는 주변의 친구들이 무언가로 심각한 고민에 빠져 있지만, 무엇을 어떻게 해야 할지 모를 때에는 다음에 나와 있는 단체나 기관으로 전화를 해보거나 편지를 써보자. 의견을 잘 들어주고 좋은 방향도 제시해 줄 것이다. 도와줄 친구들이 많다. 희망을 잃지 말자.

1. 종합상담센터

- **한국청소년상담소**
  서울특별시 중구 신당6동 292-61
  전화 02)730-2000

- **서울시청소년종합상담센터**
  서울시 중구 수표동 27-1
  전화 02)2285-1318

- **부산광역시청소년종합상담센터**
  부산광역시 부산진구 전포2동 666-4 부산광역시청소년종합상담센터
  전화 051)804-5001

- **대구광역시청소년종합상담센터**
  대구광역시 달서구 송현동 702 대구청소년수련원 3층
  전화 053)635-2000

- **인천광역시청소년종합상담센터**
  인천시 남동구 간석4동 614-6 성산효도대학원대학교 내
  전화 032)891-2000~1

- 광주광역시청소년종합상담센터
  광주광역시 동구 금남로1가 19번지 YMCA 3층
  전화 062)232-2000

- 대전광역시청소년종합상담센터
  대전광역시 중구 문화동 1-13 기독교연합봉사회관 3층
  대전광역시청소년종합상담센터
  전화 042)252-6577~9

- 경기도청소년종합상담센터
  경기도 수원시 팔달구 인계동 1116-1 경기문화재단 9층
  전화 031)249-5358~9

- 강원도청소년종합상담센터
  강원도 춘천시 사농동 277-1
  전화 033)256-2000

- 충청북도청소년종합상담센터
  충청북도 청주시 상당구 수동 280-3
  전화 043)258-2000

- 충청남도청소년종합상담센터
  충청남도 천안시 원성동 543-4 천안신협동부지점 3층
  전화 041)554-2000

- 전라북도청소년종합상담센터
  전라북도 전주시 덕진구 금암2동 1600-6 YMCA 4층
  전화 063)275-2000

- 전라남도청소년종합상담센터
  전라남도 순천시 장천동 78-3 전라남도청소년종합상담센터
  전화 0661)724-2000

- 경상북도청소년종합상담센터
  경상북도 안동시 신안동 290-3
  전화 054)853-3011~3

- 경상남도창원시청소년종합상담센터
  경상남도 창원시 삼동동 293번지 늘푸른전당 내
  전화 055)273-2098

- 제주도청소년종합상담센터
  제주도 제주시 7179동 2305-4 3층
  전화 064)746-7179

2. 성폭력상담소

- 내일신문성상담소
  서울시 서대문구 창천동 114-9
  전화 02)3141-6191

- 한국여성민우회가족과성상담소
  서울시 종로구 평동 127-9 동평빌딩 4층
  전화 02)739-1366~7

- 한국성폭력상담소
  서울시 마포구 합정동 366-24 2층
  전화 02)338-2890~2

- 서울한국여성의전화
  서울시 중구 장충동1가 38-84 여성평화의집 3층
  전화 02)2269-2961
  * 부산, 대구, 인천, 강화, 광주, 울산, 광명, 성남, 수원, 시흥, 안양, 강릉, 청주, 천안, 군산, 익산, 전주, 창원 등 전국 18곳에 '한국여성의전화'가 있다.

- 부산성폭력상담소
  부산시 동래구 명륜1동 533-230 율곡빌딩 10층 1006호
  전화 051)588-8832~3

- 대한YWCA연합회
  서울시 중구 명동 1가 1-3
  전화 02)774-9702
  * 부산, 대구, 인천 등 전국 각지에 YWCA가 있다.

3. 비행 및 약물 관련 상담

- 서울위생병원부설 5일 금연학교
  서울시 동대문구 휘경2동 29-1
  전화 02)2210-3615~6

- 서울YMCA청소년쉼터
  서울시 마포구 연남동 229-43
  전화 02)3142-1318

- 한국BBS중앙연맹
  서울시 강남구 역삼1동 705-29
  전화 02)567-1882

4. 근로 관련 상담

- 근로자종합복지관
  경기 광명시 하안동 740
  전화 02)898-4944

- 삼성생활문화센터 상담실
  서울시 중구 서소문동 58-9 중앙빌딩 3층
  전화 02)729-9070

5. 민간 및 사회단체 상담

대한가족계획협회 청소년상담실
- **서울청소년상담실**
  서울시 중구 수표동 27-2
  전화 02)2285-1318

- **청소년성전화상담실**
  서울시 영등포구 당산동 121-146
  전화 02)634-2000
  * 전국적으로 지부가 있음.

YMCA
- **YMCA전국연맹**
  서울시 중구 소공동 117
  전화 02)754-7891
  * 전국적으로 지부가 있음.

한국걸스카우트연맹
- **한국걸스카우트연맹서울지부**
  서울종로구 안국동 163
  전화 02)734-8353
  * 전국적으로 지부가 있음.

6. 기타

- **십대의 소리**
  서울시 종로구 명륜동 3가 8-28
  전화 02)3675-1092

- **인도주의실천의사협의회**
  서울시 종로구 이화동 26-6
  전화 02)766-6027

- 청소년사랑실천시민연합
  서울시 강남구 대치동 996-14 하나빌딩 8층
  전화 02)3453-5226

- 서울YMCA청소년유해환경감시단
  서울시 중구 명동1가 1-1
  전화 02)3705-6000

- 청소년의 대화(10대의 소리)
  울산광역시 동구 전하2동 628-3
  전화 052)235-1416

- 나눔의집청소년상담소
  서울시 강동구 천호동 397-413
  전화 02)475-2865

- 십대들의 쪽지
  서울시 영등포구 여의도동 36-4
  전화 02)783-7978

　다 싣지 못했지만 전국 각지에 이와 같은 훌륭한 단체들이 많이 있다. 앞에 있는 연락처를 통해 가장 가까운 곳에서 도움을 받을 수 있는 단체나 기관을 문의하면 쉽게 알아낼 수 있을 것이다. 누구든지 겪고 있는 문제들을 함께 나눌 수 있고, 자신에게 필요한 정보도 얻을 수 있다. 컴퓨터 통신과 인터넷을 통해서도 사이버 청소년 상담이 이루어지고 있으니 지금 당장 접속해 보라. 도움을 받을 수 있을 것이다.

프랭클린코비사에 대해

이 책을 쓴 숀 코비는 전세계적으로 4,000여 명의 직원을 가진 프랭클린코비사 Franklin Covey Company의 부사장이다. 여기서는 개인과 조직, 가족들이 의미 있는 원칙과 자연법칙을 적용함으로써 더욱 효과적인 삶을 살도록 하기 위해 노력하고 있다. 프랭클린코비사는 개인과 가족들을 위한 상품과 자료를 만들어내고 그들과 함께 작업하고 있으며, 고객목록에는 〈포춘 Fortune〉지 선정 100대 기업 중 82개 기업과 500대 기업 중 3분의 2 이상의 기업, 그 밖에도 수천 개의 중소기업과 지방, 주, 연방 정부 기관이 포함되어 있다.

또 프랭클린코비사는 원칙 중심의 지역 사회를 만들려는 도시들과 자매결연을 맺고 있으며, 전국적으로 3,000개 이상의 교육 지역 및 대학의 교수와 교사 및 교육 행정가들에게 7가지 습관을 교육하고 있다. 현재 27개 주 교육계 지도자들과 협력하여 전국 차원의 교육 프로그램을 실시하고 있다.

프랭클린코비사의 비전은 각자가 스스로를 가르치도록 교육함으로써 결국은 독립할 수 있도록 하는 것이다. 코비사는 조직이 가족에 우호적이 되도록 격려하고 있으며, 사람들이 일과 가족 생활의 균형을 잡도록 하는 데 도움이 되는 기술과 자료들을 제공하고 있다.

이들은 "물고기 한 마리를 주면 하루 양식을 주는 것이지만, 물고기 잡는 법을 가르쳐주면 평생 먹을 것을 주는 것이다"는 노자의 영원한 격언에 더하여, "어부들의 교사를 양성하면 전체 사회를 고양시킬 수 있다"고 믿고 있다.

이러한 임파워먼트 과정은 북미 지역과 세계 40개국에 산재한 300개 이상의 지역에서 제공되는 공개 워크숍을 통해서는 물론, 유타주 로키 산맥 부근에 위치한 회사의 각종 시설에서 제공되는 프로그램과 고객 컨설팅 서

비스, 개인적 자문과 정례화된 현지 훈련, 고객의 사정에 맞는 훈련 등을 통해 이루어지고 있다.

프랭클린코비사는 정규 교육 과정을 가르치는 7,000명 이상의 전문가를 보유하고 있으며, 이들은 매년 75만 명 이상을 훈련시키고 있다. 또 '프랭클린 일정표'와 '7가지 습관 오거나이저'를 포함한 실행 보조 자료들과 각종 오디오 및 비디오 테이프, 서적과 컴퓨터 소프트웨어 프로그램 등을 공급함으로써 고객들이 7가지 습관의 개념과 기술을 습득하고 이를 효과적으로 활용할 수 있게 하고 있다. 프랭클린코비사가 면밀하게 선정해 인가한 가족 관련 자료들은 북미 지역과 기타 여러 나라에 설립된 100개 이상의 '프랭클린코비 7가지 습관 상점'에서 구입할 수 있다.

프랭클린코비사의 상품과 자료들은 현재 28개 국어로 시판되고 있으며, 이 가운데 효과적인 시간관리를 하게 도와주는 데이 플래너는 세계적으로 1,500만 명이 사용하고 있다. 이 회사는 지금까지 1,200만 부의 서적을 판매했으며 지금도 매년 150만 부를 판매하고 있다. 〈비즈니스 위크Business Week〉는 코비 박사의 《성공하는 사람들의 7가지 습관The 7 Habits of Highly Effective People》을 기업 관련 베스트셀러의 1위에, 시간관리 저서인 《소중한 것을 먼저 하라First Things First》를 3위에 선정했다.

프랭클린코비사의 상품과 프로그램의 카탈로그를 얻으려면 아래의 주소와 전화번호를 이용하면 된다. 또 프랭클린코비사의 한국 파트너인 한국 리더십센터에 문의해도 된다.

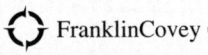

프랭클린코비사(FranklinCovey Company)
Salt Lake City, Utah 84119-2331 USA
팩스 801-496-4252 **국제 전화** 801-229-1333 **국제 팩스** 801-229-1233
인터넷 http://www.franklincovey.com

한국리더십센터에 대해

전세계가 극찬한 '프랭클린코비 프로그램'
한국리더십센터에서 만날 수 있습니다.

한국리더십센터 KOREA LEADERSHIP CENTER : KLC는 전세계에 자기 개혁과 조직 혁신의 새로운 돌풍을 일으키고 있는 미국 프랭클린코비사의 한국 파트너입니다.

스티븐 코비 박사에게 직접 교육 및 강사 훈련과정을 이수한 김경섭 박사가 1994년 10월 1일에 설립한 한국리더십센터는 '7가지 습관'의 효과적인 습득과 실생활 적용을 위한 프랭클린코비사의 독특한 자기개발 프로그램과 기업교육 노하우를 국내에 소개하고 있습니다.

아울러 우리 실정에 맞는 프로그램을 연구 개발, 21세기 한국 기업과 한국인의 '질 향상'에 효과적인 도움을 주려고 노력하고 있습니다.

교육을 통해 누구나 성숙한 인간으로 성장 발전할 수 있다는 인본주의적 관점에서 출발하는 프랭클린코비사의 프로그램들은 기존의 교육들이 끝나고 나면 잊혀지고 마는 반납교육이었던 것에 비해 체계적이고 논리적인 훈련과 교육, 그리고 교육내용을 구체적으로 실천할 수 있게 해주는 다양한 장치들을 갖추었기 때문에 교육은 더 이상 비용이 아니라 변혁의 시대에 가장 필요한 투자임을 확신시켜 줍니다.

한국리더십센터의 교육 과정을 통해 원칙을 중심으로, 품성에 바탕을 두고, 내면에서부터 변화하여 외부로 향하는 새로운 차원의 패러다임 전환을 경험할 수 있습니다.

〈포춘〉지가 선정한 500대 기업 중 430여 개의 기업에서 전사적으로 도입

하고 있고, 세계 초일류 기업과 조직들, 개인과 가족들 및 단체들이 참여하고 격찬한 '프랭클린코비' 프로그램! 이제 책에서 접한 이론들을 한국리더십센터의 프로그램을 통해서 실제로 생활화하고 습관화할 수 있습니다.

한국리더십센터를 찾아주십시오. 여러분의 꿈을 현실화시키는 강력한 친구가 되어드립니다.

 한국리더십센터

한국리더십센터 (KOREA LEADERSHIP CENTER)
서울시 서초구 남부순환로 350길 36 우남양재캐슬 4층
전화 (02)2106-4000 **팩스** (02)2106-4001
인터넷 http://www.eklc.co.kr

옮기고 나서

꿈을 이루는 10대들을 위한 나침반

1994년 초에 번역 소개한《성공하는 사람들의 7가지 습관》이 꾸준히 사랑받고 있고, 동시에 한국인의 내면에 커다란 변화를 가져오고 있다는 점을 기쁘게 생각한다. 또 뒤이어 나온 혁신적인 시간관리서이자 균형된 삶의 원리를 밝힌《소중한 것을 먼저 하라》가 많은 사람들에게 생산성 향상과 마음의 평화라는 귀한 선물을 전해 주고 있고, '7가지 습관'의 가족 실천편인《성공하는 가족들의 7가지 습관 The 7 Habits of Highly Effective Families》이 혼란의 시대에 가정을 안전하게 지킬 원칙과 지침을 제시해 주고 있어서 항상 기쁘게 여기고 있다.

코비 박사가 밝힌 철학과 삶의 원칙을 소개한 것이, 한국의 개인과 가정은 물론 기업과 조직, 나아가 사회 전체가 성공하여 더욱 효과적이고 행복한 삶을 살 수 있도록 방향을 제시해 주고 있는 것이다. 번역자로서 그보다 더한 보람이 없고, 행복한 작업을 했다는 데 언제나 감사하고 있다.

그런데 그보다 더한 기쁨은 코비 박사의 책을 소개한 이후 얻은 내 삶의 변화에 있다. '한국리더십센터'를 설립하여 워크숍 과정을 통해 수많은 사람들과 인생의 변화를 함께 체험하였고, 내가 크게 변하면서 우리 가정과 가족들에게도 일대 혁명을 가져온 것이다. 실제로 우리 가족들은 모두 10년 전부터 설날 아침마다 가족 사명서를 수정해 오고 있다. 아내와 아이들 모두 이러한 삶의 변화를 두고 코비 박사가 우리의 은인이라며 칭찬을 아끼지 않는다.

'7가지 습관'은 원칙을 중심으로, 성품에 바탕을 두고 내면으로부터의 변화를 추구하는 심원한 삶의 원리를 담고 있다. 그래서 '7가지 습관'은 어떤 상황에 처한, 어느 곳에 있는 누구에게나 잘 들어맞는다. 그러나 직장인을 중심으로 교육하다 보니 아쉬운 점이 있었다. 이것을 가족이나 자녀들과도 함께 나눌 수 있다면 얼마나 좋을까 하는 데 생각이 미치곤 했던 것이다.

그런데《성공하는 가족들의 7가지 습관》과《성공하는 10대들의 7가지 습관》이 나와서 반가운 마음으로 번역하였고 이 책들이 독자들과 교육을 받는 이들로부터 큰 사랑을 받고 있어서 다행스럽다.

특히《성공하는 10대들의 7가지 습관》은 급격한 환경변화에 적절하게 대처하지 못하여 방황하거나 혼란을 겪고 있고, 치열한 입시경쟁으로 지쳐 있는 10대들의 영혼을 위한 진정한 삶의 나침반이 되고 있다고 확신한다. 그리고 2005년 6월 이 책의 원저자인 숀 코비의 방한을 계기로 기존 번역본을 일부분 손질하게 되었다.

나는 농촌에서 태어났고 중학교 때까지 말더듬이었는데, '촌놈'이라며 집단 따돌림을 당한 경험이 있다. '만약 그때 이 책을 접할 수 있었다면 얼마나 좋았을까' 하는 생각도 머릿속을 떠나지 않는다.

지난 5월 12일 오후, 코비 박사와 함께 대통령을 예방했을 때, 대통령께서는 "만약 내가 7가지 습관을 더 오래전에 알고 실천했더라면 4수 四修 만이 아닌 처음 선거에서 당선되었을 것"이라고 웃으면서 말씀하셨다. 이 책을 읽고 실천하는 10대들은 이 말씀의 의미를 저절로 알게 될 것이다.

이 책은 스티븐 코비 박사의 가르침을 성공적으로 삶에서 구현했고, '7가지 습관'과 함께 청소년기를 보낸 숀 코비가 자신의 경험을 토대로 생생하게 써 내려가고 있다는 점에서 청소년들에게 더 큰 도움을 줄 것이 분명하다. 10대의 목소리로 10대의 가슴을 이해하면서 쓴 10대를 위한 책인 것이다.

지금 10대들에게 삶은 그저 즐겁고 재미있는 것만은 아니다. 넘어야 할 산과 극복해야 할 과제가 산재해 있다. 또 물리쳐야 할 수많은 도전을 앞에 두고 있다. 숀 코비가 그 길을 따뜻한 눈과 재치 있는 분석으로 함께 간다. 다양한 어려움에 처해 있는 10대들이 일찍부터 목표를 가지고 꿈을 이루어가는 데 훌륭한 나침반이 되어줄 것이다.

함께 번역을 해준, 늘 푸른 느낌을 주는 유광태 군과 재번역작업에서 많은 조언과 제언을 해주신 이석휘 팀장에게 깊은 감사를 드리며, 이 책을 통해 우리 10대들이 모두 성공하는 삶을 살아가기를 기원한다.

2005년 6월 김경섭